PENSAMIENTO CAJA NEGRA

Matthew Syed

Pensamiento
caja negra

La sorprendente verdad del éxito
Y por qué algunos nunca
aprenden de sus errores

Empresa Activa

Argentina – Chile – Colombia – España
Estados Unidos – México – Perú – Uruguay – Venezuela

Título original: *Black Box Thinking – The Surprising Truth About Success (and Why Some People Never Learn from Their Mistakes)*
Editor original: John Murray, an Hachette UK Company, Londres
Traducción: Alfonso Barguñó Viana

1.ª edición Mayo 2016

ISBN: 978-84-92921-46-1
E-ISBN: 978-84-9944-955-3
Depósito legal: B-3.788 –2016

Fotocomposición: Ediciones Urano, S.A.U.
Impreso por Rodesa, S.A. – Polígono Industrial San Miguel
Parcelas E7–E8 – 31132 Villatuerta (Navarra)

Impreso en España – *Printed in Spain*

Para Kathy

ÍNDICE

QUINTA PARTE

El juego de la culpa

SEXTA PARTE

Crear una cultura del crecimiento

PRIMERA PARTE

LA LÓGICA DEL FRACASO

1
UNA OPERACIÓN RUTINARIA

--- **|** ---

El 29 de marzo de 2005 Martin Bromiley se levantó a las 6.15 de la mañana y fue al dormitorio de sus dos hijos, Victoria y Adam, para despertarlos. Era una lluviosa mañana de primavera, poco después de Pascua, y los niños bajaron las escaleras muy animados para desayunar. Poco después se unió a ellos Elaine, su madre, que se había quedado en la cama unos minutos más.

A Elaine, una madre vivaz de treinta y siete años que había trabajado en el sector turístico antes de dedicarse a su familia a tiempo completo, le esperaba un día importante: tenía que ir al hospital. Desde hacía un par de años padecía sinusitis y le recomendaron someterse a una operación para acabar con este problema de una vez por todas. «No te preocupes —la tranquilizó el doctor—. Es una operación rutinaria y el riesgo es bajo.»[1]

Elaine y Martin llevaban casados quince años. Se conocieron en un baile gracias a un amigo en común, se enamoraron y luego se mudaron juntos a una casa en North Marston, en el entorno rural de Buckinghamshire, cuarenta y cinco kilómetros al noroeste de Londres. En 1999 nació Victoria y, dos años después, en 2001, Adam.

Como para muchas familias jóvenes, su vida era ajetreada pero también tremendamente divertida. El jueves anterior habían volado juntos en avión por primera vez y el sábado habían asistido a la boda de un amigo. Elaine quería hacerse la operación cuanto antes para disfrutar de algunos días de descanso.

A las 7.15 salieron de casa. En el corto trayecto al hospital los niños estuvieron charlando. A Martin y Elaine no les preocupaba la operación. El cirujano otorrinolaringólogo, el doctor Edwards, tenía más de treinta años de experiencia y muy buena fama. El anestesista, el doctor Anderton, llevaba ejerciendo más de dieciséis años.* Las instalaciones del hospital eran excelentes, y todo estaba listo para que la operación fuera un éxito.

Al llegar, los llevaron a una habitación donde Elaine se puso una bata azul para la operación. «¿Qué tal me queda?», le preguntó a Adam, y este rio. Victoria se subió a la cama para que su madre pudiera leerle algo. Martin sonrió mientras oía una historia que ya por entonces le era familiar. En el alféizar de la ventana, Adam jugaba con sus coches de juguete.

Luego apareció el doctor Anderton para hacerles un par de preguntas de rigor. Estaba hablador y de buen humor. Como cualquier buen médico, sabía lo importante que era charlar con un tono relajado.

Justo antes de las 8.30, Jena, la jefa de enfermeras, llegó para llevar a Elaine al quirófano. «¿Estás lista?», le preguntó con una sonrisa. Victoria y Adam acompañaron a su madre uno a cada lado de la camilla mientras recorría el pasillo. Le dijeron las ganas que tenían de verla por la tarde, después de la operación. Cuando llegaron al final del pasillo, Martin llevó a sus hijos hacia la derecha y la camilla de Elaine fue hacia la izquierda.

Se recostó un poco, sonrió y se despidió alegremente: «¡Adiós!»

Mientras Martin y los niños entraban en el aparcamiento —iban a ir al supermercado para hacer la compra semanal, en la que habría un capricho para Elaine (unas galletas)— ella llegó a la sala preoperatoria. En esta sala, adyacente al quirófano, es donde se hacen las últimas comprobaciones y donde se administra la anestesia general.

---

* Los nombres del personal médico han sido modificados para respetar su anonimato.

El doctor Anderton estaba con ella: un rostro familiar y tranquilizador. Insertó un tubo con forma de pajita, llamado cánula, en una vena del dorso de la mano de Elaine para inyectar la anestesia en la circulación sanguínea.

«Suave y directo —dijo el facultativo—. Y ahora.... a dormir profundamente.» Eran las 8.35.

La anestesia es un fármaco potente. No solo hace que el paciente se duerma, sino que también anula muchas funciones vitales del cuerpo que deben controlarse artificialmente. Los pacientes a menudo tienen respiración asistida a través de un dispositivo llamado máscara laríngea. Se trata de una bolsa inflable que se inserta en la boca justo encima de la vía respiratoria. Luego, se bombea oxígeno a través de este conducto hacia los pulmones.

Pero había un problema. El doctor Anderton no podía colocar la máscara en la boca de Elaine: los músculos de su mandíbula se habían tensado, un problema habitual cuando se administra la anestesia. Le inyectó una dosis adicional de fármacos para relajarlos e intentó de nuevo colocarle dos máscaras laríngeas más, pero de nuevo fue incapaz.

A las 8.37, dos minutos después de inyectar la anestesia, Elaine empezó a ponerse morada. La saturación de oxígeno había caído hasta el 75 por ciento (cualquier marca por debajo del 90 por ciento se considera «significativamente baja»). A las 8.39, el doctor Anderton le colocó una máscara de oxígeno que cubría tanto la boca como la nariz. Pero, aun así, el oxígeno no llegaba a los pulmones.

A las 8.41 probó con otra técnica reconocida llamada intubación endotraqueal. Es un protocolo estándar cuando la ventilación es imposible. Empezó inyectando un agente paralítico en la sangre para destensar por completo los músculos de la mandíbula y lograr abrir totalmente la boca de Elaine. Luego utilizó un laringoscopio para iluminar la parte posterior de la boca y poder colocar el tubo directamente en la vía respiratoria.

Pero había otro problema: no podía ver la vía respiratoria al final de la garganta. Normalmente, es un orificio evidente y triangular flanqueado por las cuerdas vocales. Suele ser bastante fácil insertar el tubo en la vía y lograr que llegue aire a los pulmones. No obstante, algunos pacientes tienen la vía obstruida por el paladar blando de la boca y, sencillamente, no se puede ver. El doctor Anderton empujó el tubo una y otra vez esperando hallar el orificio, pero no hubo manera.

A las 8.43 la saturación de oxígeno de Elaine había caído hasta el 40 por ciento. Era tan baja que no había un límite inferior en el dispositivo medidor. El peligro es que si no llega oxígeno al cerebro este se puede inflamar y causar un daño potencial grave. El pulso de Elaine también había caído, primero a 69 latidos por minuto y, luego, a 50. Esto indicaba que al corazón también le faltaba oxígeno.

La situación era crítica. Un anestesista en el quirófano adyacente, el doctor Bannister, acudió para ayudar. Pronto, el doctor Edwards, el cirujano, se unió a ellos. Tres enfermeras esperaban instrucciones a su lado. La situación aún no era catastrófica, pero el margen de error era exiguo. En aquel momento, cualquier decisión era potencialmente de vida o muerte.

Por suerte existe un procedimiento adecuado precisamente para estas situaciones. Se llama traqueotomía. Hasta el momento, todos los problemas provenían de intentar acceder a la vía respiratoria a través de la boca. La traqueotomía, sin embargo, tiene una ventaja esencial: no necesita la boca para nada. En lugar de esto, se hace directamente un agujero en la garganta y se inserta el tubo en la tráquea.

Es arriesgado y solo se utiliza como último recurso. Pero la situación precisaba de un último recurso. Posiblemente, era lo único que separaba a Elaine de un daño cerebral que amenazaba su vida.

A las 8.47 las enfermeras previeron correctamente la siguiente acción. Jane, la más experimentada de las tres, salió como una flecha para conseguir un *kit* de traqueotomía. Al volver, informó a los tres médicos que estaban rodeando a Elaine que el *kit* estaba listo para usar.

La miraron por encima del hombro, pero por alguna razón no respondieron. Seguían tratando de insertar el tubo en el orificio oculto de la vía respiratoria de Elaine. Estaban absortos en sus acciones y hablaban rápidamente entre ellos.

Jane vaciló. A medida que pasaban los segundos la situación era cada vez más crítica. Pero pensó que tres médicos experimentados ya se estaban ocupando de ello. Sin duda alguna debían de haber considerado la opción de una traqueotomía.

Si volvía a llamarles la atención, tal vez los distraería. Quizá tendría la culpa de que algo fuera mal. Quizá ya habían descartado la traqueotomía por razones que ella desconocía. Era una de las personas más jóvenes de la sala y, los demás, eran las figuras de autoridad.

En aquel momento, el pulso de los médicos debía ir a toda velocidad. Su capacidad de comprensión había mermado. Es una reacción psicológica habitual cuando hay mucho estrés. Continuaron tratando de insertar el tubo en la garganta. La situación se estaba volviendo desesperada.

Elaine tenía un color morado intenso. Su pulso era de unos precarios 40 latidos por minuto. Necesitaba oxígeno urgentemente. Cada segundo que pasaba disminuían sus opciones de sobrevivir.

Los médicos insistían en sus intentos cada vez más frenéticos de acceder a la vía respiratoria por la boca. El doctor Edwards intentó entubarla. El doctor Bannister trató de insertar otra máscara laríngea. Nada parecía funcionar. Jane debatía en su interior si decir algo o no, pero la voz se le ahogó en la garganta.

A las 8.55 ya fue demasiado tarde. Cuando los doctores lograron al fin que la saturación de oxígeno alcanzara el 90 por ciento, ya habían pasado ocho minutos desde el primer y vano intento de entubarla. En total, a Elaine le había faltado oxígeno durante veinte minutos. Los médicos se quedaron de piedra al mirar el reloj. No tenía sentido. ¿Cómo se había esfumado todo ese tiempo? ¿Cómo podía haber pasado tan rápido?

Llevaron a Elaine a cuidados intensivos. Más tarde un TAC cerebral reveló daños catastróficos. Normalmente con un TAC se pueden ver claramente texturas y formas. La imagen de un cerebro humano es muy reconocible. La del cerebro de Elaine, sin embargo, era más parecida a las interferencias de televisión. La falta de oxígeno había causado daños irreparables.

A las once de aquella mañana sonó el teléfono en el salón del hogar de los Bromiley en North Marston. Le pidieron a Martin que volviera al hospital de inmediato. Intuyó que algo iba mal, pero nunca llegó a imaginarse que iba a ver a su mujer en coma, luchando por sobrevivir.

Al pasar las horas fue evidente que la situación se deterioraba. Martin no podía entenderlo. Aquella mañana su mujer estaba en perfectas condiciones. Sus dos hijos la esperaban en casa. Le habían comprado sus galletas preferidas en el supermercado. ¿Qué demonios había pasado?

El doctor Edwards lo llevó aparte. «Mira, Martin, han surgido algunos problemas durante la anestesia —le comentó—. Son cosas que pasan. No sabemos por qué. Los anestesistas hicieron todo lo que pudieron, pero nada funcionó. Son casos excepcionales. Lo siento mucho.»

No mencionó los intentos inútiles de entubarla, ni que obviaron aplicarle una traqueotomía de emergencia. Tampoco dijo nada sobre los intentos de la enfermera de alertarlos del desastre que se les venía encima.

Martin asintió y respondió: «Lo comprendo. Gracias».

A las 11.15 del 11 de abril de 2005 Elaine Bromiley murió después de pasar trece días en coma. Martin, que había estado todos los días a su lado, llegó al hospital en cuestión de minutos. El cuerpo de Elaine aún desprendía calor. Le cogió la mano, le dijo que la amaba y que cuidaría de los niños lo mejor que pudiera. Luego le dio un beso de buenas noches.

Antes de volver al día siguiente para recoger las pertenencias de su mujer, preguntó a sus hijos si querían ver a su madre por última vez. Para su sorpresa dijeron que sí. Los llevaron a una sala y Victoria se quedó al borde de la cama mientras Adam cogía la mano de su madre para decirle adiós.

Elaine tenía solo treinta y siete años.

--- **II** ---

Este libro trata sobre cómo se produce el éxito. En las siguientes páginas estudiaremos algunas de las organizaciones más pioneras e innovadoras del mundo, como Google, el Team Sky, Pixar y el equipo Mercedes de Fórmula Uno, así como individuos excepcionales como el jugador de baloncesto Michael Jordan, el inventor James Dyson y la estrella de fútbol David Beckham.

El progreso es uno de los aspectos más sorprendentes de la historia humana durante los dos últimos milenios y, en particular, durante los dos últimos siglos y medio. No se trata solo de grandes empresas y equipos deportivos, sino también de ciencia, tecnología y desarrollo económico. Ha habido avances generales y cambios específicos que han modificado casi cada aspecto de la vida humana.

Vamos a intentar comprender el porqué. Indagaremos bajo la superficie y examinaremos los procesos subyacentes por los cuales los humanos aprenden, innovan y son más creativos, ya sea en los negocios, en política o en nuestras propias vidas. Y descubriremos que en todos estos ámbitos la explicación del éxito reside, en gran parte y a menudo contra toda lógica, en cómo reaccionamos al fracaso.

El fracaso es algo a lo que tenemos que enfrentarnos cada cierto tiempo, ya sea porque nuestro equipo de fútbol pierde un partido, porque no rendimos a nuestro nivel en una entrevista de trabajo o porque suspendemos un examen. Pero, a veces, el fracaso puede ser mucho peor. Para los médicos y todos los que trabajan en sectores donde la seguridad es esencial, un error puede tener consecuencias mortales.

Por esta razón, una manera ilustrativa de empezar esta investigación y descubrir la relación inextricable entre el fracaso y el éxito es comparar dos de los sectores en que la seguridad es primordial: la sanidad y la aviación. Los aspectos psicológicos, culturales y de cambio institucional son diferentes en las organizaciones de estos sectores, como veremos. Pero la diferencia más profunda es cómo se enfrentan al fracaso.

En la industria aeronáutica la actitud es sorprendente e inusual. Cada avión lleva dos cajas negras casi indestructibles, una con las instrucciones registradas en los sistemas electrónicos de a bordo y otra con los registros de los sonidos y conversaciones de la cabina de los pilotos.* Si hay un accidente se abren las cajas, se analizan los datos y se aclara la causa del accidente. Esto garantiza que se puedan cambiar los procedimientos y así evitar que nunca más se produzca el mismo error.

Con este método la aviación ha logrado un nivel de seguridad impresionante. En 1912, ocho de cada catorce pilotos del ejército estadounidense morían en accidentes: más de la mitad.[2] Los accidentes en las escuelas de aviación del ejército eran casi del 25 por ciento. En aquel momento no era algo necesariamente sorprendente. Hacer volar por el cielo grandes mazacotes de madera y metal a gran velocidad en los primeros días de la aviación era inherentemente peligroso.

---

* Hoy en día las cajas «negras» de hecho son de color naranja brillante para que sean más visibles, y a menudo están integradas en una sola unidad.

Hoy, sin embargo, la situación es muy diferente. En 2013 hubo 36,4 millones de vuelos comerciales en todo el mundo que transportaron a más de 3.000 millones de pasajeros, según la Asociación Internacional del Transporte Aéreo. Solo murieron 210 personas. Por cada millón de vuelos en aviones construidos en Occidente hubo 0,41 accidentes, es decir, un accidente cada 2,4 millones de vuelos.[3]

En 2014 el número de víctimas aumentó hasta las 641, en parte debido al accidente del vuelo 370 de Malaysia Airlines, en el que murieron 239 personas. La mayoría de investigadores creen que no fue un accidente convencional, sino un acto deliberado de sabotaje. En el momento de la publicación de la edición original de este libro aún se estaba buscando la caja negra. Pero, aunque lo incluyamos en el análisis, el índice de accidentes de avión por cada millón de despegues cayó en 2014 a un histórico 0,23.[4] Para los miembros de la Asociación Internacional del Transporte Aéreo, muchos de los cuales tienen los procedimientos más efectivos para aprender de los errores, el índice fue de 0,12 (un accidente por cada 8,3 millones de vuelos).[5]

La aviación debe resolver muchos problemas de seguridad. Casi cada semana surgen nuevos retos: en marzo de 2015 un avión de Germanwings se estrelló en los Alpes franceses y puso sobre la mesa el problema de la salud mental de los pilotos. Los expertos de la industria saben que en cualquier momento contingencias imprevistas pueden aumentar el índice de accidentes, tal vez de forma severa. Pero garantizan que siempre van a esforzarse para aprender de estas catástrofes y que no se repitan. Al fin y al cabo, esto es lo que significa en última instancia la seguridad aeronáutica.

En la sanidad, no obstante, las cosas son muy diferentes. En 1999 el Instituto Estadounidense de Medicina publicó una investigación decisiva llamada «Equivocarse es humano». Informaba de que entre 44.000 y 98.000 estadounidenses morían cada año a causa de errores médicos evitables.[6] Los resultados de una investigación paralela de Lucian Leape, profesor de la Universidad de Harvard, indicaban cifras generales superiores. En un estudio global, estimó que un millón de pacientes sufren lesiones por errores durante el tratamiento en el hospital y que, solo en Estados Unidos, mueren 120.000.[7]

Pero estas estadísticas, aunque sean chocantes, casi con seguridad subestiman la verdadera dimensión del problema. En 2013, en un estudio publicado en el *Journal of Patient Safety*[8] se calculaba que el número de muertes prematuras relacionadas con errores evitables era de más de 400.000 al año. (Las categorías de errores evitables incluyen diagnóstico erróneo, administración de fármacos equivocada, lesión del paciente durante la cirugía, operaciones en un lugar equivocado del cuerpo, transfusiones erróneas, caídas, quemaduras, gangrenas y complicaciones postoperatorias.) Al testificar ante un comité del Senado en el verano de 2014, Peter J. Pronovost, doctor en medicina, profesor de la Facultad de Medicina de la Universidad Johns Hopkins y uno de los médicos generalistas más importantes del mundo, señaló que era equivalente a que dos aviones jumbo se estrellaran cada veinticuatro horas.

«Lo que muestran estos datos es que cada día se estrellan dos 747. Cada dos meses tiene lugar un nuevo 11-S —afirmó—. No toleraríamos un índice de daños evitables semejante en ningún otro sector.»[9] Estos números colocan los errores médicos evitables como la tercera causa de muerte más importante de Estados Unidos, solo detrás de las enfermedades coronarias y el cáncer.

Pero incluso estas cifras son incompletas porque no tienen en cuenta las muertes en las residencias de ancianos, en ambulatorios, centros de atención primaria o consultas privadas, donde la supervisión no es tan estricta. Según Joe Graedon, profesor adjunto en el departamento de Práctica Farmacéutica y Educación Experimental en la Universidad de Carolina del Norte, el número total de muertes causadas por errores evitables en la sanidad estadounidense es de más de medio millón al año.[10]

Sin embargo, no solo debería preocuparnos esta cantidad de fallecimientos, sino también los daños no mortales que causan los errores evitables. Joanne Disch, profesora de Medicina Clínica en la Facultad de Enfermería de la Universidad de Minnesota, relató ante el mismo comité del Senado el caso de una mujer de su vecindario a quien le «practicaron una mastectomía bilateral para extirparle un cáncer y, poco después de la cirugía, se dieron cuenta de que se habían mezclado los informes de biopsias y que no tenía cáncer».[11]

Este tipo de errores no son fatales, pero pueden perjudicar gravemente la vida de las víctimas y sus familias. Se estima que el número de pacientes que padecen complicaciones graves es diez veces mayor de los que mueren por errores médicos. Como dijo Disch: «No solo nos estamos enfrentando a 1.000 muertes evitables al día, sino a 1.000 muertes evitables y 10.000 complicaciones graves evitables al día... Nos afecta a todos».[12]

En el Reino Unido los datos también son alarmantes. En 2005 el Tribunal de Cuentas estimó que unas 34.000 personas morían al año por errores humanos.[13] El número total de incidencias con los pacientes (fatales y no fatales) fue de 974.000. Una investigación sobre la atención de cuidados intensivos en los hospitales concluyó que uno de cada diez pacientes muere o sufre secuelas debido a errores médicos o deficiencias institucionales. La sanidad francesa consideró que sus datos eran aún más elevados, hasta el 14 por ciento.

El problema no consiste en un reducido grupo de médicos homicidas, locos e incompetentes que hacen estragos en los centros sanitarios. Los errores médicos se ajustan a una distribución normal con forma de campana.[14] La mayoría de las veces no están causados por el aburrimiento, la holgazanería o la mala fe, cuando los médicos hacen su trabajo con el cuidado y la diligencia que se espera de ellos. Entonces, ¿por qué hay tantos errores? Uno de los factores es la complejidad. La Organización Mundial de la Salud ha hecho un listado de las 12.420 enfermedades y trastornos que requieren protocolos diferentes.[15] Esta complejidad supone una probabilidad de error muy amplia desde el diagnóstico hasta el tratamiento. Otro problema son los recursos sanitarios. A menudo, los médicos no dan abasto y los hospitales trabajan bajo presión porque les falta dinero. Otro factor es que los médicos deben tomar decisiones rápidas. Con los casos graves rara vez hay tiempo para considerar todos los tratamientos alternativos. A veces posponer la decisión es el mayor error, aunque el médico acabe por llegar al diagnóstico «correcto».

Pero también hay algo más profundo y sutil, algo que no tiene mucho que ver con los recursos y sí mucho que ver con la cultura de trabajo. Resulta que muchos de los errores que se cometen en los hospitales (y en otros ámbitos de la vida) tienen trayectorias particulares, patrones sutiles pero predecibles: lo que los expertos en accidentes llaman «señales». Con unos informes claros y una evaluación sincera, se podrían determinar estos errores y llevar a cabo reformas que los impidieran, como ocurre en la aviación. Aunque, demasiado a menudo, esto no se hace.

Parece sencillo, ¿no? Aprender de los fracasos es casi un cliché. Pero resulta que, por razones tanto prosaicas como profundas, uno de los grandes obstáculos para el progreso humano ha sido precisamente la incapacidad de aprender de los errores. La sanidad es solo un aspecto de una larga y rica historia de evasivas. Aceptar esto no solo podría transformar la sanidad, sino también el mundo empresarial, la política y muchos otros ámbitos. Una actitud progresista hacia el fracaso es el pilar para lograr el éxito en cualquier institución.

En este libro vamos a analizar cómo respondemos al fracaso como individuos, como empresas, como sociedades. ¿Cómo nos enfrentamos y aprendemos de él? ¿Cómo reaccionamos cuando algo va mal, ya sea por un desliz, un lapsus, un error por comisión u omisión, o un fracaso colectivo como el que causó la muerte de una madre de treinta y siete años con dos hijos en un día primaveral de 2005?

Todos somos conscientes, de muy diversa forma, de lo difícil que es aceptar nuestros fracasos. Incluso en asuntos triviales, como un partido amistoso de golf, llegamos a irritarnos cuando no damos la talla y luego en el club nos lo recuerdan. Pero cuando el fracaso está relacionado con un aspecto importante de nuestras vidas —el trabajo, nuestro papel como padres, la posición social— la preocupación sube a otro nivel.

Cuando nuestra profesionalidad está amenazada, somos propensos a acorazarnos. No nos queremos considerar incompetentes o ineptos, ni socavar nuestra credibilidad a ojos de los demás. Para los médicos veteranos, que han dedicado años a formarse y han logrado el éxito en su profesión, hablar abiertamente de sus errores puede ser casi traumático.

La sociedad en su conjunto tiene una actitud contradictoria respecto al fracaso. Aunque fácilmente encontramos excusas para nuestros errores, nos falta tiempo para culpar a quienes meten la pata. Después del hundimiento de un *ferry* surcoreano en 2014, el primer ministro acusó al capitán de «actos imperdonables y homicidas» antes de que se llevara a cabo investigación alguna.[16] Reaccionaba a la búsqueda casi frenética de la sociedad de un culpable.

Tenemos un instinto muy desarrollado para buscar chivos expiatorios. Cuando investigamos los hechos que llevaron a la muerte a Elaine Bromiley es fácil sentirse profundamente indignado. Tal vez incluso podemos sentir rabia. ¿Por qué no intentaron hacer antes una traqueotomía? ¿Por qué la enfermera no dijo lo que pensaba? ¿En qué estaban pensando los demás? Nuestra empatía con la víctima es, emocionalmente hablando, correlativa a la rabia que sentimos por los que causaron su muerte. Pero, como veremos, esta actitud tiene un efecto bumerán. En parte se debe a que somos tan propensos a culpar a los demás por sus errores como a ocultar los errores propios. Prevemos, con una claridad notable, cómo reaccionarán los demás, cómo señalarán con el dedo, el poco tiempo que les llevará ponerse en la situación ardua y bajo presión en la que tuvo lugar el error. El efecto es simple: aniquila la sinceridad y genera subterfugios. Destruye la información vital y necesaria para aprender.

Cuando tomamos distancia y pensamos en el fracaso de manera más general, las contradicciones se multiplican. Varias investigaciones han demostrado que a menudo estamos tan preocupados por el fracaso que creamos metas difusas para que nadie pueda reprocharnos que no las hayamos conseguido. Elaboramos excusas para absolvernos incluso antes de haber intentado nada.

Ocultamos los errores no solo para protegernos de los demás, sino para protegernos de nosotros mismos. Diversos experimentos han demostrado que tenemos una habilidad sofisticada para borrar los fracasos de nuestra memoria, como los editores que cortan las pifias de una cinta cinematográfica. Lejos de aprender de los errores, los eliminamos de la autobiografía oficial que tenemos en nuestra cabeza.

Esta perspectiva básica —es decir, que el fracaso es profundamente negativo, algo de lo que debemos avergonzarnos y, por otro lado, reprochamos a los demás— tiene unas profundas raíces culturales y psicológicas. Según Sidney Dekker, psicólogo y experto en sistemas de la Universidad Griffith, de Australia, la tendencia a estigmatizar los errores se remonta al menos a dos mil quinientos años atrás.[17]

El objetivo de este libro es proponer una perspectiva radicalmente diferente. Vamos a argumentar que necesitamos redefinir la relación con el fracaso como individuos, como organizaciones y como sociedad. Es el paso más importante para dar comienzo a una revolución de alto rendimiento: aumentar la velocidad de desarrollo de las actividades humanas y transformar todos aquellos ámbitos que se han quedado atrás. Solo redefiniendo el fracaso podremos desencadenar el progreso, la creatividad y la resistencia.

Antes de empezar con ello vale la pena examinar la idea de «ciclo cerrado», algo que será recurrente en las siguientes páginas. Podemos tener una noción de esta idea estudiando la historia de los primeros tiempos de la medicina, en los que pioneros como Galeno de Pérgamo (siglo II d.C.) difundieron tratamientos como las sangrías y el uso del mercurio como elixir. Estos tratamientos se concibieron con las mejores intenciones y aplicando los conocimientos disponibles en aquella época.[18]

No obstante, muchos no eran efectivos, e incluso algunos eran verdaderamente nocivos. Las sangrías, por ejemplo, debilitaban a los pacientes cuando se encontraban en una situación especialmente vulnerable. Los médicos no lo sabían por una razón simple pero profunda: no sometieron el tratamiento a una prueba fiable, de modo que nunca detectaron el error. Si el paciente se recuperaba, el médico decía: «¡La sangría le ha curado!» Y si el paciente moría, el médico afirmaba: «¡Sin duda debía estar muy enfermo, porque ni siquiera la maravillosa cura de la sangría ha podido salvarlo!»

Este es un ciclo cerrado arquetípico. La sangría pervivió como tratamiento reconocido hasta el siglo XIX. Según Gerry Greenstone, que escribió una historia de la sangría, el médico Benjamin Rush, que ejerció en una fecha tan tardía como 1810, era famoso por «extraer cantidades ingentes de sangre hasta el punto de desangrar a pacientes varias veces». Los médicos literalmente mataron pacientes durante casi 1.700 años, no porque les faltara inteligencia ni compasión, sino porque no reconocían los defectos de sus propios procedimientos. Si hubieran llevado a cabo un ensayo clínico (una idea a la que volveremos),* habrían percibido los defectos de las sangrías y dado el primer paso hacia el progreso.

En los doscientos años posteriores al primer ensayo clínico, la medicina ha avanzado desde las ideas de Galeno a las maravillas de la terapia genética. A la medicina aún le queda un largo camino por recorrer, y todavía tiene muchas carencias, como veremos, pero la voluntad de comprobar ideas y aprender de los errores ha disparado su efectividad. La ironía es que mientras que la medicina ha evolucionado rápidamente gracias a un «ciclo abierto», la sanidad (es decir, el aparato institucional sobre cómo las personas reales aplican los tratamientos en un sistema complejo) no lo ha hecho. (Los términos «ciclo cerrado» y «ciclo abierto» tienen significados particulares en la ingeniería y en la teoría de sistemas formales que no se corresponden con los que se emplean en este libro. Así que, para dejarlo claro según nuestros propósitos, el ciclo cerrado es aquel en el que el fracaso no conlleva progreso porque la información sobre los errores y las debilidades se malinterpreta o se pasa por alto. Un ciclo abierto conlleva progreso porque la información sobre los errores se procesa racionalmente.)

A lo largo de este libro descubriremos ciclos cerrados en varios aspectos del mundo moderno: en los departamentos gubernamentales, en el ámbito empresarial, en los hospitales y en nuestras propias

---

* El primer ensayo clínico propiamente dicho, según muchos historiadores, fue dirigido en 1747 por James Lind, un médico escocés. Estaba buscando una cura para el escorbuto y llevó a cabo una prueba de eficacia de los cítricos durante un largo viaje con la Compañía de Indias Orientales.

vidas. Analizaremos de dónde provienen, las maneras sutiles en que se desarrollan y cómo personas inteligentes no los cuestionan y perpetúan su funcionamiento. También pondremos sobre la mesa las técnicas para identificarlos y desmontarlos, para liberarnos de ellos y promover el conocimiento.

Muchos libros exponen diferencias sutiles entre los distintos tipos de fracaso. Los llaman errores, deslices, iteraciones, resultados subóptimos, errores de comisión u omisión, errores de procedimiento, errores estadísticos, defectos de experimentación, fallos fortuitos, etc. Una taxonomía detallada precisaría un libro entero, así que intentaremos dejar que aparezcan los matices de forma natural a medida que avance el libro.

Tal vez merezca la pena dejar claro que nadie quiere fracasar. Todos deseamos tener éxito, los empresarios, los deportistas, los políticos, los científicos o los padres. Pero en un nivel colectivo, en un nivel de complejidad sistémica, solo lo lograremos cuando admitamos nuestros errores, aprendamos de ellos y creemos un espacio en el que, en cierto modo, fracasar sea algo «seguro».

Y si el fracaso es una tragedia, como la muerte de Elaine Bromiley, aprender de él es un imperativo moral.

--- III ---

Martin Bromiley tiene el cabello castaño y corto, y es de complexión media. Habla con un tono claro y directo, aunque su voz se rompe cuando recuerda el día en que desconectaron a Elaine de la máquina que la mantenía con vida

«Les pregunté a los niños si querían decirle adiós a mamá —me contó cuando nos encontramos en una hermosa mañana primaveral en Londres—. Ambos dijeron que sí, de modo que los llevé en coche al hospital, cogimos la mano de Elaine y le dijimos adiós.»

Dejó de hablar para serenarse. «Eran tan pequeños entonces, tan inocentes, y yo sabía cuánto les iba a afectar la pérdida el resto de sus vidas. Pero lo que más me afligía era Elaine. Era una madre maravillosa. No podía soportar el pensamiento de que no tendría la alegría de ver crecer a nuestros hijos.»

A medida que pasaron los días Martin empezó a preguntarse qué había ido mal. Su mujer tenía treinta y siete años, estaba sana, era vital. Tenía toda la vida por delante. Los médicos les dijeron que era una operación rutinaria. ¿Por qué había muerto?

Martin no estaba enfadado. Sabía que los médicos tenían experiencia y que lo habían hecho lo mejor posible. Pero no podía dejar de preguntarse si se podía aprender algo de todo aquello.

No obstante, cuando se dirigió al jefe de la Unidad de Cuidados Intensivos para pedir que se investigara la muerte de Elaine, lo rechazaron inmediatamente. «Así no es como funcionan las cosas en la sanidad —respondieron—. No hacemos investigaciones. Solo estamos obligados a hacerlas cuando nos demandan.»

«No lo decía con una actitud insensible, sino que exponía una situación de hecho —me comentó Martin—. No es algo que históricamente hayan hecho en la sanidad. No creo que estuvieran preocupados porque la investigación pudiera hallar algo. Creo que consideraban la muerte de Elaine como una de las excepciones. Un caso único. Pensaban que no tenía sentido seguir dándole importancia.»

En el imprescindible libro *After Harm* [*Después del daño*], la investigadora en temas de salud pública Nancy Berlinger expone un estudio sobre cómo los médicos hablan sobre sus errores. Resultó ser revelador. «Al observar a médicos veteranos los estudiantes aprenden que sus mentores y supervisores creen, practican y recompensan la ocultación de los errores —escribe Berlinger—. Aprenden a hablar de resultados imprevisibles, hasta el punto de que un "error" se convierte en una "complicación". Y, sobre todo, aprenden a no contar nada a los pacientes.»

También describe la «profunda resistencia de los médicos a revelar los hechos y hasta dónde pueden llegar para justificar este hábito: se trató de un error técnico, son cosas que pasan, el paciente no lo entendería o no es necesario que lo sepa».[19] Reflexiona sobre esto un momento. En general, los médicos y las enfermeras no son personas deshonestas. No trabajan en la sanidad para decepcionar o engañar a la gente, sino para curarla. Algunos estudios informales han demostrado que muchos médicos se bajarían de buena gana el sueldo si esto conllevara mejorar los resultados con los pacientes.

Y, aun así, en la profesión hay una marcada tendencia hacia las evasivas. No se trata del engaño general que practican los estafadores. Los médicos no se inventan las razones de un accidente para poner una venda en los ojos del paciente. Más bien despliegan una serie de eufemismos —«error técnico», «complicación», «resultado imprevisible»— que por separado tienen parte de verdad, pero que no explican toda la verdad.

Y no es solo para evitar litigios. De hecho, las pruebas sugieren que las demandas por negligencia médica descienden cuando los médicos son sinceros y claros con los pacientes. Cuando el Centro Médico de Veteranos en Lexington, Kentucky, introdujo una política de «revelación y compensación», las indemnizaciones por errores médicos disminuyeron de forma considerable.[20] Alrededor del 40 por ciento de las víctimas afirmaba que una explicación completa y una disculpa les habría persuadido de no llevar a cabo acciones legales.[21] Otras investigaciones han obtenido resultados similares.[22]

El problema no es solo sobre las *consecuencias* del fracaso, sino también sobre la *actitud respecto* al fracaso. En la sanidad, la competencia a menudo se equipara a la perfección médica. Cometer errores se considera una demostración de ineptitud. La propia idea de fracaso es una amenaza.

Como lo expresó el médico David Hilfiker en un influyente artículo publicado en el *New England Journal of Medicine*: «El grado de perfección que esperan los pacientes sin duda también es el resultado de lo que los médicos han llegado a creer de sí mismos o, mejor, de lo que han tratado de convencerse sobre ellos mismos. Esta perfección es, por supuesto, una gran ilusión, un juego de espejos al que juega todo el mundo».[23]

Piensa en el lenguaje: los cirujanos trabajan en un «quirófano», que es, por así decirlo, su teatro de operaciones. Es el «escenario» en el que «actúan». ¿Cómo se atreven a salirse de su papel? Como dijo James Reason, uno de los pensadores más importantes del mundo en seguridad de sistemas: «Después de una formación muy larga, difícil y cara, se espera que no te equivoques. La consecuencia es que los errores médicos se marginan y se estigmatizan. En líneas generales, equivale a la incompetencia».[24]

En estas circunstancias, los eufemismos que utilizan los médicos para desviar la atención de los errores («error técnico», «complicación», «resultado imprevisible») empiezan a cobrar sentido. Para un médico la amenaza para su ego, sin contar a su reputación, es considerable. Piensa en lo a menudo que has oído estos eufemismos en ámbitos que no sean la sanidad: cuando los políticos emprenden una iniciativa equivocada, cuando falla la estrategia de un empresario, cuando por cualquier razón lo dicen amigos o compañeros de trabajo. Tal vez incluso los hayas oído salir de tus propios labios de vez en cuando. Yo, sin duda, los he oído saliendo de mis labios.

La magnitud de estas evasivas se manifiesta mucho mejor con los datos que con las palabras. Las estimaciones epidemiológicas de índices nacionales de daños iatrogénicos (daños provocados involuntariamente por los médicos, los tratamientos o los procedimientos de diagnóstico) en Estados Unidos apuntan a que tienen lugar de 44 a 66 daños graves por cada 10.000 visitas al hospital. Pero en un estudio de más de 200 hospitales estadounidenses, solo el uno por ciento informó de que sus índices de daños iatrogénicos estaban entre estas variables. La mitad de los hospitales informaban de menos de cinco casos por cada 10.000 visitas. Si las estimaciones epidemiológicas fueran más o menos exactas, la mayoría de hospitales estarían involucrados en niveles industriales de fraude.[25]

Otros muchos estudios a ambos lados del Atlántico han revelado resultados similares. Los investigadores que trabajan para el Inspector General del Departamento de Salud y Servicios Humanos analizaron 273 hospitalizaciones y descubrieron que los hospitales habían pasado por alto el 93 por ciento de los casos en que se habían causado daños.[26] Un estudio europeo puso de relieve que, aunque el 70 por ciento de los médicos aceptaban que debían revelar sus errores, solo lo hacía el 32 por ciento.[27] En otro estudio de 800 informes de pacientes en tres hospitales de primera categoría, los investigadores encontraron más de 350 errores médicos. ¿Cuántos de estos errores fueron comunicados de manera voluntaria por los médicos? Solo cuatro.[28]

Piensa de nuevo en cómo el doctor Edwards le contó a Martin el accidente. «Mira, Martin, ha habido algunos problemas durante la anestesia —dijo—. Son cosas que pasan. Los anestesistas hicieron todo lo que estaba en su mano, pero no pudieron hacer nada. Es una excepción. Lo siento mucho.»

No era una mentira descarada. De hecho, tal vez creyera en lo que estaba diciendo. Después de todo, los médicos *tuvieron* mala suerte. No *es* habitual que un paciente tense de esa forma los músculos de la mandíbula. También fue desafortunado que Elaine tuviera una vía respiratoria bloqueada que se resistiera a la entubación. Lo hicieron lo mejor que pudieron, ¿no? ¿Qué más se puede decir?

Este tipo de razonamiento representa la anatomía esencial de la negación del fracaso. La autojustificación, junto con una extendida alergia cultural al fracaso, se convierte en una barrera casi insuperable para el progreso.*

Para muchos pacientes, traumatizados por la pérdida de un ser querido, aquí acabaría la historia, especialmente en el Reino Unido donde rara vez se exige algo más a los médicos. Para una familia de luto no es fácil insistir en una investigación cuando los expertos les aseguran que no es necesaria.

Pero Martin Bromiley no tiró la toalla. ¿Por qué? Porque había dedicado toda su vida profesional a una industria con una actitud diferente —e inusual— respecto al fracaso. Es piloto de aviones. Ha trabajado para aerolíneas comerciales durante más de veinte años. Incluso ha dado conferencias sobre seguridad de sistemas. No quería que las lecciones de una operación chapucera desaparecieran igual que su mujer.

Así que hizo preguntas. Escribió cartas. Y, a medida que supo más sobre las circunstancias de la muerte de su mujer, empezó a sospechar que no era un caso aislado. Se dio cuenta de que el error tal vez tenía una «señal», un patrón sutil que, si se estudiaba, podía salvar vidas futuras.

Los médicos responsables de la operación no podían haberlo sabido por una razón simple pero demoledora: históricamente, las instituciones sanitarias no han recogido de manera sistemática los datos sobre los accidentes y, por lo tanto, no pueden detectar patrones significativos y mucho menos aprender de ellos.

En la aviación, por otro lado, los pilotos suelen ser sinceros sobre sus errores (aterrizajes de emergencia, errores casi fatales). La

---

* Algunos médicos han defendido que tiene sentido ocultar los errores. Después de todo, si los pacientes supieran la dimensión real de los errores médicos tal vez rechazaran cualquier tratamiento, lo que provocaría que empeorara la situación general. Pero esta no es la cuestión. El problema no es que los pacientes no sepan nada de los errores médicos, sino que son los médicos quienes no lo saben y, por lo tanto, son incapaces de aprender de ellos. Además, ocultárselos a los pacientes socava su capacidad para tomar decisiones racionales. Los pacientes tienen el derecho de saber los riesgos que van a asumir antes de dejarse tratar.

industria posee órganos efectivos e independientes que investigan los accidentes. No se considera que el fracaso sea la condena de un piloto específico que ha metido la pata, sino una oportunidad de aprender inestimable para todos los pilotos, todas las aerolíneas y todos los reguladores.

Un ejemplo rápido: en la década de 1940 el famoso bombardero Boeing B-17 estuvo involucrado en una serie de accidentes aparentemente inexplicables. Las Fuerzas Aéreas del Ejército Estadounidense reaccionaron encargándole una investigación a Alphonse Chapanis, un psicólogo doctorado en Yale. Después de estudiar los accidentes —la cronología, la dinámica y los elementos psicológicos— Chapanis identificó como un factor determinante el diseño de la cabina de mando.[29]

Descubrió que los interruptores para controlar los alerones eran idénticos a los que controlaban el tren de aterrizaje (las ruedas) y que estaban colocados unos al lado de los otros. Cuando los pilotos estaban relajados y las condiciones de vuelo eran perfectas no suponía un problema. Pero bajo la presión de un aterrizaje complicado, accionaban los interruptores erróneos. En lugar de replegar los alerones para reducir la velocidad, replegaban las ruedas, de modo que el avión impactaba contra la pista con consecuencias catastróficas.

Chapanis propuso la idea de cambiar la forma de los interruptores para que se parecieran al equipamiento con el que estaban relacionados. La forma de un pequeño alerón para el control de los alerones, y una pequeña rueda de plástico adherida al interruptor del tren de aterrizaje. Ahora tenían un significado intuitivo que era fácilmente identificable bajo presión. ¿Qué ocurrió? Los accidentes de este tipo desaparecieron *de un día para otro*.[30]

Este método de aprender de los errores se ha aplicado en la aviación comercial desde hace muchas décadas con resultados excelentes.

Está claro que el éxito de la aviación se debe a muchos factores. La velocidad del cambio tecnológico ha ayudado, igual que el hecho de que las aerolíneas, preocupadas por el daño a su reputación, la competencia y los costes de las aseguradoras, tienen un incentivo comercial potente para mejorar la seguridad. La aviación también se ha beneficiado, como veremos, de los simuladores de alta resolución y de una formación efectiva.

Sin embargo, el motor de progreso más poderoso se encuentra arraigado en la cultura de la industria. Es una actitud fácil de exponer, pero cuya amplia aplicación podría revolucionar nuestra actitud respecto al progreso: en lugar de negar el fracaso, o soslayarlo, la aviación aprende de él.

Y, aun así, ¿cómo se lleva esto a la práctica? ¿Cómo se fomenta el aprendizaje en el sistema de aviación (puesto que los pilotos, los reguladores, los ingenieros y el personal de tierra están desperdigados por todo el mundo), cómo se crea una cultura abierta y, lo que es más importante, cómo podemos sacar provecho de estas lecciones en otros ámbitos?

Para descubrirlo, analizaremos uno de los accidentes más influyentes de los últimos años, y quizá de toda la historia de los vuelos autopropulsados. Veremos cómo hacen su trabajo los investigadores, cómo extraen lecciones y cómo convierten las tragedias en una oportunidad para aprender.

Es el vuelo 173 de United Airlines.

2
EL VUELO 173 DE UNITED AIRLINES

--- I ---

El vuelo 173 de United Airlines despegó del aeropuerto internacional JFK de Nueva York la tarde del 28 de diciembre de 1978 con destino a Portland, Oregón. El cielo estaba despejado y las condiciones de vuelo eran prácticamente perfectas.[31] Malburn McBroom, un hombre de cincuenta y dos años, con el cabello plateado, era el comandante. Veterano de la Segunda Guerra Mundial, tenía más de veinticinco años de experiencia y vivía con su mujer en Boyd Lake, Colorado. La ambición de convertirse en piloto surgió cuando de niño vio las acrobacias de los aviones mientras caminaba con su madre. «De mayor pilotaré aviones, mamá», dijo.

Rodrick Beebe, un hombre de cuarenta y cinco años, que llevaba trabajando con United Airlines desde hacía trece años y tenía más de cinco mil horas de vuelo, era el copiloto de McBroom. La tercera persona en la cabina era el ingeniero de vuelo Forrest Mendenhall, de cuarenta y un años, once de los cuales había estado trabajando con la aerolínea. Tenía tres mil novecientas horas de experiencia de vuelo. Los pasajeros estaban en buenas manos.

Después de una breve escala en Denver, el United Airlines 173 despegó hacia Portland a las 14.47. Habían pasado tres días desde las Navidades y la mayoría de los 181 pasajeros volvían a casa después de las vacaciones. En la cabina de mando la tripulación charlaba animadamente mientras el avión alcanzaba la altura de crucero. La duración estimada del vuelo era de 2 horas y 26 minutos.

Hacia las 17.10, cuando el avión obtuvo el permiso del Control de Tráfico Aéreo (CTA) de Portland para descender, McBroom accionó la palanca para abrir el tren de aterrizaje. Normalmente, después de esto las ruedas debían desplegarse suavemente y debía oírse un click cuando se encajaran en su posición final. No obstante, aquella vez se oyó un batacazo que resonó en todo el avión y al que siguió un temblor.

En la cabina de pasajeros la gente empezó a mirarse con ansiedad y a especular sobre el origen del ruido. En la cabina de mando la tripulación también estaba intranquila. ¿El tren de aterrizaje se había desplegado bien? Si era así, ¿qué había ocasionado aquel golpetazo? Una de las luces que debía de haberse encendido si el tren de aterrizaje hubiera estado bien colocado permanecía apagada. ¿Qué significaba aquello?

El capitán no tenía otra opción. Contactó por radio con el Control de Tráfico Aéreo y pidió un tiempo adicional para resolver el problema. El centro de control de Portland respondió de inmediato y aconsejó al United Airlines 173 que «virara a la izquierda hacia uno cero cero». Habían colocado el avión en un patrón de espera hacia el sur del aeropuerto, sobre los suburbios de Portland.

El personal hizo varias comprobaciones. No podían ver la parte inferior del avión para determinar si el tren de aterrizaje estaba en su lugar, así que hicieron algunas verificaciones sustitutivas. Mandaron al ingeniero de vuelo que fuera a la cabina de pasajeros para cerciorarse de si el par de pernos, que sobresalían de las puntas de las alas cuando se desplegaba el tren de aterrizaje, eran visibles. Ahí estaban. También contactaron con el Centro de Control de Mantenimiento de la Línea de Sistemas de United Airlines en San Francisco, California. Todo parecía indicar que el tren de aterrizaje se había desplegado correctamente.

No obstante, el capitán seguía preocupado. No podía tener la certeza de que todo estuviera en orden. Sabía que tomar tierra sin el tren de aterrizaje desplegado comportaba un riesgo alto. Las estadísticas afirmaban que intentar aterrizar sin las ruedas desplegadas no solía acarrear muertes, pero seguía siendo peligroso. McBroom, un piloto responsable, quería estar seguro.

Mientras el avión volaba sobre Portland trató de buscar una respuesta. Se preguntaba por qué una de las luces del tren de aterrizaje no se había puesto en verde. Pensó en cómo hacer una comprobación del cableado y no dejó de buscar otras formas de resolver el problema.

Sin embargo, a este se le sumó otro. Al principio no supuso un inconveniente inmediato, pero a medida que el United Airlines 173 continuaba volando en el patrón de espera, se hizo cada vez más real. Al despegar de Denver, el avión tenía 5.500 litros de combustible, más que suficiente para llegar a su destino. Pero un DC8 consume unos 25 litros por minuto, así que no podían seguir trazando círculos indefinidamente. En algún momento, McBroom tendría que aterrizar.

A las 17.46, hora local, el nivel de combustible cayó a 5 en el indicador. La situación seguía bajo control, pero el margen de error cada vez era menor porque el tiempo no dejaba de correr. El ingeniero de vuelo empezó a ponerse nervioso. Informó al piloto de que las reservas se estaban acabando, como marcaba la luz intermitente de la bomba de combustible. En la transcripción de la grabación de la cabina se podía notar cómo crecía la angustia.

Pero McBroom no reaccionó como esperaba el ingeniero. Y el piloto era quien está a cargo del vuelo, el principal responsable de los 189 pasajeros y del personal. Estaban bajo su protección. Conocía los riesgos de aterrizar sin el tren de aterrizaje. No iba a permitirlo de ninguna manera. Tenía que saber cuál era el problema, tenía que estar seguro.

Siguió concentrado en el tren de aterrizaje. ¿Se había desplegado? ¿Había otra forma de comprobarlo? ¿Qué más podían hacer?

A las 17.50 el ingeniero Mendenhall intentó advertir de nuevo al comandante de que las reservas de combustible se estaban terminando. Este respondió que todavía tenían «quince minutos» de combustible en el tanque, pero estaba equivocado. Parecía haber perdido la noción del tiempo. «¿Quince minutos?», contestó el ingeniero con un tono de incredulidad. «No es suficiente... En quince minutos no nos quedará ni una gota de combustible.»

El tanque de combustible se iba vaciando con cada segundo que pasaba. El patrón de espera se había convertido en una catástrofe potencial, no solo para los pasajeros, sino también para todos los habitantes del sur de Portland. Un avión de 90 toneladas sobrevolaba la ciudad y se estaba quedando sin combustible.

El copiloto y el ingeniero no podían comprender por qué el piloto no se dirigía directamente hacia el aeropuerto. El mayor peligro en aquel momento era quedarse sin combustible. El tren de aterrizaje ya no importaba. Pero McBroom era la persona con más autoridad. Era el jefe, el más veterano, quien tenía mayor experiencia. Lo llamaban «señor».

A las 18.06 había tan poco combustible que el motor número cuatro se apagó. «Me parece que acabamos de perder el número cuatro, señor, creo que...» Treinta segundos después repitió la advertencia. «Señor, vamos a perder un motor.»

Incluso en ese momento el piloto parecía no darse cuenta de la situación catastrófica en la que se encontraban. Su noción del tiempo había desaparecido. «¿Por qué?», preguntó, sin creerse aún que hubieran podido perder un motor. «Combustible», respondió con énfasis el ingeniero.

El United Airlines 173 podía aterrizar perfectamente. El tren de aterrizaje, como se supo más tarde, se había desplegado y era seguro. Pero, aunque no hubiera sido así, un piloto experimentado podía haber aterrizado sin causar ninguna muerte. La noche tenía una visibilidad perfecta y, después de abortar el primer aterrizaje, el aeropuerto había estado a la vista continuamente.

Pero en aquel momento ya estaban a 13 kilómetros de la pista de aterrizaje, sobrevolando una gran ciudad, y el combustible había desaparecido. El personal de vuelo se aterrorizó.

Era demasiado tarde. Cuando el resto de los motores se apagó, desapareció toda esperanza. El avión perdía altura a una velocidad de 1.000 metros por minuto y no iban a lograr llegar al aeropuerto.

McBroom aguzó la vista buscando desesperadamente un campo o un espacio abierto entre la maraña de casas y bloques de apartamentos que se extendían por la planicie. Incluso en aquel momento no comprendía lo que había pasado. ¿El combustible se había desvanecido en el éter? ¿Qué había ocurrido con el tiempo?

Los últimos momentos de la transcripción muestran su desesperación mientras el avión iba cayendo sobre los suburbios de Portland.

1813:38 COMANDANTE: Se nos van todos [es decir, se han apagado los motores]

1813:41 COMANDANTE: No llegamos a Troutdale [otro aeropuerto de Portland]

1813:43 COPILOTO: No llegamos a ninguna parte

1813:46 COMANDANTE: De acuerdo, manda un SOS

1813:50 COPILOTO (a la torre de control): Torre de Portland, United uno siete tres, SOS, los motores se han apagado, estamos cayendo, no podremos llegar al aeropuerto

1813:58 TORRE: United uno...

1814:35 (impacto con unas líneas de transmisión)

(final de la cinta)

Hemos escogido el vuelo United Airlines 173 como paradigma para estudiar los sistemas de aviación por dos razones. En primer lugar, fue un punto de inflexión en la seguridad aeronáutica. Es algo aceptado de manera mayoritaria. Pero, para nuestro propósito, tiene un significado adicional: refleja, de manera intrigante, la tragedia de Emily Bromiley. Aunque un accidente tuvo lugar en el cielo y el otro en un quirófano, comparten una misma señal.

Incluso con un análisis somero las similitudes son sorprendentes. Igual que el comandante McBroom, que se obsesionó con el problema del tren de aterrizaje, el doctor Anderton se obsesionó tratando de acceder a la vía respiratoria por la boca. Su percepción se había estrechado. McBroom no fue capaz de darse cuenta de que se acababa el combustible; los médicos de Elaine Bromiley no se percataron de que le faltaba oxígeno. Mientras McBroom intentaba resolver el problema del tren de aterrizaje y los médicos trataban de colocar el tubo endotraqueal en la vía respiratoria, ninguno advirtió cuál era la verdadera catástrofe.

Igual que el ingeniero de vuelo Mendenhall, que avisó al comandante, pero no obtuvo respuesta, Jane, la enfermera, alertó al doctor Anderton. Ambos se expresaron de manera clara, pero se mordieron la lengua para no exponer sus preocupaciones más explícitamente y les intimidó la estructura jerárquica. La presión social y la inhibición que provoca la autoridad desarticularon por completo un trabajo en equipo efectivo.

Pero lo que nos importa a nosotros no son las similitudes entre los dos accidentes, sino lo que los diferencia: la *reacción*. Hemos comprobado que en la sanidad lo que prima son las evasivas. Se describen los accidentes como «casos únicos», o como «cosas que pasan». Los médicos afirman: «Hicimos todo lo que pudimos». Esta es la respuesta más común al fracaso que se da hoy en día.

En la aviación, en cambio, es totalmente diferente: aprender del fracaso es la médula del sistema.

Todos los aviones llevan dos cajas negras, una de la cuales registra todas las instrucciones que se mandan a los sistemas electrónicos de a bordo. La otra es una grabadora de voz de la cabina de mando, la cual permite a los investigadores comprender el razonamiento de los pilotos en los momentos previos al accidente. En lugar de ocultar el fracaso, o soslayarlo, la aviación tiene un sistema en el que el fracaso es una *fuente de datos*.

En caso de accidente, los investigadores, que son independientes de las aerolíneas, el sindicato de pilotos y los reguladores tienen vía libre para analizar los restos y examinar todas las pruebas. No se estigmatizan los errores, sino que se consideran una oportunidad para aprender. Las partes interesadas no tienen razón para no cooperar, puesto que las pruebas que recoja la investigación no se admiten en los procedimientos judiciales. Esto aumenta las probabilidades de que se aclaren todos los hechos.

Al acabar la investigación el informe está disponible para todos. Las aerolíneas tienen la responsabilidad legal de aplicar las recomendaciones. Cualquier piloto del mundo tiene acceso a los datos. De este modo, todos pueden aprender de los errores, no solo un equipo, aerolínea o país. Esto multiplica el potencial de aprendizaje. Eleanor Roosevelt lo expresó de la siguiente manera: «Aprende de los errores de los demás. No hay vida suficiente para que puedas cometerlos todos tú mismo».

Y no solo los accidentes pueden enseñar. También de los errores «leves» se puede aprender. Cuando un piloto está a punto de colisionar con otro avión, o cuando ha volado a una altitud equivocada, elabora un informe. Mientras lo hagan diez días después del incidente, los pilotos tienen inmunidad. Muchos aviones también van equipados con sistemas de datos que envían informes de manera automática cuando se exceden algunos parámetros. De nuevo, estos informes se agregan a los ficheros y lo hacen de manera anónima.*

---

* Tener conocimiento de los errores leves es de importancia capital también para las empresas. Como afirma Amy Edmondson, profesora de la Facultad de Empresariales de Harvard: «La mayoría de los grandes fracasos tienen causas múltiples, y algunas de ellas están enquistadas en las empresas [...]. Los errores leves son las advertencias previas indispensables para evitar fracasos catastróficos en el futuro».

Por ejemplo, en 2005 aparecieron varios informes en un periodo de tiempo corto que alertaron a los investigadores sobre un problema en las inmediaciones del aeropuerto de Lexington, Kentucky. Las autoridades locales habían montado un gran mural en una extensa parcela de tierra para embellecerla. En la parte superior, instalaron una serie de lámparas para iluminarlo.

Pero estas luces estaban haciendo estragos en la percepción de los pilotos, porque las confundían con las luces de la pista de aterrizaje. La cuestión es que empezaban a descender mucho antes. Por fortuna, nadie tuvo un accidente gracias a los informes anónimos que pusieron sobre la mesa el problema antes de que se tuvieran que lamentar las consecuencias. Shawn Pruchnicki, un experto en seguridad aeronáutica que formó parte de la comisión, me dijo: «En una sola semana tuvimos un montón de informes. Nos dimos cuenta enseguida de que había un problema y que teníamos que actuar».

Pocos minutos después se envió un correo electrónico a todos los vuelos que debían aterrizar en Lexington advirtiéndoles de la distracción potencial que había en las inmediaciones. Unos días después retiraron el mural y las luces (lo cual habría ocurrido antes si el terreno hubiera estado bajo jurisdicción del aeropuerto). De este modo, se evitaron futuros accidentes.

Hoy en día las aerolíneas más importantes han ido todavía más lejos al crear un supervisor en tiempo real de decenas de miles de parámetros, como errores de altitud y exceso de peso, de modo que se pueden comparar continuamente el comportamiento de los aviones para diagnosticar patrones problemáticos. Según la Royal Aeronautical Society: «Es la manera más efectiva de mejorar ostensiblemente la seguridad de los vuelos».[32] El objetivo actual es aumentar la cantidad de datos en tiempo real para acabar sustituyendo las cajas negras, puesto que toda la información ya se habrá transmitido a la base de datos central.

Por lo tanto, la aviación se toma en serio los fracasos. Cualquier dato que indique que los procedimientos son defectuosos, o que el diseño de la cabina de mando es mejorable, o que no se ha formado adecuadamente a los pilotos, se estudia minuciosamente. Son la base para que la industria mejore la seguridad y los individuos no teman reconocer sus errores porque saben lo valiosos que son.

--- **II** ---

¿Qué significó todo esto para el vuelo 173 de United Airlines? Pocos minutos después del accidente la Junta Nacional de Seguridad en el Transporte asignó un equipo de investigación, en el que se encontraban Alan Diehl, un psicólogo, y Dennis Grossi, un investigador experimentado. La mañana siguiente llegaron a los suburbios de Portland para examinar las pruebas a fondo.

Una muestra de la extraordinaria habilidad de McBroom es que mantuvo el avión bajo control durante todo el tiempo posible. Mientras caía, avistó una zona entre las casas y los bloques de apartamentos que parecía un espacio abierto, posiblemente un campo, y se dirigió hacia él. Al acercarse, se dio cuenta de que era, de hecho, una zona arbolada. Trató de esquivar los árboles, colisionó con uno, luego topó con una casa y acabó cayendo encima de otra, al otro lado de la calle.

La primera casa quedó destruida. Piezas del ala izquierda del avión se hallaron más tarde en otras zonas del suburbio. La parte inferior izquierda del fuselaje, entre las filas cuarta y sexta de los pasajeros, estaba completamente pulverizada. Milagrosamente, no había cadáveres en el suelo. Murieron ocho pasajeros y dos miembros de la tripulación. Uno de ellos, el ingeniero de vuelo Mendenhall, que intentó en vano advertir al comandante de la falta de combustible. McBroom sobrevivió a pesar de romperse una pierna, un hombro y algunas costillas.

Cuando los investigadores estudiaron las pruebas del vuelo 173 de United Airlines, pudieron observar un patrón. No se trataba solo de lo que habían descubierto entre los restos del accidente, sino la comparación con otros accidentes previos. Un año antes, un DC8 había tenido un accidente en circunstancias casi idénticas. El avión, con destino a San Francisco desde Chicago, inició un patrón de espera por la noche debido a un problema con el tren de aterrizaje, siguió volando con la esperanza de arreglarlo y acabó estrellándose contra una montaña sin dejar ningún superviviente.[33]

Pocos años antes, el vuelo 401 de Eastern Airlines sufrió un accidente similar cuando trataba de aterrizar en el aeropuerto internacional de Miami. Una de las luces de la cabina de mando no se iluminó y la tripulación creyó que el tren de aterrizaje no se había desplegado. Cuando intentaron resolver el problema (resultó ser una bombilla fundida), no se dieron cuenta de que estaban perdiendo altitud a pesar de las alertas del sistema de seguridad. Se estrelló en los Everglades y murieron 101 personas.[34]

En todos estos casos, los investigadores observaron que la tripulación había perdido la noción del tiempo. Parece ser que la atención es un recurso escaso: si te concentras en una cosa, pierdes de vista las demás.

Esto se pudo comprobar en un experimento en que se asignaban diversas tareas a unos estudiantes. Una de ellas era fácil: leer en voz alta. Otra era más complicada: definir palabras difíciles. Después de finalizarlas, les pidieron que calcularan cuánto tiempo había pasado. Los que habían hecho la tarea fácil se acercaron más al tiempo exacto, mientras que el otro grupo subestimó los minutos pasados en un cuarenta por ciento. El tiempo había volado.

Ahora piensa en McBroom. No solo tenía que concentrarse en palabras difíciles, sino que además debía resolver el problema del tren de aterrizaje, escuchar al copiloto y al ingeniero de vuelo y prever un aterrizaje en condiciones de emergencia. Recuerda también a los médicos de Elaine Bromiley. Estaban absortos intentado entubarla, intentado desesperadamente salvar su vida. Perdieron la noción del tiempo no porque no estuvieran lo bastante concentrados, sino porque estaban demasiado *concentrados*.* En Portland, Diehl se dio cuenta de que otro de los problemas fundamentales tenía que ver con la comunicación. El ingeniero de vuelo Mendenhall vio con claridad que las reservas de combustible se estaban acabando. Se lo insinuó varias veces al comandante y, cuando la situación fue grave, se lo repitió de manera más directa. Diehl, al escuchar de nuevo la grabación, notó el tono alterado del ingeniero. Cuando el peligro era inminente alertó desesperadamente a McBroom, pero no llegó a desafiar su autoridad.

Hoy en día, este es un aspecto bien estudiado en psicología. La jerarquía social inhibe la asertividad. Nos dirigimos a aquellos que representan la autoridad en lo que se llama «lenguaje atenuado». Si hablas con tu jefe, no le dirás: «Tendremos una reunión el lunes por la mañana», sino: «Si está ocupado no se preocupe, pero sería una buena idea que pudiéramos hablar media hora el lunes».[35] Esta deferencia tiene sentido en la mayoría de situaciones, pero puede ser nefasta cuando un avión de 90 toneladas se está quedando sin combustible al sobrevolar una gran ciudad.

Existe el mismo factor jerárquico en los quirófanos. Jane, la enfermera, se percató de la solución. Fue a buscar el *kit* de traqueotomía. ¿Tenía que haber alzado más la voz? ¿No le dio la suficiente importancia? En situaciones de seguridad críticas, esta es precisamente la forma equivocada de pensar. Recuerda que el ingeniero de vuelo Mendenhall pagó con su vida el no imponer su punto de vista.

---

* En muchas circunstancias, concentrarse en lo que haces es la mejor manera de hacerlo bien. El problema aparece cuando esta concentración limita la comprensión global. Una concentración excesiva perjudica el rendimiento y, en el caso de la aviación, la seguridad.

El problema no fue una falta de diligencia o de motivación, sino un sistema insensible a las limitaciones de la psicología humana.

Ahora comparemos las perspectivas de primera y tercera persona. A los médicos del hospital cerca de North Marston el accidente les pareció un «caso único». Después de todo, no fueron conscientes de que se habían pasado ocho minutos intentando vanamente entubar a Elaine. Según su percepción, habían dedicado solo una porción de ese tiempo. Su noción subjetiva del tiempo se había deformado con el pánico. El problema, según su opinión, era del paciente: murió mucho más rápido de lo que podían prever. Si no había investigación alguna, ¿cómo podían saber en qué se habían equivocado?

La historia del vuelo 173 de United Airlines es casi idéntica. Cuando el investigador Diehl, pocos días después del accidente, fue a visitar a McBroom al hospital, el comandante le dijo que las reservas de combustible se habían agotado «increíblemente rápido». Sugirió la posibilidad de que hubiera una pérdida en el tanque. Desde su perspectiva, siendo consciente de cómo se había esfumado el tiempo durante la crisis, se trataba de una observación racional. Para él, que se hubiera acabado el combustible sencillamente no tenía sentido.

Pero Diehl y su equipo se tomaron la molestia de revisar dos veces los datos de la caja negra. Comprobaron las reservas cuando el avión adoptó el patrón de espera, verificaron a qué velocidad consumía combustible el DC8 y luego observaron en qué momento exactamente se había quedado vacío. Todo encajaba. El avión no había perdido combustible con mayor rapidez de la habitual. La pérdida no estaba en el tanque, sino en la noción del tiempo de McBroom.

Solo gracias a una investigación independiente la verdad salió a la luz. En la sanidad nadie percibió el problema subyacente porque, desde la perspectiva de la primera persona, no existía. Esta es una de las maneras en que se perpetúan los ciclos cerrados: cuando no nos preguntamos por los errores, a veces ni siquiera sabemos que hemos cometido uno (aunque sospechemos que podamos haberlo hecho).

Cuando Diehl y el resto de investigadores publicaron el informe del vuelo 173 de United Airlines en junio de 1979, fue un hito en la aviación. En la página trece, con el lenguaje aséptico habitual de estos informes, hacía la siguiente recomendación: «Enviar un boletín a todos los inspectores de operaciones aéreos para que urjan a sus operadores asignados a que formen a las tripulaciones de vuelo con los principios de gestión de recursos del puente de mando, con un énfasis particular en el mérito de la gestión participativa para los comandantes y una formación en asertividad para el resto de la tripulación en la cabina de mando».

Pocas semanas después la NASA organizó una junta para investigar los beneficios de un nuevo tipo de formación: la Gestión de Recursos de la Tripulación. El punto principal fue la comunicación. A los copilotos les enseñaron procedimientos de asertividad. El acrónimo que se utiliza para mejorar la asertividad de los miembros de la tripulación es P.A.C.E, por sus siglas en inglés: Probe (Sondea), Alert (Alerta), Challenge (Desafía), Emergency (Emergencia).* Los comandantes, que durante años se habían considerado las personas al mando, tuvieron que aprender a escuchar, aceptar las instrucciones y aclarar las ambigüedades. El problema de la percepción del tiempo se abordó con una división de responsabilidades más estructurada.

---

* Podemos ver cómo sería en la práctica aplicado a una situación del mundo real. Esto es lo que Jane, la enfermera en jefe, debería haber dicho si hubiera utilizado esta técnica durante la operación de Elaine Bromiley:

SONDEA: «Doctor, ¿qué otras opciones está considerando si no logramos entubarla?»
ALERTA: «Doctor, el oxígeno ha caído al 40 por ciento y sigue bajando. No podemos insertar el tubo. ¿Traigo el *kit* de traqueotomía?»
DESAFÍA: «Doctor, o hacemos una traqueotomía ahora o perderemos a la paciente».
EMERGENCIA: «Voy a buscar al equipo de reanimación para hacer la traqueotomía».

Las listas de verificación, que ya se utilizaban, se ampliaron y se mejoraron. Se habían implementado para evitar descuidos en situaciones complejas. Pero también suavizan la jerarquía. Cuando el comandante y el copiloto hablan entre ellos, se presentan y repasan la lista de verificación, se abren canales de comunicación. Hay más posibilidades de que el oficial de menor rango dé su opinión en caso de emergencia, lo cual resuelve el llamado «problema de activación».

Varias versiones de los nuevos métodos de formación se pusieron a prueba inmediatamente con los simuladores. En cada fase se comprobaba si funcionaban las nuevas ideas, se examinaban con rigor y se perfilaban sus límites. Las propuestas más efectivas se integraron rápidamente en todas las aerolíneas del mundo. Después de una serie de accidentes terribles durante la década de 1970, el índice de siniestros empezó a caer.

«El accidente del vuelo 173 de United Airlines fue traumático, pero también supuso un gran paso adelante —afirma el experto en seguridad aeronáutica Shawn Pruchnicki—. Se sigue considerando un punto de inflexión el momento en que comprendimos que los "errores humanos" a menudo están causados por sistemas mal diseñados. Cambió la forma de pensar de la industria.»

Murieron diez personas en el vuelo 173 de United Airlines, pero todo lo que se aprendió salvó miles de vidas más.

Esto, por lo tanto, es lo que llamaremos «Pensamiento Caja Negra».* Para aquellas organizaciones que no pertenecen al sector de la aviación no se trata de crear literalmente una caja negra, sino de tener la voluntad y la tenacidad de investigar las razones que a

---

* A veces, «caja negra» tiene la connotación de un proceso desconocido y tal vez inescrutable entre una causa y su resultado. Aquí lo utilizamos en un sentido levemente diferente pero relacionado con el registro de datos en la investigación de un accidente.

menudo provocan un fracaso, pero a las que rara vez prestamos atención. Se trata de crear un sistema y una cultura que permita a las organizaciones aprender de los errores en lugar de sentirse amenazadas por ellos.

El fracaso nos da la oportunidad de aprender por muchas razones: en muchos aspectos es la frustración de una expectativa.[36] De alguna forma nos enseña que el mundo no es como lo imaginábamos. La muerte de Elaine Bromiley, por ejemplo, reveló que los procedimientos en las operaciones no tienen en cuenta las limitaciones de la psicología humana. El desastre del vuelo 173 de United Airlines puso sobre la mesa problemas similares en la cabina de vuelo.

Estos fracasos son inevitables porque el mundo es complejo y nunca comprendemos todas sus sutilezas. El modelo, como nos recuerdan los científicos sociales, no es el sistema. El fracaso, por lo tanto, es una señal. Arroja luz sobre un aspecto del mundo que se escapa a nuestro entendimiento y nos proporciona pistas esenciales para actualizar los modelos, las estrategias y las conductas. Desde esta perspectiva, la pregunta que suele hacerse después de un acontecimiento adverso, es decir, «¿podemos permitirnos el tiempo para investigar este fracaso?» debería ser al revés. La pregunta pertinente es: «¿podemos permitirnos no hacerlo?»

Lo cual nos lleva a otra conclusión importante. A veces se afirma que la diferencia esencial entre la aviación y la sanidad son los recursos disponibles: dado que la aeronáutica tiene más dinero puede llevar a cabo investigaciones y aprender de los errores. Si la sanidad tuviera más recursos, ¿no haría lo mismo? No obstante, ahora sabemos que no es así. Puede que la sanidad no tenga suficientes recursos, pero se *ahorraría* dinero si aprendiera de los errores. El coste de los errores médicos se ha estimado, de forma conservadora, en más de 17.000 millones de dólares solo en Estados Unidos.[37] En marzo de 2015, la Autoridad de Litigación del Servicio de Sanidad Nacional asignó 26.100 millones de libras para cubrir las responsabilidades por negligencia. Aprender de los errores no saquea los recursos, sino que es la forma más efectiva de conservarlos y de salvar vidas.*

Los psicólogos suelen diferenciar los errores de los que sabemos la solución de aquellos que no la sabemos. Un error de medicación, por ejemplo, pertenece al primer tipo: la enfermera sabía que debía administrar el medicamento A pero, sin querer, administró el medicamento B, tal vez por confundir las etiquetas debido a una falta de tiempo.

Pero a veces los errores se cometen conscientemente como parte de un proceso de descubrimiento. Las empresas farmacológicas prueban diferentes combinaciones de productos químicos para comprobar cuáles son eficaces y cuáles no. Nadie sabe previamente qué funcionará y qué no, pero precisamente por esta razón se prueban en muchos experimentos, y fracasan a menudo. Es una parte esencial del proceso.

De forma general, nos centraremos en el primer tipo de fracaso en las páginas iniciales del libro y en el segundo en las finales. Pero la cuestión crucial es que en ambos casos el error es necesario para llegar a descubrir algo. En sectores como la sanidad los errores nos indican qué se debe reformar para evitar errores futuros. En este último caso, los errores nos llevan a descubrir nuevas medicinas.

Una distinción que en cierta forma se solapa es la de los errores que tienen lugar en un entorno experimental y aquellos que tienen lugar en un entorno de acción. Los patinadores sobre hielo, por ejemplo, se caen mucho cuando entrenan. Al exigirse más intentando hacer saltos complicados y cayéndose de vez en cuando en el hielo, mejoran sus habilidades y progresan porque aumentan su ca-

---

* Como lo expresó un informe de una comisión parlamentaria británica en 2015: «Los recursos para investigar y aprender cómo mejorar la seguridad clínica ahorrarían gastos innecesarios al reducir el daño evitable a los pacientes».

pacidad de juzgar y de ser más precisos. Esto es lo que les permite
patinar casi sin cometer errores cuando llega el día del campeonato.

En efecto, la práctica consiste en obtener los beneficios de aprender de los errores y reducir los costes. Es mejor caerse al preparar la
competición que caerse en la competición misma. Esto también vale
para las organizaciones que llevan a cabo pruebas piloto (y en el caso
de la aviación y otros sectores en que la seguridad es esencial ponen
a prueba sus ideas con simuladores) para aprender antes de implementar nuevas ideas o procedimientos. Cuanto más fracasemos en la
práctica, más aprenderemos para tener éxito en el momento en que
de verdad sea importante.

Pero, incluso si practicamos diligentemente, en un momento u
otro fracasaremos en el mundo real. Y a menudo es en estas circunstancias, cuando el fracaso amenaza más a nuestro ego, que
necesitamos aprender más que nunca. La práctica no es un sustitu-
to del aprendizaje de los fracasos en el mundo real, sino que es com-
plementaria. Son, en muchos aspectos, las dos caras de una misma
moneda.

Con esto presente, pongamos un último ejemplo del «estilo de
investigación caja negra». Se trata de la pérdida de un bombardero
durante la Segunda Guerra Mundial del que se ocupó uno de los
matemáticos más brillantes del siglo xx: Abraham Wald.

Su análisis no solo fue un momento determinante en el contexto
del conflicto, sino también un ejemplo importante en el contexto de
este libro. Aprender de acontecimientos adversos puede parecer fácil
en retrospectiva. ¿Las lecciones del vuelo 173 United Airlines no
son, por ejemplo, obvias? ¿Los datos no las hacían evidentes?

Sin embargo, en el momento de la investigación los datos pueden parecer mucho más ambiguos. Los investigadores con más éxito
no solo tienen la voluntad de comprender el accidente, sino la capacidad analítica y la creatividad para extraer lecciones clave. De hecho, muchos expertos en aviación citan la mejora en la calidad y

sofisticación de las investigaciones como uno de los acicates más importantes para mejorar la seguridad en los últimos años.[38]

Pero pocas investigaciones han sido tan ingeniosas como la que llevó a cabo Wald. Su trabajo estuvo clasificado durante décadas, pero hace poco se ha revelado la historia completa y cómo contribuyó a derrotar al nazismo. Por encima de todo, sus investigaciones ponen de relieve que para aprender del fracaso se deben tener en cuenta no solo los datos que pueden verse, sino también aquellos que son invisibles.

--- **III** ---

Abraham Wald, hijo de un panadero judío, nació en Hungría en 1902. Su hermano mayor, Martin, que era un ingeniero cualificado, lo educó en casa. Desde muy pronto sintió un profundo amor por las matemáticas y, desde los catorce años, por la geometría. Según aquellos que lo conocieron, el pequeño Abraham siempre estaba creando y resolviendo rompecabezas.

Wald se fue de su casa en 1927 para estudiar en la Universidad de Viena. Tenía un rostro inquisitivo, cabello oscuro, ojos brillantes y una mente aguda que fue reconocida inmediatamente por los profesores y estudiantes. Un compañero lo expresó del siguiente modo: «Me cautivó su capacidad esplendorosa, su amabilidad y la fuerza extraordinaria con la que se enfrentaba a los problemas».[39]

En la universidad, Karl Menger, uno de los mejores matemáticos de su generación, invitó a Wald a unirse al Colloquium, un grupo de académicos que se reunían de manera informal para discutir sobre matemáticas y filosofía, y entre quienes estaban personas que luego se convertirían en leyenda, como Kurt Gödel y Alfred Tarski. Wald continuó ampliando sus estudios y escribió una serie de ensayos sobre geometría que Menger calificó de «profundos, hermosos y de una importancia fundamental».[40]

Pero aun así no pudo obtener un puesto de profesor en Viena: su origen judío lo hacía políticamente imposible. «En aquel tiempo de inquietud económica, que pronto se iba a contagiar a la política, estaba fuera de cuestión lograr un trabajo en la Universidad de Viena, aunque sin duda habría sido tan beneficioso para la institución como para él —escribió más tarde Menger—. Con su modestia característica, Wald me dijo que estaría completamente satisfecho con cualquier intrascendente empleo privado que le permitiera seguir colaborando con el Colloquium matemático.»[41]

Sin embargo, incluso este papel insignificante sería problemático en una Europa que se encaminaba a la guerra. En 1937, la presencia de Wald en el Colloquium fue criticada por algunos simpatizantes nazis. Un año después, cuando Hitler marchó sobre la capital austríaca, echaron a Wald. Aún se quedó en Viena unas semanas después de la ocupación, pero cuando los nazis intensificaron la persecución de los judíos, Menger, que ya había huido a Estados Unidos, le consiguió un trabajo allí.

Wald era renuente a irse de Viena, una ciudad de la que se había enamorado (en una carta a un amigo, escribió que se había convertido en su «segundo hogar»), pero la decisión de emigrar casi con seguridad le salvó la vida. Ocho de los nueve miembros de su familia murieron a manos de los nazis. Sus padres y sus hermanas fueron gaseados en Auschwitz y su querido hermano mayor, Martin, que le introdujo a las matemáticas, murió prisionero en un campo de trabajo del oeste de Alemania. Wald no supo que habían muerto hasta el final de la guerra.

En Estados Unidos fue un gran alivio poder continuar trabajando como matemático. Logró un puesto en un equipo con un nombre aparentemente banal: Comité de Matemáticas Aplicadas. Empezó a trabajar en un bloque de apartamentos de cuatro pisos pocas calles más allá del centro de Harlem. Resultó ser un punto de inflexión en la guerra.[42]

El Comité estaba formado por un grupo de matemáticos brillantes. Trabajaban para las fuerzas armadas y debían analizar un amplio abanico de materias, como el patrón más efectivo para el lanzamiento de torpedos o la eficiencia aerodinámica de los misiles. Como afirmó el escritor David McRaney: «Quienes en aquel tiempo entraban en el bloque no tenían ni idea de que, cuatro pisos más arriba, parte de los descubrimientos más importantes de las matemáticas aplicadas estaban inclinando la balanza del conflicto global».[43]

Gran parte de aquella labor era altamente confidencial y los informes que generaron han estado clasificados durante décadas. Pero en los últimos años los investigadores han empezado a reconstruir la contribución de estos «soldados matemáticos» y han descubierto que fue determinante en el resultado de la guerra. El papel de Wald, que solo ha salido a la luz años después, fue tal vez el más extraordinario de todos.

Los militares le pidieron que les ayudara en una cuestión crucial. Los bombarderos en Europa debían asumir riesgos muy altos. Durante ciertos periodos del conflicto, la probabilidad de que un piloto sobreviviera a una misión era poco más del cincuenta por ciento. Kevin Wilson, historiador militar, describió a estos hombres valientes y excepcionales como si ya fueran «espectros».[44]

Los jefes militares se dieron cuenta de que necesitaban blindar los aviones para protegerlos de los disparos desde tierra y aire. El problema era que no podían blindar toda la superficie porque entonces serían demasiado pesados para volar y perderían maniobrabilidad. La labor de Wald fue priorizar qué zonas necesitaban más protección.

Disponía de muchos datos con los que trabajar. Las fuerzas aéreas se habían tomado la molestia de examinar los aviones que habían vuelto para determinar los daños y cómo evitarlos. Era un estilo de «conducta caja negra». Analizaban los datos de acontecimientos adversos para mejorar la seguridad de los aviones.

Para alivio de la comandancia de las fuerzas aéreas, el patrón parecía claro. La mayoría de los aviones había sufrido daños en las alas y el fuselaje, pero no recibían impactos en la cabina de mando ni en la cola. Cuantos más informes tenían, más evidente parecía el patrón.

Puedes observar el patrón en el diagrama inferior.

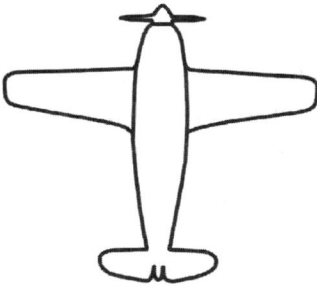

Avión sin
impactos de bala

Ubicación de los impactos de
bala en los aviones atacados

La comandancia militar pergeñó lo que parecía el plan perfecto: blindarían todas las zonas donde había impactos de bala, puesto que era allí donde los aviones necesitaban una protección adicional. Es de puro sentido común. Para quienes dirigían el ejército, era la mejor forma de salvaguardar a sus pilotos del fuego enemigo.

Pero Wald no estaba de acuerdo. Se percató de que los jefes habían pasado por alto datos clave. Solo estaban teniendo en cuenta los aviones que lograban volver, y no aquellos que *no habían* vuelto (es decir, los que habían caído). Los agujeros de bala sugerían que las zonas cerca de la cabina de mando no necesitaban refuerzo porque nunca recibían impactos. De hecho, los aviones que eran alcanzados en estas zonas se estrellaban porque era su punto más vulnerable.

En efecto, los agujeros de los aviones que volvían representaban las áreas donde el bombardero podía sufrir daños y, aun así, volver sano y salvo. Habían sobrevivido precisamente por no recibir impactos en la cabina o en la cola. El patrón de los agujeros, en lugar de indicar dónde se debía blindar al avión, revelaba las áreas donde no se debía hacer.

Este descubrimiento resultó ser de una importancia capital, no solo para los bombarderos, sino para todos los aspectos de la guerra.

Es un ejemplo fundamental que evidencia dos cuestiones clave. La primera es que si queremos aprender de los accidentes debemos tener en cuenta todos los datos, incluso aquellos que no podemos ver de manera inmediata. Pero también pone de manifiesto que aprender de los errores no siempre es fácil, incluso en términos conceptuales, por no hablar de los emocionales. Son precisos un razonamiento minucioso y una voluntad de ir más allá de las suposiciones superficiales. A menudo, significa sobrepasar los datos obvios para sonsacar las lecciones subyacentes. Y esto es cierto tanto para la aviación como para las empresas, la política y muchas cosas más.

En palabras de Amy Edmondson, de la Facultad de Empresariales de Harvard: «Aprender de los fracasos no es nada fácil. La actitud y las actividades que se requieren para detectar y analizar efectivamente los errores no son habituales en la mayoría de las empresas, y la necesidad de estrategias de aprendizaje específicas para cada contexto se subestima. Las empresas necesitan procesos nuevos y mejores para aprender lecciones que no sean superficiales».[45]

El análisis de Wald sobre los impactos de bala en los aviones de la Segunda Guerra Mundial salvó la vida de docenas de valientes pilotos. Su informe crucial no se desclasificó hasta julio de 1980, pero hoy en día se puede encontrar fácilmente buscándolo en Google. Se titula: «A Method of Estimating Plane Vulnerability Based on Damage of Survivors» («Un método para estimar la vulnerabilidad de los aviones basado en el daño a los supervivientes»).[46]

No fue hasta el final de la guerra cuando Wald supo que ocho de sus nueve familiares habían muerto en manos de los nazis. Según aquellos que lo conocieron mejor, nunca superó el dolor de la pérdida. Uno de sus amigos más íntimos, escribió: «Incluso este golpe cruel no le amargó la vida, pero un halo de tristeza le marcó para el resto de sus días».[47]

Al final de la década de 1940, logró traer a Estados Unidos a su hermano mayor, Hermann, el único miembro de su familia que sobrevivió al Holocausto. Sus amigos recuerdan que supuso un «gran alivio» estar en compañía de él, así como poder continuar trabajando en el departamento de matemáticas de la Universidad de Columbia.

Uno espera que este hombre extraordinario y amable también sintiera satisfacción por el hecho de que sus descubrimientos analíticos desempeñaran un papel crucial para derrotar a la ideología malvada que asesinó a sus seres queridos.

Fue un «pensador caja negra» *par excellence*.

3
LA PARADOJA DEL ÉXITO

--- **|** ---

A las 15.25 de la tarde del 15 de enero de 2009, el vuelo 1549 de US Airways recibió permiso para despegar de la pista 4 del aeropuerto LaGuardia de Nueva York.

Era una tarde despejada y en el puente de mando el comandante Chesley Sullenberger y el copiloto Jeffrey Skiles repasaban la lista de verificación. Estaban impacientes por empezar el vuelo. Lo que no sabía ninguno de los dos es que iban a ser protagonistas de uno de los vuelos comerciales más famosos de los tiempos modernos.[48]

Menos de dos minutos después de despegar, una bandada de gansos canadienses empezó a acercarse repentinamente por la parte derecha del avión. Volaban a tal velocidad que los pilotos no tuvieron la posibilidad de esquivarlos. Dos aves fueron succionadas por el motor derecho y al menos una más por el izquierdo.

Después de una serie de golpes secos, los motores parecieron detenerse y un silencio sepulcral se adueñó del avión. Los motores habían perdido propulsión. Los pilotos sintieron cómo se aceleraba su pulso: la clásica reacción al peligro. Se encontraban a mil metros por encima de Nueva York en un Airbus A320 con los motores desactivados.

Debieron tomar una serie de decisiones instantáneas. Les propusieron volver a LaGuardia, luego una ruta alternativa hacia Teterboro, un aeropuerto en las Meadowlands de Nueva Jersey, a unos pocos kilómetros de distancia. Rechazaron las dos opciones porque el avión, al estar en caída en picado, no iba a poder llegar.

A las 15.29, Sullenberger pronunció las palabras que aparecerían en los titulares de todo el mundo: «Vamos a aterrizar en el Hudson».

En las páginas iniciales de este libro, nos hemos concentrado en los fracasos de dos sectores en los que la seguridad es esencial: la aviación y la sanidad. Hemos analizado las reacciones, las actitudes y las investigaciones que se hicieron. Ahora, vamos a estudiar brevemente el éxito y las reacciones que lo provocan. Arrojando luz en cómo se hacen bien las cosas podremos saber algo más sobre por qué se hacen mal.

Sullenberger logró aterrizar las setenta toneladas de su avión en el río Hudson. Fue una maniobra brillante, según todos los expertos. Antes de dejar el avión, recorrió la cabina de vuelo dos veces para asegurarse de que todos los pasajeros habían salido por las alas, que estaban a pocos centímetros por encima de la superficie del río. No hubo ningún herido grave.

Su aplomo fascinó a Estados Unidos. El comandante de cincuenta y siete años recibió una llamada del recién elegido presidente Obama. Le invitó a la inauguración presidencial. *Time Magazine* le otorgó el segundo puesto en su sección de Héroes & Iconos en el TIME 100 de 2009.[49] Los intelectuales lo aclamaron como un nuevo tipo de heroísmo auténtico que sobresalía en la cultura superficial de la fama. Para el público, se trató de un episodio sublime de individualismo: la capacidad y la tranquilidad de un hombre bajo la presión de tener que salvar más de un centenar de vidas.

Pero los expertos en aviación lo consideraron desde otra óptica. Tuvieron en cuenta el marco general. No solo alabaron el admirable comportamiento individual de Sullenberger, sino también el sistema que le había apoyado. Algunos se refirieron a la Gestión de Recursos de la Tripulación. No hubo fisuras en la división de responsabilidades del comandante y su copiloto Skiles. Pocos segundos después de impactar con la bandada, Sullenberger asumió el control del avión mientras Skiles consultaba el manual de referencia rápido.

Los canales de comunicación estuvieron abiertos hasta los últimos segundos del vuelo. Skiles fue comunicando las velocidades aeronáuticas y las altitudes para que el comandante tuviera toda la información situacional disponible mientras controlaba el descenso del avión. Pocos segundos antes de aterrizar aún estaban hablando. «¿Alguna idea más?», preguntó Sullenberger. «De hecho, no», respondió Skiles.

Otros expertos en seguridad recordaron la tecnología «fly-by-wire» («pilotaje por mandos electrónicos», un sofisticado sistema de piloto automático que está activo en todos los aviones Airbus), que corrigió con una exactitud de centímetros la inclinación de la aeronave antes de impactar en el agua. Otros alabaron las listas de verificación y un adecuado diseño ergonómico que fueron de gran ayuda a la tripulación cuando aumentó la presión en el momento en que los gansos impactaron con el avión.

Se trató de un debate fascinante que en gran medida tuvo lugar fuera de la luz pública. Pero incluso este debate ocultó la verdad más profunda de todas. Las listas de verificación aparecieron después de una serie de accidentes en la década de 1930. El diseño ergonómico del puente de mando adquirió importancia después de otra serie de accidentes con los aviones B-17. La Gestión de Recursos de la Tripulación tuvo su origen en el accidente del vuelo 173 de United Airlines.

Esta es la paradoja del éxito: se construye a partir del fracaso.

También es instructivo analizar las diferentes respuestas públicas a McBroom y Sullenberger. Debemos recordar que McBroom era un piloto brillante. Su capacidad para mantener la calma mientras el DC8 caía en picado, se abría paso entre los árboles, esquivaba un bloque de apartamentos y lograba hacer aterrizar de la forma más suave posible un avión de 90 toneladas, posiblemente salvó la vida de un centenar de personas.

No obstante, después del accidente lo marginaron. Aunque la actitud más común en la aviación se basa en el deseo de aprender de los errores, al resto de la sociedad le faltó tiempo para estigmatizar al hombre que había estado al mando cuando se cometieron los errores. La gente estaba indignada por el hecho de que un piloto experimentado hubiera tenido un accidente con un avión en perfectas condiciones porque había permitido que se quedara sin combustible.

Poco después dejó la aviación. Se separó de su mujer al cabo de tres años. En una reunión que tuvo lugar ocho años antes de su muerte en 2004, Aimee Conner, una superviviente del vuelo, lo describió como «un hombre destrozado... El accidente le había devastado: perdió la licencia, perdió a su familia... y el resto de su vida estaba hecha añicos».

Su tragedia, si se puede llamar así, fue pilotar en un tiempo en el que las limitaciones de la atención humana y de la comunicación efectiva no se comprendían completamente. Tomó el control del vuelo 173 de United Airlines con un error latente en el sistema: un error que esperaba su momento, igual que les ocurrió a los doctores Edwards y Anderton, dos médicos sobresalientes, en un quirófano cerca de North Marston más de veinticinco años después.

La ironía es que Sullenberger, agasajado por los presidentes, podía haber cometido exactamente el mismo error en las mismas circunstancias. El hecho de que no lo cometiera, y de que se convirtiera en un héroe, se debió a una razón simple pero indispensable: el sector en el que trabajaba había aprendido de sus errores. Fue oportuno y revelador que Sullenberger, un hombre a todas luces decente y modesto, pusiera esta cuestión sobre la mesa. En una entrevista televisiva meses después de aterrizar milagrosamente en el Hudson, nos dejó esta hermosa joya de sabiduría:

Todo lo que sabemos en la aviación, todas las reglas de los manuales, todos los procedimientos que tenemos, se deben a que alguien murió en algún accidente[...] Hemos adquirido, a un precio altísimo, lecciones que literalmente costaron sangre y que debemos conservar como un conocimiento institucional para las siguientes generaciones. No podemos permitirnos el fracaso moral de olvidar estas lecciones y no aprender continuamente de ellas.

--- II ---

Merece la pena reflexionar un poco sobre estas palabras de Sullenberger porque representan una oportunidad de reimaginar radicalmente la noción de fracaso. La idea de que un historial de seguridad exitoso en la aviación ha surgido de las ruinas de accidentes reales es vívida, paradójica y profunda. También es reveladora. Porque, si lo pensamos bien, es una idea que resuena en todas las ramas del conocimiento humano.

Pongamos por ejemplo la ciencia, una disciplina en la que aprender del fracaso forma parte del método. Es una cuestión que puso sobre la mesa el filósofo Karl Popper, quien afirmó que la ciencia progresa gracias a la manera inteligente que tiene de reaccionar a sus fracasos. Al elaborar predicciones que se pueden probar, una teoría científica es inherentemente vulnerable. Lo que podría parecer una debilidad, para Popper significa un poder incalculable.

«La historia de la ciencia, como la de todas las ideas humanas, es una historia del[...] error —escribió Popper—. Pero la ciencia es una de las pocas actividades humanas (tal vez la única) en la que los errores se critican sistemáticamente y, bastante a menudo, con el paso del tiempo, se corrigen. Por eso podemos decir que, en la ciencia, aprendemos de nuestros errores, y esa es la razón de por qué podamos hablar clara y razonablemente de hacer progresos.»[50]

En este contexto, ten en cuenta el experimento (que probablemente sea apócrifo) que Galileo ideó en la Italia del siglo XVI. Durante siglos, el mundo había estado gobernado por la física de Aristóteles, de forma similar a como la medicina se sustentaba en las ideas de Galeno. Todo el mundo sentía un gran respeto por el pensador griego y, hasta cierto punto, se consideraba una impertinencia ponerlo en tela de juicio. Aristóteles afirmaba, entre otras cosas, que los objetos pesados caían más rápido que aquellos más ligeros, en una proporción directa con su peso.

Pero ¿tenía razón? Galileo ideó un experimento. Subió a la torre inclinada de Pisa y arrojó dos bolas con una masa diferente. Comprobó que los dos objetos caían con un mismo grado de aceleración y, en aquel momento, descubrió que la teoría de Aristóteles estaba equivocada. Según la terminología de Popper, Galileo aplicó la «falsación» a la hipótesis de Aristóteles.

Esto supuso un fracaso para Aristóteles y un batacazo para sus seguidores, a muchos de los cuales no les hizo ninguna gracia el experimento. Pero fue una victoria importante para la ciencia. Dado que Aristóteles estaba equivocado, los científicos obtuvieron un impulso para averiguar por qué y elaborar nuevas teorías que, a su vez, estarían sujetas a falsaciones futuras. Al menos en parte, así es como progresa la ciencia.*

La misma idea se pudo aplicar a la Teoría de la Relatividad de Einstein. En 1919, un científico británico llamado Arthur Eddington viajó a África para probar una de las afirmaciones más novedosas de la Relatividad: que los cuerpos pesados atraen la luz. Durante un

---

* En ciencia, la relación exacta entre el progreso y el fracaso es una cuestión compleja. Existe un debate abierto sobre en qué momento los científicos pueden o deberían crear nuevas teorías y paradigmas cuando obtienen nuevos datos. El filósofo Thomas Khun ha escrito mucho sobre este tema. Pero la cuestión básica de que las teorías científicas deben ser comprobables y, por lo tanto, vulnerables, es algo que casi nadie duda. La autocorrección es el elemento central del progreso de la ciencia.

eclipse tomó fotografías de una estrella distante para comprobar si se podía detectar la influencia de la gravedad en los rayos de luz que llegaban a la Tierra. El experimento de Eddington corroboró la teoría.[51] Pero la clave es que tal vez no se hubiera corroborado. La Relatividad era vulnerable a la falsación experimental. Y sigue siéndolo hoy en día.[52]

Compara esta actitud abierta hacia el fracaso con una pseudociencia, por ejemplo, la astrología. Las predicciones son desesperanzadoramente vagas. El día en que escribía estas líneas, consulté Horoscope.com para ver la predicción de Libra. «Grandes cambios se están gestando en el hogar y en el trabajo», aseguraba. Tal vez parezca una afirmación comprobable, pero prácticamente cualquier cosa que ocurra en la vida de cualquiera, Libra o no, se ajusta a la predicción. Siempre hay cambios «gestándose» en el hogar y en el trabajo. Esto le otorga a la astrología un arma seductora: nunca se «equivoca». Pero el precio que paga por ser inmune al fracaso es verdaderamente alto: no puede aprender. La astrología no ha cambiado sustancialmente en los últimos dos siglos.

O pongamos por caso la teoría, popular en el siglo XIX, de que el mundo fue creado en el 4004 a.C. Parecía haber sido refutada por el descubrimiento de los fósiles, así como por las pruebas posteriores de la datación por carbono. Los nuevos datos indicaban el hecho casi irrebatible de que el universo tiene bastante más de seis mil años.

Pero en el siglo XIX un naturalista británico llamado Philip Henry Gosse publicó un libro llamado *Omphalos* en el que intentaba defender la teoría creacionista. Si algo tenía su argumento era inventiva. Afirmaba que el mundo fue creado en el 4004 a.C., pero que Dios había desperdigado lo que aparentemente eran fósiles para que el mundo pareciera más viejo de lo que es. También aseguraba que Dios le dio un ombligo a Adán para que pareciera tener ancestros, aunque de hecho lo había creado del barro (el título del libro, *Omphalos*, es «ombligo» en griego).[53]

Por un lado, Gosse defendió la teoría del creacionismo en el año 4004 a.C. Su maniobra a posteriori significaba que los hechos concordaban con la teoría. Pero también hizo algo más. Logró que su teoría no estuviera sujeta al fracaso. Ninguna prueba, ningún dato, ningún descubrimiento podía refutar su posición. Cualquier nueva información que insinuara que el mundo tenía más de cuatro mil años solo sería una prueba más de que Dios le había hecho una jugada al mundo. La teoría estaba confirmada *viniera lo que viniera*. Pero esto también significa que nunca podría responder a los retos de las nuevas pruebas.

La misma historia se puede contar de las teorías psicoterapéuticas de Alfred Adler. Estaban muy de moda en la década de 1920 y todavía hoy tienen una influencia residual. La idea central es la del «complejo de inferioridad»: la noción de que la conducta surge de un deseo de probarse a sí mismo.

En 1919, Karl Popper se reunió con Adler personalmente para hablarle de un caso que no parecía encajar con sus teorías. Los hechos concretos del caso son menos importantes que la respuesta que dio Adler. Popper escribió:

> Él [Adler] no tuvo dificultad alguna en analizar con la terminología de su teoría del sentimiento de inferioridad, aunque ni siquiera había visto al niño. Ligeramente sorprendido, le pregunté cómo podía estar tan seguro. «Porque tengo mil casos de experiencia», repuso. Así que yo no pude evitar decir: «Y con este nuevo caso supongo que ahora ya son mil y uno».[54]

Se refería Popper a que las teorías de Adler se podían aplicar a *cualquier cosa*. Si, por ejemplo, un hombre salva a un niño que se está ahogando, según Adler, está probándose a sí mismo que tiene la valentía de arriesgar su vida saltando al río. Si el mismo hombre se niega a salvar al niño, se está probando que tiene la valentía de arriesgarse a la censura social. En ambos casos, ha superado su complejo de inferioridad. Pase lo que pase, se confirma la teoría. En palabras de Popper:

> No se me ocurrió ninguna conducta humana que no pudiera interpretarse según esta teoría. Y era precisamente este hecho —que siempre se ajustaba, que siempre se confirmaba— lo que, a ojos de sus admiradores, constituía el argumento más sólido de la teoría. Pero yo empecé a sospechar que esta aparente solidez era, de hecho, su debilidad.

La mayoría de ciclos cerrados existen porque negamos el fracaso o queremos soslayarlo. Con los pseudocientíficos el problema es más estructural. Han configurado sus mentes, queriéndolo o no, para que el fracaso sea imposible. Esta es la razón por la que son tan fascinantes para sus partidarios. Son compatibles con cualquier cosa que ocurra. Pero esto también significa que no pueden aprender de *nada*.

A su vez, esto nos desvela igualmente una diferencia sutil entre confirmación y falsación. A menudo se ha considerado la ciencia como la búsqueda de la confirmación. Los científicos observan la naturaleza, elaboran teorías y luego intentan demostrarlas recogiendo todas las pruebas que pueden. Pero ahora podemos ver que esto es solo una parte de la verdad. La importancia de la ciencia tiene tanto que ver con la confirmación como con la falsación. El conocimiento no progresa únicamente gracias a los datos que confirman las teorías, sino también gracias a aquellos que las contradicen.

Tomemos la hipótesis de que el agua hierve a 100 °C. Parece una verdad incontrovertible. Pero, como sabemos ahora, la hipótesis se viene abajo cuando se hierve agua a gran altitud. Al hallar los supuestos en los que la teoría falla, ponemos los cimientos para crear una nueva teoría más efectiva: una teoría que explica por qué el agua hierve a los 100 °C a nivel del mar y a una temperatura diferente a gran altitud. En esto consiste el progreso científico.

Esto también pone de relieve una asimetría sutil entre la confirmación y la falsación, entre el éxito y el fracaso. Si limitas tu observación a bajas altitudes y a recipientes abiertos, hallarás ejemplos incontables de que el agua hierve a 100 °C. Pero ninguna de estas «pruebas» de confirmación ampliará mucho nuestros conocimientos. De hecho, ni siquiera habrá aumentado la probabilidad de la aseveración de que «el agua siempre hierve a 100 °C».[55]

Esta cuestión fue analizada originalmente por el filósofo escocés David Hume en el siglo XVIII, y recientemente la ha popularizado Nassim Nicholas Taleb, un escritor y matemático.[56] Taleb señala que podríamos observar un millón de cisnes blancos, pero que esto no demostraría la proposición: «Todos los cisnes son blancos». Avistar a un solo cisne negro, en cambio, demostraría de forma concluyente su falsedad.

El fracaso, por lo tanto, es intrínseco tanto a la lógica como al espíritu del progreso científico. La disciplina más exitosa de la humanidad ha crecido poniendo en tela de juicio la ortodoxia y poniendo a prueba las ideas. Algunos científicos a veces pueden ser dogmáticos, pero, como comunidad, reconocen que las teorías, sobre todo aquellas que están en las fronteras de nuestro conocimiento, a menudo son falibles o incompletas. Es al ponerlas a prueba, al exponerlas al fracaso, cuando podemos dar un paso adelante.

La aviación difiere de la ciencia pero se fundamenta en el mismo espíritu. Después de todo, el viaje de un avión representa un tipo de hipótesis: es decir, que ese avión, con su diseño, sus pilotos y sus sistemas de control del tráfico aéreo, llegará a su destino sano y salvo. Cada avión representa un tipo de prueba. Un accidente, en cierto sentido, representa la falsación de la hipótesis. Por esta razón los accidentes son importantes para mejorar los sistemas de seguridad, de la misma forma que la falsación hace progresar a la ciencia.

Lo que es cierto en el ámbito de los sistemas también se refleja en el ámbito individual. De hecho, este marco explica una de las paradojas más profundas de la psicología moderna. Está demostrado que los expertos con miles de horas de experiencia pueden actuar con una precisión casi milagrosa. Los maestros del ajedrez pueden calcular instantáneamente un movimiento certero. Los mejores tenistas pueden prever dónde irá la pelota incluso antes de que su adversario la haya golpeado. Las enfermeras pediátricas experimentadas realizan diagnósticos inmediatos que luego se confirman sin excepciones.

Estos individuos no han practicado durante semanas o meses, sino durante años. Poco a poco, pero con seguridad, han generado una capacidad intuitiva que les permite actuar con una exactitud sorprendente. Estos hallazgos llevan a la conclusión de que la experiencia es, al menos en parte, un producto de la práctica (la llamada regla de las 10.000 horas). No todos tienen el potencial de convertirse en campeones del mundo, pero la mayoría de las personas pueden llegar a la maestría con formación y práctica.*

Pero otros estudios parecen contradecir estos hallazgos. Resulta que existen muchas profesiones en las que la práctica y la experiencia no tienen ningún efecto. Hay personas que se forman durante meses y a veces años sin mejorar *lo más mínimo*. Las investigaciones que se han hecho sobre los psicoterapeutas, por ejemplo, demuestran que los aprendices obtienen resultados tan buenos como los «expertos». Los mismos resultados se encuentran en los empleados

---

* En mi libro de 2010, *Bounce*, investigo esta cuestión en detalle. En este apartado, no me apoyo en las ideas de *Bounce*. La cuestión aquí es que una práctica extensiva parece ser un prerrequisito para ser un experto en entornos predecibles.

de las oficinas de admisión a las universidades, los seleccionadores de personal o los psicólogos clínicos.*[57]

¿Por qué sucede esto? ¿Cómo puede ser que la experiencia sea tan valiosa en algunas profesiones y en otras apenas importe nada?

Para saber por qué, supón que estás jugando a golf. Estás en el campo, golpeando pelotas hacia un objetivo. Estás concentrado y cada vez que golpeas en una dirección errónea ajustas la técnica para ser más preciso. Así se practica en los deportes. Es un proceso de ensayo y error.

Pero ahora supón que, en lugar de practicar a la luz del día, lo haces en una noche oscura como el carbón. En estas circunstancias podrías practicar durante diez o diez mil años sin mejorar ni un ápice. ¿Cómo podrías mejorar si no tienes ni idea de dónde ha caído la pelota? En cada golpe, podría haber ido demasiado lejos, o cerca, o demasiado a la izquierda, o a la derecha. Cada golpe se ha esfumado en la noche y no tendrías dato alguno para mejorar tu precisión.

Esta metáfora resuelve el misterio aparente de la experiencia. Piensa en los jugadores de ajedrez. Cuando hacen un mal movimiento, el oponente les castiga de inmediato. Piensa en las enfermeras de una clínica. Cuando hacen un diagnóstico erróneo se dan cuenta rápidamente por la condición del paciente (y más tarde por las pruebas). Las intuiciones de las enfermeras y de los jugadores de ajedrez se ponen constantemente a prueba con los errores. Están obligados a adaptarse, a mejorar, a reestructurar sus juicios. Es un elemento distintivo de lo que se llama práctica deliberada.

Para los psicoterapeutas la situación es radicalmente diferente. Su trabajo es mejorar el funcionamiento mental de los pacientes. Pero ¿cómo pueden saber cuándo sus intervenciones han sido nega-

---

* Lo que cambia con el tiempo no es el rendimiento, sino la *confianza*. En una encuesta, el 25 por ciento de los psicoterapeutas se consideraron a sí mismos como el 10 por ciento más efectivo, y ninguno pensó que estaba por debajo de la media.

tivas o, por el contrario, positivas? ¿Dónde está la información? La mayoría de los psicoterapeutas calibran cómo están respondiendo al tratamiento observándoles en el consultorio, no con datos. Lo cual es muy poco fiable. Después de todo, los pacientes pueden estar exagerando lo bien que se sienten para complacer al terapeuta, una cuestión muy conocida en psicoterapia.

Pero existe un problema todavía más profundo. Los psicoterapeutas rara vez hacen un seguimiento de sus clientes una vez que ha concluido la terapia. Esto significa que no tienen ninguna información del impacto de sus intervenciones. No tienen ni idea de si sus métodos funcionan o no para mejorar el funcionamiento mental a largo plazo. Y esta es la razón por la que los juicios clínicos de muchos profesionales no mejoran con el tiempo. Literalmente, están jugando a golf en la oscuridad.[58]

O pongamos por ejemplo a los radiólogos, que intentan identificar tumores examinando con pequeñas dosis de rayos X que se llaman mamografías. Cuando descubren un tumor, saben si están en lo cierto o no solo después de que tenga lugar la cirugía. En ese momento tal vez ya hayan olvidado las razones del diagnóstico original y se estén ocupando de nuevos casos. La información, cuando llega más tarde, es considerablemente menos efectiva para mejorar el juicio intuitivo.*

Pero hay casos más graves. Supón que erra su diagnóstico de un tumor maligno, y el paciente vuelve a casa aliviado. Si después de algunos meses o años el diagnóstico resulta ser equivocado y el cáncer se ha desarrollado, el radiólogo nunca sabrá cuál fue el error original. Y esto significa que no podrá aprender de él. Esto explica, en parte, por qué los médicos en prácticas aprenden tan lentamente,

---

* Daniel Kahneman ilustra esta cuestión cuando nos invita a pensar en lo rápido que aprendemos a conducir un coche. La información es instantánea y objetiva. Pilotar un barco conlleva mucho más tiempo, porque pasa más tiempo entre las acciones y los resultados visibles.

acercándose poco a poco, pero rara vez excediendo, el 70 por ciento de diagnósticos acertados.[59]

Si queremos mejorar el juicio de los aspirantes a experto entonces no solo deberíamos tener en cuenta cuestiones convencionales como la motivación y el compromiso. En muchos casos, la única opción de mejorar es hallar una manera de «encender las luces». Si no vemos la «señal de error» podemos pasarnos años entrenando o en una profesión sin mejorar nada.

En el caso de los radiólogos podemos imaginar un sistema de formación en el que los estudiantes tengan accesos a una biblioteca de mamografías digitalizadas cuyos diagnósticos se han confirmado. Los estudiantes podrían hacer diagnósticos e inmediatamente saber si son correctos o no. Se equivocarían más, pero esta es justamente la razón por la que aprenderían más. La biblioteca de mamografías podría tener un índice para animar a los estudiantes a analizar una serie de casos relacionados y así facilitar la detección de alguna característica esencial o de un tipo de tumor.[60]

Y esto nos lleva de nuevo a la ciencia, una disciplina que también ha aprendido del fracaso. Solo hay que mirar la cantidad de teorías científicas que se han ido tal como han venido: la Teoría de la Visión por Emisión, la Ley de la Refracción de Ptolomeo, la Teoría del Éter Lumínico, la Teoría de la Tierra Hueca, el Modelo de la Nube de Electrones, la Doctrina Calórica, la Teoría del Flogisto, la Teoría Miasmática de la Enfermedad, la Doctrina de la Impresión Maternal, y docenas más.

Algunas de estas teorías, en términos prácticos, no eran mucho mejores que la astrología. Pero la diferencia esencial es que hacían predicciones que se podían probar. Por esta razón fueron superadas por teorías mejores. En efecto, eran eslabones vitales para que surgieran las teorías que tenemos hoy en día.

Pero ten en cuenta una cuestión más: los estudiantes ya no estudian estas teorías «fracasadas». ¿Por qué deberían hacerlo? Hay muchas cosas que aprender en ciencia sin tener que analizar otras ideas que el tiempo ha desechado. Pero esta tendencia tiene un punto ciego. Si solo se consideran las teorías que han sobrevivido, pasamos por alto los fracasos que las hicieron posibles.

Este punto ciego no es exclusivo de la ciencia, sino una propiedad básica de nuestro mundo y da cuenta, en gran medida, de nuestra percepción sesgada del fracaso. El éxito siempre es la punta del iceberg. Aprendemos teorías de moda, viajamos en un avión sorprendentemente seguro, nos maravilla la precisión de los expertos.

Pero bajo la superficie del éxito —fuera de nuestra vista, incluso fuera de nuestra consciencia— hay una montaña de fracaso necesario.

--- **|||** ---

En 2002 el doctor Gary S. Kaplan, recientemente nombrado director ejecutivo del Sistema de Sanidad Virginia Mason de Seattle, fue de viaje a Japón junto con otros directivos de la empresa. Quería observar en acción a otras organizaciones que no tuvieran que ver con la sanidad: cualquier cosa que le hiciera replantearse sus conocimientos y los de su equipo directivo.

Al visitar la planta de Toyota tuvo una revelación. Toyota tiene un proceso de producción bastante inusual. Si cualquier trabajador en la cadena de producción tiene un problema, o se percata de un error, tira de una cuerda que detiene la producción de toda la planta.

Los directivos se apresuran para comprobar qué funciona mal y, si un empleado tiene problemas haciendo su trabajo, le ayudan. Entonces se evalúa el problema, se investiga el porqué y se adapta el sistema. Se denomina el Sistema de Producción Toyota, o SPT, y es una de las técnicas más exitosas de la historia industrial.

«El sistema es para los coches, que son muy diferentes de las personas —me dijo Kaplan en una entrevista—. Pero el principio subyacente se puede aplicar. Si un sector es abierto y sincero con los errores, todo el sistema puede aprender de ellos. Así es como logras mejorar.»

Kaplan tiene un mirada inteligente y una curiosidad insaciable. Mientras hablaba, movía las manos animadamente. «Cuando volví de Japón, adoptamos el mismo sistema en Seattle —afirmó—. Sabíamos que los errores médicos conllevan miles de muertes en Estados Unidos y estábamos decididos a reducirlas.»

Una de sus reformas clave fue alentar al personal a redactar un informe siempre que vieran un error que podía dañar a los pacientes. Era casi idéntico al sistema de informes de la aviación y de Toyota. Creó una línea abierta veinticuatro horas y un sistema de informes digital. Los llamó las Alertas de Seguridad del Paciente.

El nuevo sistema representaba un enorme cambio cultural para el personal. Nadie quería saber nada de los errores en Virginia Mason, como en cualquier otro centro sanitario. Y, a causa de una jerarquía vertical, las enfermeras y los médicos en prácticas tenían miedo de hacer informes sobre sus superiores. De todas formas, Kaplan se sorprendió y quedó decepcionado porque no hicieron muchos informes. Una innovación ilustrada había fracasado porque entraba en conflicto con la cultura de trabajo subyacente.*

En palabras de Cathie Furman, que fue vicepresidente de Calidad, Seguridad y Cumplimiento en Virginia Mason durante catorce años: «En sanidad, en todo el mundo, la cultura ha sido la de culpar y la de la jerarquía. Puede resultar muy difícil superar esto».[61]

---

* Tal vez esto también ayude a explicar por qué los congresos de mortalidad y morbidez —reuniones recurrentes entre los profesionales de la sanidad pensadas para mejorar el cuidado del paciente— no han tenido una incidencia significativa en la disminución de los errores. Normalmente, las organizan los centros médicos y se supone que ofrecen una oportunidad para que aprendan de los errores. A los médicos a menudo les incomoda hablar de sus errores, o denunciar a compañeros. Aunque quizá lo más importante es que se hacen pocos esfuerzos para detectar errores sistémicos.

Pero en noviembre de 2004 todo cambió en Virginia Mason. Mary McClinton, de sesenta y nueve años, y madre de cuatro hijos, murió después de que le inyectaran por error un antiséptico tóxico llamado clorhexidina en lugar de un tinte inocuo durante una operación de un aneurisma cerebral. Las dos sustancias estaban colocadas una al lado de la otra en idénticos recipientes de acero inoxidable y extrajeron la solución del recipiente equivocado.[62] Tuvieron que amputarle una pierna y, tras un fallo múltiple de varios órganos, murió diecinueve días después.

Gary Kaplan, en lugar de esgrimir evasivas o desentenderse, publicó una disculpa extensa y sincera, justo lo contrario de lo que ocurrió después de la muerte de Elaine Bromiley. «No podemos expresar lo consternados que estamos —escribió—. No se puede comprender algo que ocultas.» Los parientes agradecieron la disculpa y les ayudó a comprender lo que le había ocurrido a su ser querido.

Esta muerte, no obstante, provocó algo más: un toque de atención para los 5.500 trabajadores del Virginia Mason. «Fueron tiempos difíciles, pero aquella muerte fue como un llamamiento —recordó Kaplan—. Nos dio el impulso que necesitábamos para reconocer lo seria que era esta cuestión.»

De repente, las Alertas de Seguridad del Paciente empezaron a llover. Los que informaron de sus errores, excepto en aquellos casos en que su conducta había sido temeraria, se sorprendieron al ver que en lugar de castigarlos, los elogiaban. El oncólogo Henry Otero escribió un informe después de que un colega le alertara de que no se había percatado de los bajos niveles de magnesio de un paciente. «Se me escapó —declaró a un diario—. No sé cómo se me escapó. Pero me di cuenta de que no se trata de mí, sino del paciente. El proceso debe hallar la manera de que yo no cometa errores. Tengo que estar dispuesto a decir: "Puede que yo sea el problema: soluciónenme"».[63]

Hoy en día, en el Virginia Mason se escriben un millar de Alertas de Seguridad del Paciente cada mes. Un informe del Departamento de Sanidad de Estados Unidos ha puesto sobre la mesa que se han desvelado errores latentes desde la prescripción hasta los cuidados. «Después de que un farmacéutico y una enfermera no entendieran bien una prescripción ilegible, lo cual supuso un daño para el paciente, el centro médico desarrolló un protocolo paso a paso que eliminaba la probabilidad de que volviera a ocurrir un error semejante», asegura el informe.

Otra alerta advertía de las pulseras: «Después de que un paciente recién llegado recibiera una pulsera de color que significaba "No reanimar" en lugar de "Alergia a fármacos" (puesto que la enfermera era daltónica), el centro médico les añadió texto».

En 2002, cuando Kaplan fue nombrado director, el Virginia Mason ya era un reputado hospital de Washington. Aun así, en 2013 fue calificado como uno de los hospitales más seguros del mundo. Ese mismo año le concedieron el Premio de Distinción Hospitalaria por Excelencia Clínica, el Premio de Experiencia del Paciente Excelente y el influyente grupo Leapfrog lo nombró por octava vez consecutiva Hospital de Primera Categoría. Desde que se adoptó esta nueva estrategia, el hospital ha obtenido una *reducción del 74 por ciento* en los recargos de seguros por responsabilidad.[64]

Este éxito no es un caso único ni se debe a la suerte, sino que es un *método*. Las culturas que han instituido el aprendizaje como pieza fundamental han transformado el rendimiento de los hospitales en todo el mundo. Las demandas y pleitos contra el Sistema de Salud de la Universidad de Michigan, por ejemplo, han caído de 262 en agosto de 2001 a 83 en 2007, después de que introdujeran una política de apertura.[65] El número de demandas por mala praxis contra el Centro Médico de la Universidad de Illinois ha caído a la mitad en dos años tras crear un sistema de informes abiertos.[66]

El ejemplo del Sistema del Virginia Mason revela una verdad esencial: aprender de los errores tiene dos componentes. El primero es un sistema. Se puede pensar en los errores como la distancia entre lo que esperamos que pase y lo que realmente pasa. Las organizaciones más innovadoras siempre intentan reducir esta distancia, pero para hacerlo necesitan un sistema que aproveche estas oportunidades para aprender. Puede que el sistema cambie con el tiempo: muchos expertos ya están probando métodos que esperan que superen el Sistema de Producción de Toyota. Pero todos los sistemas tienen una estructura básica común: los mecanismos que guían el aprendizaje y la autocorrección. Aun así, solo un buen sistema a veces no es suficiente. Incluso el sistema mejor ideado no funcionará si los profesionales no comparten la información que les permite prosperar. Al principio, en el Virginia Mason no recibían las Alertas de Seguridad del Paciente. Tenían tanto miedo de echar la culpa y de los daños en la reputación, que se guardaban la información. Los mecanismos para aprender de los errores son impotentes en muchos contextos si las personas no los admiten. Únicamente cuando cambió la mentalidad de la organización, el sistema empezó a generar resultados increíbles.

Piensa de nuevo en la ciencia. La ciencia tiene una estructura que se autocorrige. Al elaborar predicciones demostrables, los científicos pueden comprobar cuándo sus teorías están equivocadas, lo que, a su vez, les confiere el impulso para crear nuevas teorías. Pero si la comunidad científica ignorara las pruebas que no les gustan, o las soslayaran, o las ocultaran, nunca lograría nada.

De forma que la ciencia no solo consiste en un método, sino también en una mentalidad. En su mejor versión, se desarrolla gracias a un espíritu incansable, a una valentía intelectual, a una voluntad de enfrentarse al fracaso y ser sincera con los datos clave, incluso cuando socava sus creencias más queridas. Se trata de método y mentalidad.

En el sector sanitario, la actitud científica de aprender de los fracasos se ha utilizado para crear nuevos fármacos con ensayos clínicos y otras técnicas. Pero la lección del Virginia Mason es que es necesario aplicar esta estrategia a la cuestión compleja de cómo las personas reales emplean los tratamientos en los grandes sistemas. Esto es lo que le ha faltado a la sanidad durante tanto tiempo y explica, en gran medida, por qué los errores médicos evitables matan a más personas que los accidentes de tráfico.

En palabras de Peter Pronovost, profesor de la Facultad de Medicina de la Universidad Johns Hopkins y director médico del Centro para la Innovación y la Calidad del Cuidado del Paciente: «El problema fundamental de la calidad de la medicina estadounidense es que no hemos considerado la atención sanitaria como una ciencia. Descubres genes, descubres terapias, pero cómo lo aplicas depende de ti[...] Y ha sido un desastre. Esta es la razón por la que se ha perjudicado a tantas personas».[67]

Pronovost empezó a interesarse por la seguridad de los pacientes cuando su padre murió a los cincuenta años debido a un error médico. Le diagnosticaron erróneamente leucemia cuando en realidad tenía un linfoma. «Cuando estaba estudiando mi primer año aquí en la Universidad Johns Hopkins, lo llevé a otro experto para tener una segunda opinión —declaró Pronovost en una entrevista al *New York Times*—. El especialista me dijo: "Si hubieras venido antes, habría tenido la opción de un trasplante de médula ósea. Pero ahora el cáncer está demasiado avanzado". Nunca se pronunció la palabra "error". Pero era algo evidente. Yo me quedé devastado. Estaba enfadado con los médicos y conmigo mismo. No paraba de pensar: "La medicina tiene que mejorar esto".»[68]

Durante los siguientes años, Pronovost dedicó su vida profesional a cambiar esta cultura. No iba a encogerse de hombros mientras moría un gran número de personas en los hospitales estadounidenses. No estaba preparado para considerar estas tragedias como algo inevitable, o como el precio que debía pagarse por un sistema que lo hacía lo mejor que podía en unas circunstancias difíciles. En lugar de esto, empezó a estudiarlos. Recopiló datos. Buscó «señales» de accidentes. Conjeturó y probó posibles reformas.

Una de sus investigaciones más importantes fue sobre las 30.000 a 60.000 muertes anuales que causan las infecciones de la vía central (se trata de un catéter venoso para administrar fármacos, obtener muestras de sangre, etc.). Y así descubrió que había varias causas, en gran medida debidas a que los doctores y las enfermeras no llevaban mascarillas o no ponían vendajes esterilizados sobre la zona del catéter después de inyectar la vía.[69] Presionados por el tiempo, los profesionales se saltaban pasos clave.

Así que estableció una lista de verificación de cinco puntos para asegurarse de que se cumplían todos los pasos necesarios y, además, daba poder a las enfermeras para denunciar a los cirujanos que no lo hicieran. Al principio, las enfermeras se resistieron a hacerlo, pero les aseguraron que la administración las respaldaría si lo cumplían. Casi instantáneamente la infección de la vía central cayó del 11 por ciento a 0. Con esta única reforma se salvaron 1.500 vidas y se ahorraron 100 millones de dólares durante dieciocho meses. Y esto solo en el estado de Michigan. En 2008 la revista *Time* votó a Pronovost como uno de los 100 individuos más influyentes del mundo por la cantidad de sufrimiento que había ayudado a evitar.

En su excelente libro *Safe Patients, Smart Hospitals* Pronovost escribió:

Mi padre sufrió y murió innecesariamente a la prematura edad de cincuenta años debido a errores médicos y a una atención de mala calidad. Además, mi familia y yo también sufrimos innecesariamente. Como médico joven me prometí, por mi padre y por mi familia, que haría todo lo que pudiera para mejorar la calidad y la seguridad de la atención que se presta a los pacientes [...]. [Y eso significaba] convertir la atención médica en una ciencia.

Gary Kaplan, cuya labor en el Virginia Mason también ha salvado miles de vidas, expresó lo mismo aunque de forma más sucinta: «Aprendemos de nuestros errores. Es tan sencillo y complicado como eso».

La diferencia entre la aviación y la sanidad a veces se expresa con el lenguaje de los incentivos. Cuando los pilotos cometen errores, el resultado es su propia muerte. Cuando un médico comete un error, el resultado es la muerte de otra persona. Por esta razón los pilotos están más motivados que los médicos para reducirlos.

Pero este análisis no tiene en cuenta un punto esencial. Recuerda que un gran número de pilotos murieron en los primeros tiempos de la aviación. No se trataba de que les faltara motivación para vivir, sino de que el sistema tenía demasiados defectos. Los fallos son inevitables en un mundo complejo. Esta es la razón de por qué es tan importante aprender de los errores.

Aun así se supone que en la sanidad los médicos no deberían cometer errores. La cultura implica que los médicos experimentados son infalibles. ¿Le sorprende a alguien que los errores se estigmaticen y que el sistema esté ideado para ignorarlos y negarlos en lugar de investigarlos y aprender de ellos?

Para decirlo con otras palabras: los incentivos para mejorar el rendimiento solo tienen un impacto, la mayoría de veces, si existe una comprensión previa de cómo se logran las mejoras. Piensa de nuevo en los médicos medievales que mataban a sus pacientes, incluyendo a familiares, con las sangrías. Esto ocurrió no porque no les importara, al contrario. Pensaban que el tratamiento funcionaba.

Confiaban en la autoridad de Galeno más que en el poder de la crítica y la experimentación para poner de manifiesto los errores de sus ideas y así progresar. A menos que modifiquemos la forma de pensar en el fracaso, los incentivos para tener éxito pueden no tener efecto alguno.

--- **IV** ---

El Virginia Mason y Michigan son dos de los hitos que han surgido en la sanidad durante los últimos años. Pero hay otros. En el ámbito de la anestesia, por ejemplo, un estudio sobre errores acaecidos en Massachusetts descubrió que en la mitad de las máquinas anestésicas girar el dial en el sentido de las agujas del reloj aumentaba la concentración de fármacos, pero en sentido inverso los disminuía.

Consistía en un defecto parecido al que había estado haciendo estragos en los aviones B-17 de la década de 1940, que tenían interruptores idénticos uno al lado del otro para funciones diferentes en la cabina de mando. No se detectó el defecto por una razón muy simple: nadie había prestado atención ni había analizado los accidentes.

No obstante, después del informe se rediseñaron las máquinas y el índice de muertos cayó un 98 por ciento.[70] Puede que parezca milagroso, pero no debería sorprendernos. Recuerda que después de rediseñar los interruptores de la cabina de mando del B-17 prácticamente se eliminaron los accidentes en la pista de aterrizaje.

Pero entre estos hitos aún quedan muchos retos. Por ejemplo, la Fundación del Sistema de Salud de Mid Staffordshire, Inglaterra, no se ocupó de los fallos recurrentes durante más de una década, lo que potencialmente conllevó cientos de muertes evitables. Las señales de alerta de negligencias y atención precaria fueron evidentes durante años, pero no solo lo pasaron por alto los responsables del hospital, sino también todas las organizaciones que debían regular el Sistema de Salud, entre ellas el Departamento de Salud del gobierno.[71]

En muchos aspectos esto pone sobre la mesa la profundidad del problema en la sanidad. No solo consistía en que los profesionales no eran sinceros sobre sus errores (y, en algunos casos, negligentes), sino que tampoco los reguladores los investigaron.

Otro escándalo en el hospital general de Furness, al norte de Inglaterra, mostró problemas similares. Los errores repetidos y la atención precaria en la unidad de maternidad se ocultaron durante más de diez años. Un influyente informe de 205 páginas, publicado en 2015, descubrió «20 casos de errores significativos o graves en el hospital general Furness, que se relacionaban con tres muertes de madres y de 16 bebés al nacer o poco después de nacer».[72]

Pero estas tragedias notorias son, de hecho, la punta del iceberg. El problema profundo son las tragedias «rutinarias» que ocurren cada día en todo el mundo. Se trata de la sanidad *en general*. Semanas antes de que la edición original de este libro fuera a la imprenta, un informe emblemático de la Comisión de la Administración Pública de la Cámara de los Comunes reveló que al Sistema de Salud británico todavía le cuesta aprender de sus errores. «No existe un proceso sistemático e independiente para investigar los accidentes y aprender de los errores clínicos más graves. Ninguna persona ni organización es responsable ni tiene que rendir cuentas de la calidad de las investigaciones clínicas ni asegurarse de que las lecciones aprendidas mejoran la seguridad en todo el Sistema de Salud.»

La Comisión reconocía que existían varias estructuras para gestionar los informes de accidentes, pero dejaba claro que algunos obstáculos culturales profundos les impedían funcionar correctamente. Por ejemplo, Scott Morrish, un padre que había perdido a su hijo por un error médico, descubrió que las investigaciones subsiguientes no se hicieron para aprender de los errores, sino para ocultarlos. «Gran parte de lo que sabemos no ha sido gracias a la labor investigadora o analítica del Sistema de Salud, sino a pesar de él», testificó ante la Comisión. Considerando el Sistema de Salud como un todo, la Comisión concluyó: «Los procesos para investigar y aprender de los errores son complicados, conllevan demasiado tiempo, y se preocupan de evitar la culpa o la responsabilidad económica.* Por lo tanto, la calidad de la mayoría de las investigaciones, no satisfacen en absoluto lo que los pacientes, sus familias y el personal del NHS tienen el derecho de esperar».[73]

Lo mismo se puede aplicar a Estados Unidos. En 2009, un informe de la Fundación Hearst hizo público que «20 estados no hacen ningún tipo de informes sobre errores médicos» y que de los «20 estados que exigen informes de errores médicos, los hospitales solo elaboran un porcentaje mínimo de sus errores, los estándares varían ampliamente y a menudo su aplicación es inexistente». También descubrió que «solo 17 estados tienen sistemas de informes de accidentes sistemáticos que son lo bastante transparentes para que sean útiles para los [pacientes*]».[74]

Un problema particular de la sanidad es que no solo tiene poca capacidad para aprender de los errores, sino que incluso cuando efectivamente los *detecta*, el sistema no proporciona los medios para aprender de ellos. A esto se le suele denominar la «tasa de asimilación». La aviación, como hemos visto, dispone de protocolos que permiten acceder a cada aerolínea, piloto y regulador a todos los nuevos datos en tiempo real. Son accesibles universalmente y se asimilan de inmediato. La tasa de asimilación es casi instantánea.

Sin embargo, en la sanidad la tasa de asimilación lleva muchos años siendo baja, como el director del Medical Media Lab de Microsoft, Michael Gillam, ha señalado. En 1601, el capitán inglés James Lancaster hizo un experimento para prevenir el escorbuto,

---

* En junio de 2015 se informó de que hasta 1.000 bebés mueren antes, durante o después de su nacimiento por culpa de errores evitables en el Sistema de Salud. Un solo error, que consiste en no controlar el ritmo cardíaco de los bebés adecuadamente, es el responsable de un cuarto de las compensaciones por negligencia.

una de las enfermedades que más muertes causaba en el mar. En uno de los cuatro barcos que iban a India, prescribió a la tripulación tres cucharillas de zumo de limón al día. A mitad de camino, 110 hombres de 278 habían muerto en los otros tres barcos. No obstante, en aquel donde daban zumo de limón, todos sobrevivieron.

Fue un hallazgo fundamental, ya que evitaría cientos de muertes innecesarias en los viajes futuros. Pero a la Marina Real Británica le llevó 194 años promulgar las nuevas directrices dietéticas. Y no fue hasta 1865 que la Junta de Comercio Británica hizo lo mismo con la marina mercante. Es una tasa de asimilación lentísima. «El tiempo total para que la prevención del escorbuto de Lancaster se adoptara en todo el Imperio Británico fue de 264 años», afirma Gillam.[75]

Hoy en día, la tasa de asimilación en la medicina sigue siendo de una lentitud crónica. Un estudio analizó la repercusión de nueve grandes descubrimientos, entre ellos el hallazgo de que la vacuna antipneumocócica protege a los adultos de las infecciones respiratorias, y no solo a los niños. El estudio mostraba que a los médicos les costó una media de diecisiete años adoptar el nuevo tratamiento para la mitad de los pacientes estadounidenses. Un importante artículo publicado en el *New England Journal of Medicine* desveló que solo la mitad de los estadounidenses reciben el tratamiento recomendado según los estándares nacionales.[76]

El problema no consiste en que no haya información, sino en cómo se gestiona. Según el médico y escritor Atul Gawande:

La razón [...] no suele ser la falta de voluntad o la pereza, sino que este conocimiento necesario no se ha traducido a una forma sistemática útil y simple. Si el sector aeronáutico lo único que hiciera fuera editar boletines densos y larguísimos [...] los pilotos sufrirían el mismo diluvio de casi 700.000 artículos al año que tienen los empleados del sistema sanitario. Sería imposible gestionar tanta información. En lugar de eso [...], los investigadores de choque/específicos [condensan] la información hasta su esencia práctica.[77]

Quizá el ejemplo más claro de hasta qué punto puede evolucionar la sanidad lo podemos ver en la actitud hacia las autopsias. Un médico puede usar intuición, mandar pruebas, usar escáneres y muchas más cosas para diagnosticar a un paciente que todavía está vivo. Pero en una autopsia otros colegas se ven obligados a estudiar un cuerpo y determinar la causa precisa de la muerte. Es el equivalente médico a la caja negra.

Esto conlleva implicaciones bastante obvias respecto al progreso. Después de todo, si resulta que el médico se ha equivocado al determinar la causa de la muerte, tal vez también se equivocara al escoger el tratamiento durante los días, tal vez meses, previos a la defunción. Esto le permitiría reconsiderar su razonamiento y tener la oportunidad de aprender, tanto él como sus colegas. Salvaría vidas de futuros pacientes.

Por esta razón las autopsias han provocado muchos avances. Se han utilizado para comprender las causas de la tuberculosis, y combatir el Alzheimer y muchas otras patologías. En las fuerzas armadas, las autopsias de los soldados que murieron en Irak y Afganistán desde 2001 han proporcionado datos vitales sobre las heridas de bala, explosiones y metralla.

La información descubrió deficiencias en la protección corporal y en el blindaje de los vehículos que han hecho progresar el diseño de los cascos, la ropa protectora y el equipamiento médico[78] (de la misma forma que el análisis «caja negra» de Abraham Wald mejoró el blindaje de los bombarderos durante la Segunda Guerra Mundial). Antes de 2001, no obstante, rara vez se hacía una autopsia a los soldados, lo cual impedía aprender nada y dejaba a sus camaradas vulnerables a las mismas heridas, potencialmente fatales.

En el ámbito civil, cerca del 80 por ciento de las familias dan permiso para que se practique una autopsia cuando se lo requieren, en gran medida porque aporta respuestas sobre por qué murió un ser querido.[79] Pero, a pesar de esta disponibilidad, apenas se practican. Los datos de Estados Unidos muestran que menos de un 10 por ciento de las muertes son analizadas con una autopsia.[80] Muchos hospitales nunca hacen autopsias. Desde 1995 no sabemos cuántas se practican: el Centro Nacional Estadounidense de las Estadísticas de Sanidad ya no recopila los datos.*[81]

Toda esta información preciosa está desapareciendo. La posibilidad de dar un paso de gigante para aprender cómo salvar vidas se está esfumando. Y, aun así, no es difícil saber por qué los médicos son renuentes a acceder a estos datos: la cuestión reside en la actitud general respecto al fracaso.

Después de todo, ¿por qué emprender una investigación que pueda demostrar que te has equivocado?

Pero para comprender la naturaleza de los ciclos cerrados, cómo se desarrollan —incluso cuando las personas son inteligentes, están motivadas y prestan atención— y cómo poder romperlos, debemos ser conscientes de que la diferencia cultural entre estos dos sectores es profunda.

También se debe resaltar que cualquier comparación directa entre la aviación y la sanidad se debe hacer con precaución. En primer lugar, la sanidad es mucho más compleja. Tiene un equipamiento enormemente diverso: por ejemplo, hay 300 tipos de bombas quirúrgicas y solo dos modelos de avión de larga distancia. También es

---

* En Inglaterra y Gales se practican autopsias siempre que se desconocen las causas de la muerte o cuando la muerte tuvo lugar en circunstancias sospechosas. En 2013 casi el 20 por ciento de las muertes requirieron una autopsia.

una actividad mucho más práctica, que pocas veces puede apoyarse en algo parecido a un piloto automático, lo cual aumenta la posibilidad de errores.

Pero esto hace aparecer la contradicción más profunda de todas. Cuando la probabilidad de cometer errores es alta, más importante es aprender de ellos. Como lo expresó el profesor James Reason, uno de los mayores expertos mundiales en seguridad de sistemas: «Es la paradoja en la cáscara de nuez: por su naturaleza, la posibilidad de errores en la sanidad es alta, pero se estigmatiza el fracaso y hay poca formación en la gestión y la detección de los errores, o es inexistente».[82]

Por supuesto, existen límites a la hora de extrapolar un procedimiento de un sector a otro. Las listas de verificación se han transferido de la aviación a algunos sistemas de sanidad, pero esto no garantiza que siempre pueda ser así. La cuestión básica no es transferir procedimientos, sino transferir una *actitud*.

Gary Kaplan, director del Sistema de Salud del Virginia Mason, lo ha expresado con las siguientes palabras: «Puedes tener los mejores procedimientos del mundo, pero no funcionarán a menos que cambies la actitud frente al error».

El problema subyacente no es psicológico o de motivación. En gran medida, es conceptual. Y hasta que no cambiemos la forma en que *pensamos* sobre el fracaso, la ambición de lograr un gran rendimiento seguirá siendo un espejismo, no solo en la sanidad, sino en cualquier otro sector.

En mayo de 2005 la persistencia de Martin Bromiley obtuvo su recompensa. El director general del hospital donde murió su mujer mandó hacer una investigación. La dirigió Michael Harmer, profesor de Anestesiología y Cuidados intensivos en la Facultad de Medicina de la Universidad de Cardiff.

El 30 de julio el hospital convocó a Martin para darle a conocer los hallazgos del profesor Harmer. En el informe había una lista de recomendaciones. Todas eran un calco de las del informe que, treinta años antes, elaboró la Junta de Seguridad de Transporte Nacional sobre el vuelo 173 de United Airlines. Proponía mejorar la comunicación en los quirófanos para que «cualquier persona pueda sugerir libremente alternativas al tratamiento».

También mostraba preocupación por las limitaciones de la consciencia humana. «Respecto al hecho de que perdieran la noción del tiempo, y para que un acontecimiento así no se repita, debería asignarse a una persona que controlara los tiempos de cada acción y recordara a todos los demás cuáles son los límites temporales», afirmaba en el informe.

En cierto sentido, los hallazgos eran obvios. En otro, eran revolucionarios. Bromiley publicó el informe (cambió los nombres de las personas implicadas para proteger su anonimato) y lo divulgó todo lo que pudo. Quería que todos los médicos y enfermeras lo leyeran y aprendieran de él. Incluso logró que la BBC rodara un documental de televisión para investigar el caso y sus ramificaciones.

Luego fundó un grupo sobre seguridad, el Clinical Human Factors Group, para impulsar nuevas reformas. La cuestión central no concernía solo al problema de las vías respiratorias bloqueadas, sino a todo el campo de aprendizaje de la institución. A día de hoy dirige esta organización sin ánimo de lucro alguno.

Pronto empezó a recibir correos electrónicos de médicos, y no solo del Reino Unido, sino también de Estados Unidos, Asia y el resto del mundo. Un médico escribió: «[...] hace poco, por primera vez en mi carrera, me encontré en una situación inesperada de "no respira, no puedo entubarla". A pesar del estupor [...], rápidamente tomamos la decisión de hacerle una traqueotomía y el paciente se recuperó sin el más mínimo daño neurológico».

Un médico de Texas escribió:

> Después de una operación de cinco horas, colocamos al paciente en la posición lateral de seguridad [...]. Gracias a la información del caso de su mujer, opté por la vía respiratoria quirúrgica y realizamos una traqueotomía de emergencia [...]. Trasladamos al paciente a la UCI y cuando la sedación perdió el efecto se levantó y reaccionó satisfactoriamente. El buen resultado de esta operación está relacionado directamente con la información que usted compartió con los profesionales médicos. Quería agradecérselo.

Otro escribió: «Si no fuera por la labor que usted ha realizado incansablemente para mejorar la formación en mi sector, no creo que este paciente hubiera salido indemne [el médico le practicó una traqueotomía de urgencia]. Estoy en deuda con usted».

El informe final de la muerte de Elaine Bromiley se puede encontrar con una simple búsqueda en Google. Consta de dieciocho páginas de información médica detallada. Pero a pesar de todo el lenguaje técnico, se puede considerar, por encima de todo, un homenaje sobrecogedor a una madre y esposa muy querida.

En la parte inferior de la primera página, Martin, una de las personas más inspiradoras que he entrevistado nunca, añadió una sencilla frase en cursiva:

Para que otros aprendan, y muchos más salven sus vidas.

SEGUNDA PARTE

LA DISONANCIA COGNITIVA

4

CONDENAS ERRÓNEAS

--- **I** ---

El 17 de agosto de 1992 Holly Staker, una niña de once años que vivía en una pequeña localidad de Illinois, Waukegan, recorrió la corta distancia que llevaba de su casa al apartamento de Dawn Engelbrecht, una vecina. Iba a hacer de canguro de los hijos de Dawn, un niña de dos y un niño de cinco.*

Dawn trabajaba en el bar que había unas calles más abajo, y fue allí donde conoció a la madre de Holly, Nancy. La pequeña Holly hacía de canguro cuando Dawn, que se había divorciado poco antes, tenía turno de tarde. Las dos mujeres se habían hecho buenas amigas.

Holly llegó al bloque de apartamentos de dos pisos, en una calle flanqueada de árboles llamada Hickory Street, a las cuatro. Hacía un buen día y Dawn la saludó con efusión. Unos minutos después Dawn se despidió de sus hijos y de Holly, y se fue al bar. Le esperaba una larga jornada de trabajo.

A las ocho de la tarde, Holly había muerto. Un intruso sin identificar allanó el apartamento, cerró con llave, violó brutalmente a la niña y le clavó veintisiete puñaladas con una violencia inusitada. El cuerpo de la adolescente estaba casi irreconocible.

---

* El material del caso se basa en las investigaciones de Innocence Project, entrevistas con Juan Rivera, sus abogados y Barry Scheck, además de informes contemporáneos y de archivo de periódicos y otros medios, y los correos electrónicos que compartí con Andrew Martin, quien escribió sobre el caso para el *New York Times*.

Poco después de las ocho, un vecino fue al bar donde trabajaba Dawn para advertirle de que había visto a su hijo, que lo habían dejado fuera y que no podía entrar. Dawn llamó por teléfono, pero nadie respondió. Entonces llamó a la madre de Holly.

Quedaron en el apartamento y Dawn abrió la puerta. Vieron que la hija de dos años de Dawn parecía estar sola e inmediatamente llamaron a la policía. Los agentes hallaron el cuerpo ensangrentado de Holly detrás de la puerta del dormitorio.

En la comunidad local cundió el pánico. La policía analizó 600 pistas y entrevistó a 200 personas, pero pocas semanas después la investigación se había estancado. Los padres estaban paranoicos, no querían dejar salir a sus hijos, y los periodistas escribían que la comunidad estaba «traumatizada».

Poco después, a raíz del testimonio de un informante en prisión, la policía pareció tener un nuevo sospechoso: Juan Rivera, un chico de diecinueve años que vivía unos kilómetros al sur de la escena del crimen. Durante cuatro días, Rivera, que tenía un largo historial de problemas psicológicos, fue sometido a un interrogatorio agotador por el Cuerpo Especial de Delitos Graves de Lake County. En un momento dado, tuvieron la impresión de que era demasiado para él. Los agentes lo vieron arrancándose mechones de pelo y golpeándose la cabeza contra la pared.

Al tercer día, cuando la policía lo acusó del crimen, Rivera acabó por asentir cuando le preguntaron si lo había cometido. En este momento estaba boca abajo, esposado de manos y pies, forzado a mantener una posición dolorosa, y no le permitían salir de una celda acolchada. El equipo psiquiátrico de la prisión determinó que había sufrido un brote psicótico.

Basándose en su confesión, la policía preparó una declaración para que la firmara. Pero la confesión era tan incoherente con lo que por entonces ya se sabía del crimen que tuvieron que dar marcha atrás y obtener una nueva confesión libre de incongruencias. El último interrogatorio duró casi veinticuatro horas. Rivera también firmó esta nueva confesión.

En el juicio que tuvo lugar pocos meses después, la confesión reescrita, de la que Rivera se retractó pocas horas después de firmarla, sería el elemento central de la acusación. No había testigos. Aunque Rivera tenía antecedentes de problemas psicológicos, nada en su pasado indicaba que podía ser violento. No hubo pruebas materiales que lo relacionaran con el ataque, a pesar de que en la escena del crimen abundaban los tejidos humanos. Había sangre, cabello, fragmentos de piel y muchas huellas digitales sin identificar, ninguna de la cuales pertenecía a Juan Rivera.

Pero lo que *sí* había era una niña brutalmente asesinada, una comunidad desconsolada y una confesión firmada.

Al jurado no le costó mucho decidirse. Sentenciaron a Rivera por asesinato en primer grado y lo condenaron a cadena perpetua. El juzgado desestimó la petición de la pena de muerte.

Muchos observadores, entre ellos periodistas locales, no supieron cómo digerir el veredicto. Era evidente que el caso dependía totalmente de la confesión de un joven perturbado. Pero la policía y la acusación no se inmutaron. Había habido un crimen atroz. Atraparon a un hombre y lo condenaron. La familia de Holly podía pasar página y el pánico había desaparecido. La comunidad ya podía estar tranquila.

¿Seguro?

--- **II** ---

Uno de los objetivos clave del sistema de justicia criminal es garantizar que no se castiga a nadie por un crimen que no ha cometido. La idea de una persona inocente cumpliendo condena tras los barrotes, privado de libertad, es repugnante para la inteligencia. En palabras del jurista William Blackstone: «Es preferible que escapen

diez personas culpables a que sufra injustamente una persona inocente».[83]

Pero los errores judiciales tienen un significado bastante diferente: también representan una oportunidad inestimable de aprender. Hemos comprobado en el capítulo anterior que el sector de la
aviación ha logrado mejoras espectaculares al aprender de los fracasos. Los investigadores han analizado datos y han reformado procedimientos. El resultado ha sido una disminución acentuada de los
accidentes. Esta es la anatomía del progreso: adaptar el sistema a la
luz de las nuevas informaciones.

Existe una compensación bastante obvia entre los dos objetivos clave del sistema de justicia: condenar a los culpables y absolver a los inocentes. Si, por ejemplo, quisieras suprimir la posibilidad de que se condenara a una persona erróneamente, podrías
aumentar la carga de las pruebas que requiere la acusación hasta
el cien por cien. Pero este resultado conllevaría pagar un precio
muy alto: significaría que otros muchos criminales acabarían siendo puestos en libertad. ¿Cómo podría condenar un jurado, aunque
estuviera convencido de la culpa de alguien, si se le exige el cien
por cien de certidumbre?

Lo que nos interesa, por lo tanto, es reducir el número de condenas erróneas *sin afectar a las condenas acertadas*, y viceversa. Sería una situación en la que todos ganan: los liberales que se preocupan por los errores judiciales estarían satisfechos y también los con-
servadores que temen que muchos culpables campen libremente. La
pregunta es: ¿cómo lograrlo?

Recuerda lo que comentamos sobre la radiología en el capítulo
anterior. También podía albergar dos tipos de error. El primero es
cuando un médico diagnostica un tumor que en realidad no existe.
Se suele llamar error de Tipo Uno: un error por comisión. El segundo es cuando un médico no diagnostica un tumor que sí que existe.
Se llama error de Tipo Dos: un error por omisión. Es posible reducir

un tipo de error mientras simultáneamente se aumenta el otro tipo al alterar el «umbral de prueba», como en el sistema de justicia criminal. Pero esta compensación no debería ocultar el hecho de que se puede reducir los dos tipos de errores al mismo tiempo. En última instancia, en esto consiste el progreso.

Las condenas erróneas son, en muchos aspectos, como los accidentes de avión. Si se demuestra con seguridad que son erróneas (algo que no es nada fácil), señalan un error grave del sistema. Proporcionan una oportunidad para investigar qué funcionó mal en la investigación de la policía, la forma en cómo se presentaron las pruebas en el juicio, las deliberaciones del jurado o el trabajo del juez. Al aprender del fracaso podemos elaborar reformas que impidan que se cometan errores similares en el futuro.

Pero, como ya hemos visto, a las personas no les gusta admitir sus errores. ¿Cómo se lo va a tomar la policía cuando sepa que todos sus esfuerzos para encontrar a un asesino brutal solo han servido para encarcelar a un hombre inocente? ¿Cómo se sentirán los fiscales, que suelen marcar la diferencia en el juicio, cuando se den cuenta de que su trabajo ha arruinado la vida de un inocente? Y, ¿cómo van a reaccionar el juez y los funcionarios del juzgado cuando les muestren a las claras que el sistema que dirigen y representan ha fallado?

En la Primera Parte del libro hemos analizado el concepto de fracaso comparando la aviación con la sanidad. En la sanidad los profesionales temen tanto que sus errores salgan a la luz que los ocultan de diversas formas y no pueden aprender de ellos. También hemos observado que esta tendencia es una reacción característica en muchos sectores.

En este apartado vamos a preguntarnos ¿por qué? Examinaremos a fondo los mecanismos psicológicos concretos en los que se fundamenta la negación del error, investigaremos los límites de las evasivas sutiles y observaremos que incluso las personas inteligentes y sinceras sucumben a ciclos cerrados. El sistema de justicia criminal será la lente, pero también prestaremos atención a algunos errores sorprendentes en política, economía y ciencias empresariales (y a cómo se ha desbaratado el progreso una y otra vez). Es imposible aprender si cerramos los ojos a verdades que no nos gustan, pero comprobaremos que esto es precisamente para lo que está programada la mente humana, a menudo de forma sorprendente.

En términos psicológicos, no es difícil comprender por qué los errores judiciales siempre han sido una piedra en el zapato del sistema legal. La historia es reveladora. En 1932, el profesor de derecho de Yale, Edwin Borchard, recopiló una lista de condenas erróneas en un libro fundamental titulado *Convicting the Innocent and State Indemnity for Errors of Criminal Justice*.[84] Muchos de los casos eran errores inequívocos. Ocho de ellos eran personas condenadas por asesinato cuando la «víctima» estaba desaparecida y se presuponía muerta, pero que más tarde resultó estar sana y salva.

Estos ejemplos proporcionaban una oportunidad de identificar errores y analizar los puntos débiles del sistema. Pero muchos fiscales, policías y jueces (así como abogados defensores) sacaron conclusiones muy diferentes. Se mostraron despectivos. Consideraban una impertinencia la mera idea de que el sistema no pudiera ser perfecto. Así se expresó el fiscal del distrito del condado de Worcester: «Nunca se condena a personas inocentes. No hay de qué preocuparse [...]. Es materialmente imposible».[85]

Es difícil concebir un ejemplo más palpable de pensamiento en ciclo cerrado. Al fin y al cabo, si los errores judiciales son imposibles, ¿por qué perder el tiempo aprendiendo de ellos?

«Históricamente, el sistema legal ha sido increíblemente complaciente —me dijo Barry Scheck, un abogado defensor de Nueva York—. Cuando se condenaba a una persona, la gente lo tomaba como una confirmación de que el sistema funcionaba a la perfección. Pero se ha hecho muy poco trabajo serio para poner a prueba el sistema. De hecho, la idea de que las condenas erróneas pudieran ser habituales se consideraba estrafalaria.»

Es sintomático que cuando se propuso por primera vez una corte de apelación criminal en Inglaterra y Gales a principios del siglo XIX, quienes se opusieron con más encono fueron los jueces. La corte se fundamentaba en la razón simple de que había que crear una instancia en la que rectificar. Era un reconocimiento institucional de que podían existir errores. Los jueces estaban en contra, en gran medida, porque negaban esta premisa. La creación de la corte acabó siendo «una de las campañas más largas y duras de la historia de las reformas legales», y requirió «treinta y un proyectos de ley en un periodo de sesenta años».[86]

Durante las siguientes décadas, no hubo cambios significativos. Los casos demostrados de errores judiciales se calificaban de «únicos» o del precio que se debía pagar por un sistema que, en su conjunto, tomaba buenas decisiones. Prácticamente nadie ha llevado a cabo pruebas sistemáticas de los métodos policiales, los procedimientos judiciales, las técnicas forenses o de cualquier otro proceso. ¿Por qué se debería hacer si el sistema es casi perfecto?

Como declaró Edwin Meese, fiscal general de Estados Unidos bajo el mandato del presidente Reagan: «La cuestión es que no hay muchos sospechosos que sean inocentes de un crimen. Es contradictorio. Si una persona es inocente de un crimen, entonces no es sospechosa».

Pero, poco después, la mañana del 10 de septiembre de 1984, todo cambió.

Eran justo las 9.05 cuando Alec Jeffreys, un científico que investigaba en un laboratorio de Leicester, Inglaterra, gritó eureka al mirar una película de rayos X de un experimento con ADN. Se dio cuenta de que al analizar las variaciones del código genético era posible descubrir una huella genética, una marca única que pro-

porcionaba una identificación casi definitiva. Junto con las investigaciones posteriores de Kary Mullis, un científico que acabaría
ganando el premio Nobel, puso los cimientos de una revolución en
la criminología.[87]

Antes del descubrimiento de Jeffreys, el análisis de sangre representaba en gran medida el aspecto más sofisticado de la ciencia forense. Hay cuatro tipos de sangre, lo cual significa que un tejido
hallado en la escena del crimen podría reducir la lista de sospechosos, pero no demasiado. En el Reino Unido, alrededor del 48 por
ciento de la población tiene sangre de tipo O.[88]

La prueba de ADN es muy diferente. Si no está contaminada, y
siempre que la prueba se efectúe correctamente, la posibilidad de que
dos personas de familia diferente tengan el mismo ADN es de una
entre mil millones. Las repercusiones eran inmensas, y al sistema
legal no le llevó mucho tiempo darse cuenta de ello.

En algunos casos, es posible identificar de forma concluyente el
ADN de un tejido hallado en la escena del crimen. En una violación,
por ejemplo, si la policía toma una muestra del esperma hallado en
la víctima, puede reducir el número de sospechosos potenciales a
uno solo. Esta es la razón por la que la huella de ADN ha ayudado
a determinar cientos de condenas: posee un poder único para diri-
mir la culpa.

Pero el ADN también tiene unas implicaciones esenciales en casos que ya han sido juzgados: el poder de absolver. Después de todo,
si aún se conserva el ADN hallado en una víctima de violación, y no
concuerda con el de la persona que está en prisión, es difícil negar la
conclusión: pertenecía a otro hombre, al auténtico criminal.

«La prueba de ADN es para la justicia lo mismo que el telescopio para las estrellas: no es una lección de bioquímica, ni una
muestra de las maravillas de la óptica, sino una forma de ver la
cosas como son —ha afirmado Scheck—. Es una máquina de revelaciones.»[89]

No obstante, las pruebas de ADN no son al cien por cien seguras, puesto que las puede tergiversar un error humano, un fraude, una mala etiquetación o interpretaciones incompletas cuando solo hay fragmentos diminutos de tejido humano.[90] Pero, cuando se llevan a cabo de manera honesta y sistemática, son prácticamente definitivas. A principios de 1989, las técnicas pioneras de Jeffreys estaban listas para usarse en los laboratorios forenses. Fueron el marco del experimento más sobrecogedor de la historia legal. Y no tuvo que pasar mucho tiempo para que los resultados empezaran a llegar.

El 14 de agosto de 1989, Gary Dotson, condenado por violación en Chicago, salió de la cárcel después de demostrar sólidamente su inocencia. Se hizo una prueba del ADN de la ropa interior de la víctima y se determinó que el semen pertenecía a otro hombre. Dotson había pasado más de diez años en prisión.[91]

Unos meses más tarde, Bruce Nelson, que había sido condenado por violación y asesinato en Pensilvania, logró la revocación de su sentencia después de que la prueba de ADN de la saliva de un cigarrillo, del pecho, del sostén y del cabello de la víctima demostrara que no era suya. Llevaba nueve años en prisión. Después liberaron a Leonard Callace, condenado por agresión sexual a una chica de dieciocho años en el estado de Nueva York, cuando la prueba de ADN demostró su inocencia. Estuvo casi seis años en la cárcel.

La primera absolución en el Reino Unido debida a la prueba de ADN fue la de Michael Shirley, un joven marinero que fue condenado por la violación y el asesinato de Linda Cook, una camarera que trabajaba en Porthsmouth en 1986. Se habían tomado varias muestras del cuerpo de la víctima y la acusación informó al jurado de que Shirley tenía el mismo tipo de sangre (junto con el 23,3 por ciento de la población masculina adulta del Reino Unido).

Shirley había subido a la azotea de la prisión para protestar y había hecho huelgas de hambre. Un periodista que hizo campaña por su liberación fue despedido de su periódico. El ministro del

Interior se negó a llevar su caso a la Corte de Apelación. La policía, por su parte, afirmó que las muestras de semen se habían destruido, pero más tarde, bajo presión, las reencontraron. Una sencilla prueba de ADN demostró que el semen hallado en la víctima no era el de Shirley. Cuando lo liberaron, había pasado dieciséis años encerrado.[92]

En 2005 las condenas de más de trescientas personas fueron revocadas gracias a las pruebas de ADN.[93] En los casos en que estas se habían conservado, *casi la mitad* de los clientes de Innocence Project (una organización sin ánimo de lucro que ayuda a los prisioneros a defender su inocencia) recuperaron su libertad.

Estas absoluciones suscitaron docenas de preguntas. ¿Por qué la policía perseguía a sospechosos equivocados? ¿Por qué los testigos oculares no identificaban a los criminales correctamente? ¿Por qué las técnicas de interrogatorio de la policía llevaban a conclusiones falsas? ¿Por qué los juzgados se equivocaban? Y, sobre todo, ¿qué se podía hacer al respecto?

También surgió una pregunta más general: ¿qué debía hacerse con el sistema en conjunto? El ADN solo es relevante en un número reducido de casos (violaciones, asesinatos, etc., en los que se halla y almacena tejido humano). ¿Qué ocurría con todos los demás casos en los que los criminales convictos no disponían del recurso de la huella de ADN para demostrar su inocencia? ¿Cuántas personas inocentes estaban en la cárcel?

Es difícil hacer estimaciones, pero un estudio dirigido por Samuel R. Gross, profesor en la Facultad de Derecho de la Universidad de Michigan, concluyó: «Si revisáramos las sentencias de prisión con el mismo cuidado que las sentencias de muerte, en los últimos 15 años habría habido 28.500 absoluciones [en Estados Unidos] en lugar de las 225 que de hecho ha habido».[94]

No es algo que debiera sorprendernos. A los sistemas que no se enfrentan al fracaso les cuesta aprender. «El panorama general es bastante claro —escribe el abogado Barry Scheck—. El sistema de la justicia criminal, desde las comisarías al Tribunal Supremo, es prácticamente un desastre [...]. Un estudio de la Universidad de Columbia demostraba que a nivel nacional dos de cada tres sentencias de muerte dictadas entre 1973 y 1995 violaban las normas constitucionales y deberían haber sido anuladas por los tribunales.»[95]

En 2005 los abogados de Juan Rivera pidieron una prueba de ADN. En aquel momento ya había cumplido trece años de prisión. Rivera estaba impaciente por saber los resultados de un método que podía establecer la verdad sobre lo que había ocurrido aquella cálida noche de hacía más de una década en Waukegan, Illinois.

El 24 de mayo llegaron los resultados. Afirmaban que el semen hallado dentro del cuerpo de Holly Staker no pertenecía a Rivera. Al principio, el joven estaba abrumado. Aún no podía asimilar el hecho de que la gente supiera finalmente que él no era el autor de ese brutal crimen. Les dijo a los abogados que le parecía estar «caminando sobre el aire». Aquella noche lo celebró en su celda.

Pero no fue el final de la historia. De hecho, ni siquiera era el principio del final. Rivera iba a pasarse seis años más en prisión. ¿Por qué? No olvidemos el papel de la policía. ¿Acaso iban a aceptar su error? ¿La acusación iba a alzar las manos y admitir que lo había hecho mal? ¿El sistema iba a aceptar que la prueba de ADN estaba haciendo públicos sus defectos?

Tal vez lo más fascinante de las absoluciones de ADN no fue que abrieran las puertas de las celdas de personas erróneamente condenadas, sino lo atrozmente difícil que fue abrirlas de verdad y cómo se resistió el sistema, de manera sutil y profunda, a las mismas pruebas que demostraban que funcionaba mal.

¿Cómo pudo ocurrir esto? ¿Por qué la negación del fracaso se aferra con tal fuerza a las mentes y sistemas humanos? Para averiguarlo, deberemos adentrarnos en la obra de Leon Festinger, seguramente el sociólogo más influyente de la segunda mitad del siglo XX. Fue uno de sus estudios sobre un pequeño culto religioso en Chicago el que reveló por primera vez la verdad sobre las conductas de ciclo cerrado.

--- III ---

En otoño de 1954, Festinger, que en aquel momento era investigador en la Universidad de Minnesota, leyó un titular inusual en el periódico local: «Profecía del planeta Clarion para la ciudad: Escapad del diluvio». La noticia era sobre un ama de casa llamada Marian Keech* que afirmaba estar en contacto con una figura parecida a un dios de otro planeta, que le había dicho que el mundo iba a acabar antes del amanecer del 21 de diciembre de 1954.

Keech advirtió a sus amigos de los desastres inminentes que les esperaban y algunos de ellos dejaron sus hogares y trabajos, a pesar de la resistencia de sus familias, para mudarse a casa de la mujer que, en aquel momento, se había convertido en su líder espiritual. Les dijo que los verdaderos creyentes se salvarían del apocalipsis gracias a una nave espacial que descendería del cielo y los recogería a medianoche en el jardín de su pequeña residencia, a las afuera de Michigan.

Festinger, un científico ambicioso, se dio cuenta de que era una oportunidad de oro. Si lograba acercarse al culto, incluso infiltrarse como si fuera un creyente, podría observar cómo se comportaba el grupo a medida que se aproximaba la fecha apocalíptica. En particular, le fascinaba saber cómo iban a reaccionar *cuando la profecía no se cumpliera*.

---

* Su nombre real era Dorothy Martin pero, para proteger su anonimato, Festinger le cambió el nombre en su influyente libro *When Prophecy Fails*.

Quizá esto parezca una cuestión bastante obvia. Sin duda los miembros del grupo volverían a su vida de antes. Llegarían a la conclusión de que Keech era un fraude que no estaba en contacto con ningún espíritu divino. ¿A qué otra conclusión podían llegar si la profecía no se cumplía? Es difícil imaginarse un fracaso más gráfico, tanto para Keech como para todos los que creían en ella.

Pero Festinger predijo una reacción diferente. Sospechaba que no renegarían de Keech y que su fe en ella se mantendría imperturbable. De hecho, conjeturó que *creerían más* en el culto que antes.

A principios de noviembre, Festinger y sus colegas contactaron telefónicamente con Keech e intentaron ganarse su confianza. Uno de ellos inventó una historia sobre una experiencia sobrenatural mientras viajaba por México, otro fingió ser un empresario a quien le había intrigado la historia del periódico. A finales de noviembre tuvieron entrada libre en el culto de Keech y se habían acomodado en su casa para observar al grupo de personas que creían que el fin del mundo era inminente.

Cuando la fecha límite pasó sin que hubiera señal de nave espacial alguna (y menos aún de una catástrofe natural), Festinger y sus colegas observaron al grupo en el salón (el marido de Keech, que era un no creyente, se fue al dormitorio y estuvo durmiendo toda la noche). Al principio, los miembros del culto siguieron mirando por la ventana por si había aterrizado la nave espacial. Después, cuando la aguja del reloj pasó de medianoche, se quedaron perplejos y en silencio.

No obstante, en última instancia, se volvieron más desafiantes. Como había predicho Festinger, la fe de los miembros más irreductibles quedó intacta después de lo que tenía que haber sido una decepción enorme. De hecho, en algunos de ellos parecía que hasta se había fortalecido.

¿Cómo es posible? Al fin y al cabo, era un fracaso sin paliativos. Keech había dicho que el mundo acabaría y que una nave espacial salvaría a los auténticos creyentes. Y no ocurrió nada de esto. Los miembros del culto podían haber reaccionado rechazando la creencia en los poderes sobrenaturales de Keech. Pero, en lugar de esto, rechazaron las «pruebas».

Como relata Festinger en su clásico libro, *When Prophecy Fails* [*Cuando las profecías no se cumplen*],[96] sencillamente redefinieron el fracaso. «La presencia divina está tan impresionada por nuestra fe que ha decidido darle al planeta una segunda oportunidad», proclamaron (y solo estoy parafraseando un poco). «¡Hemos salvado el mundo!» Lejos de abandonar el culto, los miembros decidieron hacer una campaña de reclutamiento. Según Festinger: «El grupito, que se pasó sentado toda la noche, había desprendido tanta luz que Dios había decidido no destruir el mundo». Estaban «exultantes».

La cuestión importante es que esta reacción no es una verdad particular sobre los cultos, sino sobre todos nosotros. Festinger demostró que esta conducta, aunque el ejemplo sea extremo, pone de relieve unos mecanismos que son universales. Cuando nos enfrentamos a pruebas que desafían nuestras creencias más arraigadas es más probable que redefinamos las pruebas que nuestras creencias. Sencillamente, inventamos nuevas razones, nuevas justificaciones, nuevas explicaciones. A veces incluso despreciamos cualquier tipo de prueba.

Pero, dejando de lado los cultos religiosos, observemos brevemente algo más mundano como la política. Específicamente, tomemos como ejemplo la guerra de Irak. En la preparación del conflicto, gran parte de la justificación se centró en la supuesta posesión por parte de Irak de armas de destrucción masiva (ADM). La idea de que Saddam Hussein había acumulado ADM fue utilizada por los gobernantes a ambos lados del Atlántico como la razón central para actuar. El problema fue que, en una fecha tan temprana como 2003, quedó claro que no había ADM en Irak.

No fue algo fácil de aceptar por parte de aquellos que habían respaldado la iniciativa. Implicaba un error en el juicio. Muchos se habían pasado meses defendiendo la intervención y apoyando a los gobernantes que la defendían. Creían firmemente que la acción militar era la mejor opción. La ausencia de ADM no demostraba necesariamente que la intervención hubiera sido un error pero, como mínimo, debilitaba su legitimidad puesto que había sido uno de los pilares de la justificación original.

Lo importante para nosotros no es si la intervención de Irak fue correcta o no, sino cómo reaccionaron personas diferentes a las nuevas pruebas. Los resultados fueron sorprendentes. Según una encuesta publicada en octubre de 2003 por Knowledge Networks,[97] más de la mitad de los republicanos que habían votado a George W. Bush sencillamente las habían ignorado. Afirmaron creer que *se habían encontrado* armas.

En palabras del director de la encuesta: «Para algunos estadounidenses, el deseo de apoyar la guerra les puede estar llevando a descartar toda aquella información que demuestre que no se hallaron ADM. Dada la intensa cobertura informativa y el alto nivel de atención pública, este nivel de desinformación [es sorprendente]».

Piensa un poco en ello. Las pruebas de que no había ADM se esfumaron. Estas personas miraron las noticias, escucharon la información de que no se habían hallado ADM, pero luego se las arreglaron para olvidarlo todo. Los demócratas, por otro lado, fueron perfectamente conscientes de que no se encontraron ADM. Se quedó grabado en muchos de los que se habían opuesto a la guerra, pero para más de la mitad de los republicanos…. No, no recordaban nada en absoluto.

«Disonancia cognitiva» es el término que acuñó Festinger para describir la tensión interna que sentimos cuando, entre otras cosas, las pruebas desmienten nuestras creencias. Nos gusta pensar que somos racionales e inteligentes. Nos parece que somos bastante buenos juzgando correctamente, nos parece que no somos meros títeres. Por esta razón, cuando metemos la pata, sobre todo en asuntos de importancia, nuestra autoestima se ve amenazada. Nos sentimos incómodos, desconcertados.

En estas circunstancias tenemos dos opciones. La primera es aceptar que nuestro juicio original podía estar equivocado. Nos preguntamos si fue buena idea confiar en el líder de un culto cuyas profecías no se materializan. Reflexionamos sobre si la guerra de Irak fue una buena idea puesto que Saddam no representaba la amenaza que habíamos imaginado.

Esta opción es difícil por una simple razón: nos sentimos amenazados. Nos obliga a aceptar que tal vez no somos tan listos como pensábamos. Nos fuerza a reconocer que a veces estamos equivocados, incluso en cuestiones en las que hay mucho en juego.

La segunda opción es la negación. Redefinimos las pruebas. Las cribamos, las soslayamos o directamente las ignoramos. De esta forma podemos continuar con la seguridad reconfortante de que tenemos razón. ¡Dimos en el clavo! ¡No nos engañaron! ¿A qué pruebas te refieres?

Los miembros del culto habían apostado mucho al unirse a Keech. Habían dejado sus puestos de trabajo y arriesgado el afecto de sus familias. Además, los vecinos los habían ridiculizado. Admitir que se habían equivocado no era lo mismo que admitir que se habían equivocado de pasillo en el supermercado. Su credibilidad estaba en juego. Estaban muy motivados para creer que Keech era la gurú que afirmaba ser.

Piensa en lo vergonzante que debía ser salir de aquella casa. Lo doloroso que sería admitir que habían confiado en una charlatana. ¿No tiene sentido que estuvieran desesperados por reinterpretar el fracaso como un éxito disfrazado (¡un muy buen disfraz, claro!), igual que para los republicanos era más fácil ignorar los hechos sobre la ausencia de ADM que enfrentarse a las pruebas? Ambos mecanismos ayudaron a suavizar los sentimientos de disonancia y conservar el sentido tranquilizador de que son personas racionales e inteligentes.

En un experimento dirigido por el psicólogo Elliot Aronson y su colega Judson Mills, invitaron a varios estudiantes a unirse a un grupo que estaba debatiendo la psicología del sexo.[98] Antes de unirse al grupo, les pidieron que pasaran un proceso de iniciación. Para algunos estudiantes era algo muy embarazoso (recitar fragmentos explícitamente sexuales de novelas picantes), mientras que para otros solo era ligeramente embarazoso (leer palabras con connotaciones sexuales de un diccionario). Luego, les pusieron una grabación del debate que había tenido lugar entre los miembros del grupo al que se acababan de adherir.

Aronson había preparado el debate para que fuera profundamente aburrido. Tan aburrido, de hecho, que cualquier persona imparcial se habría visto obligada a concluir que era un error unirse al grupo. Los miembros debatían sobre las características sexuales secundarias de los pájaros: su plumaje, color, etc. La charla se eternizaba. Muchos ni siquiera sabían lo que estaban diciendo, dudaban e incluso no lograban acabar las frases. Era soporífero.

Al final de la grabación los estudiantes debían decir si habían encontrado interesante el debate. Aquellos que habían pasado por la iniciación más suave no dudaron en decir que era aburrido. Veían el debate como había sido realmente. Les molestó que un miembro admitiera que no había hecho la lectura sobre los rituales de aparejamiento de un ave extraña. «¡Menudo idiota irresponsable! —exclamaron—. ¡Ni siquiera ha hecho la lectura básica! ¡Ha dejado tirado al grupo! ¿Quién querría compartir un grupo con él?»[99]

Pero ¿y aquellos que habían pasado por el proceso de iniciación más vergonzante? Para ellos todo era diferente. Según escribió Aronson, junto con Carol Tavris, en *Mistakes Were Made (but Not by Me)*: «[...] afirmaron que el debate era interesante y emocionante, y que los miembros del grupo eran atractivos e inteligentes. Perdonaron al idiota irresponsable. ¡Su candidez era vigorizante! ¿Quién no querría estar en un grupo con un tipo tan sincero? Era difícil creer que habían escuchado la misma grabación».

¿Qué había ocurrido? Considéralo en términos de disonancia cognitiva. Si he soportado muchas cosas para convertirme en miembro, si me he prestado voluntariamente a un proceso vergonzante, debo de ser muy estúpido si resulta que este grupo no es absolutamente maravilloso. Para proteger mi autoestima, deberé convencerme de que el grupo es tremendamente bueno. De ahí la necesidad de ensalzarlo y redefinir mis percepciones de una manera positiva.

Por supuesto, si la iniciación es simple nada de esto vale. Si el grupo resulta ser una pérdida de tiempo, uno se puede decir sinceramente y sin que suponga una amenaza a la autoestima que «no es necesario preocuparme de esto». Solo cuando ponemos en juego nuestro ego los errores de juicio se vuelven problemáticos. Es entonces cuando erigimos murallas protectoras e instauramos filtros cognitivos.

En un experimento similar dirigido por el psicólogo Charles Lord, se reunió a varios voluntarios que estaban firmemente en contra o a favor de la pena de muerte.[100] Los que estaban a favor de la pena capital eran del tipo de los que ponen el grito en el cielo cuando un liberal defiende la clemencia y que elogian los efectos disuasivos de una medida de estas características. Los que estaban en contra se horrorizaban por «el asesinato legitimado por el Estado» y creían que embrutecía la sociedad.

Lord les dio a leer dos proyectos de investigación. Se aseguró de que ambos fueran abrumadores: mostraban pruebas fehacientes sobre la cuestión, de manera amplia y profunda. Pero uno recopilaba todas las pruebas que ponían en cuestión la legitimidad de la pena capital y el otro, aquellas que la apoyaban.

Como mínimo, esperaríamos que estas pruebas contradictorias mostraran que la pena de muerte tiene tantos argumentos a favor como en contra. Confiaríamos en que, después de leerlos, los miembros de cada grupo acercaran un poco sus posiciones. Pero, de hecho, ocurrió justo lo contrario. Los grupos se polarizaron más. Los que estaban a favor, se convencieron más de que su posición era la acertada. Y los que estaban en contra, reafirmaron su oposición.

Cuando les preguntaron respecto a su actitud, aquellos a favor de la pena capital declararon que estaban profundamente impresionados por el expediente que aportaba pruebas según sus puntos de vista. Los datos, aseguraron, eran rigurosos. El expediente era extenso, sólido. Pero ¿y el otro expediente? Bueno, estaba lleno de lagunas, era de mala calidad, había puntos débiles por todas partes. ¿Cómo podía un académico que se respetara a sí mismo publicar semejante basura?

Precisamente, los que estaban en contra llegaron a conclusiones opuestas. Pero no era solo que no estuvieran de acuerdo con las conclusiones. También les pareció que las estadísticas y metodología (neutral) no eran convincentes. Después de leer exactamente el mismo material, los dos grupos se aferraron aún más a sus respectivas posiciones. Redefinieron las pruebas para que se ajustaran a sus creencias preexistentes.

El gran logro de Festinger fue demostrar que la disonancia cognitiva es una característica humana profundamente enraizada. Cuanto más creemos en nuestros juicios, más probable es que manipulemos cualquier prueba que los ponga en duda.

Ahora apliquemos estos descubrimientos a la cuestión con la que hemos empezado el capítulo, puesto que resulta que la disonancia cognitiva ha tenido unos efectos profundos y sorprendentes en los engranajes del sistema de la justicia criminal.

---**IV**---

El 20 de marzo de 1987 una adolescente fue atacada en su casa de Billings, Montana. The Innocence Project, una organización no lucrativa fundada por dos abogados de Nueva York, Barry Scheck y Peter Neufeld, para ayudar a los presos a obtener pruebas de ADN, describe el caso con las siguientes palabras:

> La joven fue atacada por un intruso que entró en la casa rompiendo una ventana. Fue violada [...]. El agresor huyó después de robar un monedero y una chaqueta. Examinaron a la víctima el mismo día. La policía confiscó la ropa interior y las sábanas sobre las que se había cometido el delito. Se halló semen en la ropa interior y varios cabellos en las sábanas.[101]

La policía realizó un retrato robot del intruso basándose en la descripción que dio la víctima. Gracias a esto, un agente interrogó a Jimmy Ray Bromgard, un chico de dieciocho años que vivía en la zona y que se parecía al del retrato. Accedió a participar en una rueda de reconocimiento. La víctima lo reconoció, pero sin estar segura del todo. Dijo que estaba «segura al 60, 65 por ciento».

Cuando el caso se llevó a juicio, gran parte de la acusación se basó en las pruebas forenses relacionadas con el cabello que hallaron en la escena del crimen. Esta prueba (como se demostró más tarde) fue inventada en gran medida por el «experto» contratado por la acusación. No había huellas dactilares ni ninguna otra prueba física excepto el cabello. Bromgard, cuya coartada era que estaba en casa durmiendo en el momento en que se cometió el crimen, fue declarado culpable y sentenciado a cuarenta años de prisión.

El Innocence Project se hizo cargo del caso en el año 2000. Una prueba de ADN determinó que el semen hallado en la ropa interior de la víctima no era de Bromgard. Esto significaba una prueba importante de que él no era el agresor. «La sentencia original era endeble y las nuevas pruebas invalidaban la condena —me dijo Barry Scheck—. La acusación podría haberse desentendido del caso. Podía haber alzado las manos y reconocer que lo había hecho mal. Pero no lo hizo.»

O quizá, sencillamente, no podía.

Michael McGrath, el fiscal del estado, reaccionó a las nuevas pruebas con una interpretación que, en cierto modo, es incluso más novedosa que la explicación que dio el culto de Keech cuando la profecía no se cumplió. Como explica Kathryn Schulz en su libro *Being Wrong* [*Estar equivocado*], McGrath afirmó que Bromgard podía ser una «quimera humana».[102] Significa que una sola persona puede tener dos tipos de sangre debido a la muerte de un gemelo en el útero. Solo se han registrado una treintena de casos en toda la historia. Se trataba de una redefinición de las pruebas de un tipo realmente sobrecogedor.

Por desgracia, al menos para McGrath, pruebas posteriores demostraron que Bromgard no era una quimera humana, pero esto no bastó a la acusación. Cuando Bromgard demandó al estado de Montana por condena errónea, Peter Neufeld, de Innocence Project, se encontró cara a cara con McGrath durante la deposición. McGrath seguía sosteniendo que Bromgard era el principal sospechoso. Nada parecía poder hacerle cambiar de opinión, sin importar la persuasión, los testimonios ni las pruebas.

Neufeld le interrogó sobre lo que, en aquel momento, ya era una creencia inquebrantable. Si Bromgard es culpable, preguntó Neufeld, ¿cómo se explica la presencia de semen de otro hombre en el cuerpo de la víctima?

Kathryn Schulz cita directamente la transcripción de la entrevista:

MCGRATH: El semen podría provenir de una gran variedad de fuentes.

NEUFELD: ¿Por qué no me explica qué fuentes podrían ser esas?

MCGRATH: Es potencialmente posible que [la víctima] fuera sexualmente activa con otra persona.

(La víctima tenía ocho años)

McGRATH: Es posible que su hermana fuera sexualmente activa con otra persona.

(La hermana tenía once años)

McGRATH: Es posible que hubiera una tercera persona en la habitación. Es posible. Es posible que el padre hubiera dejado restos de su semen de mil formas diferentes.

NEUFELD: ¿Qué mil formas diferentes?

McGRATH: Podría haberse masturbado en esa habitación, sobre la ropa interior... Tal vez los padres hubieran tenido sexo en esa habitación, en la cama, o de alguna forma se transfirió un resto a la ropa interior... [El padre] podría haber tenido un sueño húmedo durmiendo en esa cama o podría haber tenido una relación incestuosa con una de las hijas.

La transcripción continúa durante 249 páginas con afirmaciones igualmente estrafalarias.

«Así que tenemos cuatro posibilidades —escribe Schulz—. La niña de ocho años era sexualmente activa. Su hermana de once años fue sexualmente activa mientras llevaba la ropa interior de su hermana menor. Una tercera persona se encontraba en la habitación (aunque la víctima testificara que solo había un intruso). O el padre había depositado el semen de una u otra forma perversa.»

Por supuesto, también había una quinta posibilidad, pero requería que McGrath aceptara las pruebas tal como eran y no como él quería que fueran. Bromgard era inocente. El estado de Montana acabó pagándole a Bromgard 3,5 millones de dólares por daños y perjuicios. Y McGrath no logró prohibir la publicación de esta entrevista con Neufeld.

¿Qué estaba ocurriendo? La única manera de comprenderlo es a través de la disonancia cognitiva. Muchos fiscales consideran que su trabajo es más bien una vocación. Han dedicado años a alcanzar altos niveles de rendimiento. Era una iniciación *dura*. Su autoestima está ligada a su competencia. Están muy motivados para creer en la probidad del sistema al que se han adherido.

Durante las investigaciones, llegan a conocer a las familias afligidas bastante bien y empatizan con su dolor. Y quieren creer que después de todas esas largas horas lejos de su familia y buscando justicia han hecho del mundo un lugar más seguro.

Imagina lo que debe ser enfrentarse a la evidencia de que han contribuido a meter en la cárcel a una persona equivocada, que han arruinado la vida de una persona inocente, que las heridas de la familia de la víctima van a reabrise. Tiene que retorcerte el estómago. En término de disonancia cognitiva, es difícil pensar en algo más amenazador.

En palabras de Richard Ofshe, un psicólogo social: «[encarcelar a la persona equivocada] es uno de los peores errores profesionales que puedes cometer, como si un médico amputara el brazo equivocado».[103]

Piensa en lo desesperados que deben estar para redefinir la tragedia. La teoría de la disonancia cognitiva es la única manera de comprender la reacción desconcertante de la acusación y la policía (y, de hecho, de todo el sistema) cuando no aceptan una prueba de ADN. «Es casi como un estado de negación —dice Scheck—. No podían aceptar las nuevas pruebas por lo que eran.»

En un sistema adverso esperaríamos que cualquier prueba nueva de la defensa fuera recibida con escepticismo por la acusación. Esperaríamos que la escrutaran y analizaran el contexto para ver si cuadra con los demás hechos. Pero, después de múltiples casos, Innocence Project ha comprobado que el sentido de la negación de muchos fiscales y policías iba mucho más lejos.

Nada parecía hacer tambalear la convicción de que el hombre que habían mandado a prisión era culpable. Ni siquiera cuando se hizo la prueba. Ni siquiera cuando se revocó la sentencia. Ni siquiera cuando el prisionero salió de la cárcel. El problema no era la fuerza de las pruebas, que a menudo era abrumadora. El problema era el obstáculo psicológico que tenían para poder aceptar todo esto.

El ejercicio de redefinición tenía un recorrido distintivo. Primero, los fiscales intentarían que no pudiera hacerse una prueba de ADN. Cuando la estrategia era rechazada por los jueces, y la prueba de ADN demostraba que el convicto era inocente, afirmaban que no se había hecho correctamente.

Esto tampoco duraba mucho, porque cuando se volvía a hacer la prueba el resultado seguía siendo el mismo. En la siguiente etapa, los fiscales afirmaban que el semen pertenecía a otro hombre que *no era el asesino*. En otras palabras, la víctima había tenido sexo consentido con otro hombre y, justo después, había sido violada por el prisionero quien, por su parte, había usado preservativo.[104]

Este es el efecto dominó de la disonancia cognitiva: el proceso de redefinición toma vida propia.

La presencia de un hombre nuevo, que no había sido mencionado en el juicio inicial, de quien no había testigos oculares, y con quien la víctima no recordaba haber tenido sexo, tal vez parezca un ardid desesperado para soslayar las pruebas. Pero ha sido utilizado tan a menudo que los abogados defensores le han dado un nombre: «El no inculpado coeyaculador».

Es una descripción que capta el poder de la disonancia cognitiva.

Schulz cita una entrevista fascinante con Peter Neufeld de Innocence Project:

Salíamos del juzgado después de una absolución y el fiscal nos decía: «Seguimos creyendo que vuestro cliente es culpable y vamos a someterlo de nuevo a juicio». Pasaban los meses y al fin llegaba el fiscal diciendo: «Aceptamos retirar los cargos, pero no porque vuestro cliente sea inocente sino porque ha pasado mucho tiempo y es muy difícil conseguir testigos». Existe un tipo de fiscales y detectives que todavía afirman: «No te sé decir cómo, no te puedo dar una explicación lógica, pero no tengo ninguna duda de que vuestro cliente es culpable».

Algunas de estas piruetas mentales serían cómicas si el asunto en cuestión no fuera tan serio. Andrew Martin llevó a cabo una investigación para el *New York Times* en la que desvelaba docenas de estas explicaciones surrealistas:

> En el condado de Nassau, en Long Island, después de que la prueba de ADN demostrara que el esperma que hallaron en una chica de dieciséis años asesinada no provenía del hombre que habían condenado, los fiscales argumentaron que debía de ser de un amante consentido, aunque tanto la madre como la mejor amiga de la víctima insistieron en que era virgen. En Florida, cuando la prueba de ADN demostró que el vello púbico hallado en una escena de violación no pertenecía al supuesto violador convicto, los fiscales afirmaron que debía pertenecer a los transportistas que llevaron unos muebles al dormitorio una semana antes.[105]

Por descontado, el deber de los fiscales es poner a prueba las afirmaciones de la defensa. Después de todo, es posible que el semen hallado en una víctima de violación pertenezca a alguien que no es el asesino. Analizar el contexto es una opción razonable y, en muchos casos, necesaria. Solo están haciendo su trabajo.

Pero fíjate en el contraste. Cuando al empezar el caso los fiscales sopesan las pruebas, el ADN es la más poderosa de todas. Por esta razón ha sido clave en muchas condenas. No obstante, cuando los fiscales han logrado el encarcelamiento, absolver al convicto gracias a una prueba de ADN de repente es altamente sospechoso. ¿Por qué? Festinger habría encontrado una explicación bastante sencilla: la prueba de ADN sin duda es fuerte, pero no tanto como el deseo de cada uno de proteger su autoestima.

No cabe duda de que también pueden influir incentivos externos en la conducta de los fiscales, como Brandon Garret, profesor de derecho de la Universidad de Virginia, ha señalado: «Los juristas que estudian estos casos sugieren que las preocupaciones de los fiscales sobre su futuro político y una cultura que valora ganar el caso por encima de la justicia intervienen en su reacción. [...] Están aferrados a sus convicciones y no quieren que pongan en duda su trabajo», declaró en una entrevista al *New York Times*.[106]

Pero, a menudo, la dimensión de la negación sobrepasó todo esto. Como me comentó Scheck: «No soy psicólogo, pero parece bastante evidente que algunos fiscales no podían aceptar que lo habían hecho mal. Era demasiado duro».

Y esto nos lleva de nuevo a Juan Rivera. Recordarás que, con diecinueve años, lo encerraron acusado de la violación y el asesinato de una niña de once años después de que lo interrogaran durante cuatro días y firmara una confesión mientras padecía un brote psicótico. También recordarás que la prueba de ADN descartaba que su semen fuera el que se halló en la víctima.

«Cuando llegaron los resultados de la prueba de ADN que demostraban sin lugar a dudas que Juan Rivera no era el responsable de la violación de Holly Staker, todos dimos por supuesto que allí acabaría el caso —declaró Larry Marshall, profesor de derecho en la Universidad de Stanford—. Se trataba de una absolución clásica.»[107]

Pero no fue lo que pensaron los fiscales. Se les ocurrió una nueva historia para explicar la prueba de ADN, una historia muy diferente de aquella que habían presentado en el juicio inicial. Holly, una chica de once años, había tenido sexo con un amante consentido pocas horas antes de la agresión, afirmaron los fiscales. Esto en lo que respecta al semen. ¿Y Rivera? Él apareció *después* del acto sexual. Tal vez no depositara el semen, pero sin duda fue él quien la mató.

«Era una manera grotesca de adaptar las nuevas pruebas a su fe inquebrantable en que Rivera era culpable —me comentó Steven Art, uno de los abogados de Rivera—. Pero también era totalmente incongruente con las pruebas irrefutables de que habían violado a Holly brutalmente. Había señales de desgarro vaginal y anal, y puñaladas en sus genitales.»

La nueva historia de la acusación podía ser estrafalaria e improbable, pero las consecuencias eran reales. Rivera no pudo salir de prisión hasta seis años después. En un nuevo juicio que tuvo lugar en 2009, el jurado no tuvo en cuenta la prueba de ADN. El poder de la confesión firmada y la naturaleza gráfica del asesinato eran demasiado fuertes para ignorarlas.

Cuando después de un cuarto juicio en 2012 Rivera fue liberado, le pregunté cómo era quedarse sentado en su celda mientras el sistema se resistía a reconocer las pruebas. Comprensiblemente emocionado, me respondió:

Cuando llegaron los resultados de la prueba de ADN, me puse tan contento... Demostraban que había estado diciendo la verdad todo el tiempo, demostraban a mi comunidad que yo no era un violador ni un asesino. Fue un alivio increíble.

Pero cuando mis abogados vinieron a la celda para darme los resultados, en el fondo de mi corazón empecé a temer que no se hubiera acabado. Sabía que los fiscales tratarían de rechazar las nuevas pruebas. Tuve miedo de que encontraran una manera para que yo no saliera de prisión. Pero incluso yo me sorprendí cuando empezaron a contar esa nueva historia. Parecía que no hubiera *nada* que pudiera convencerlos de que yo no lo había hecho.

Los diecinueve años en prisión supusieron un daño irreparable. «Me apuñalaron dos veces e intentaron violarme tres —contó—. Querían hacerme daño. Pensaban que era un violador de niños. Pero quizá lo más duro era saber que era inocente. No importaba las vueltas que dieran a la historia para que se adecuara a las nuevas pruebas, como mínimo yo sabía que era inocente.»

--- **V** ---

El sistema de justicia criminal se toma las pruebas seriamente. Se podría decir que el sistema en su totalidad se fundamenta en la noción de que la prueba es sacrosanta y la mejor manera de obtener la respuesta adecuada es analizarla sin prejuicios. De otra forma, es muy probable que los veredictos sean incorrectos. Pero si los fiscales pierden el norte por miedo al fracaso, ¿qué esperanza nos queda?

Aunque no todos los procesos siguieron el mismo patrón que el de Rivera o Bromgard. Muchos fiscales aceptaron la solidez de las pruebas de ADN y, después de un examen pormenorizado, admitieron que había habido condenas erróneas. De hecho, muchos apoyan la labor de Innocence Project y reconocen que estos fallos son una oportunidad para adaptar el sistema. Pero la sensación general de negación es inequívoca. A veces, el sistema mismo está diseñado para que no se aprenda de los errores, sino que se los oculte. Hasta hace poco, por ejemplo, muchos estados estadounidenses negaban la posibilidad de las pruebas de ADN con lo que llamaban «doctrinas de finalidad», que establecen un límite temporal para reabrir casos antiguos y, consecuentemente, impedían el acceso a las mismas pruebas que podrían demostrar una condena errónea.[108]

«El Innocence Project y otros abogados han dedicado cientos de horas para luchar contra las doctrinas de finalidad que bloquean investigaciones que ninguna persona sensata se negaría a hacer», ha escrito Scheck.[109]

Hasta 1999, Nueva York e Illinois eran los únicos estados en los que se permitía hacer una prueba de ADN después de la condena: no sorprende, pues, que fueran los dos estados con más absoluciones. Hoy en día, los cincuenta estados admiten las pruebas de ADN después de la condena, pero muchos imponen límites temporales. Otros no las permiten si el sospechoso hizo una confesión (como Rivera), aunque pudieran demostrar su inocencia.[110]

Y luego está la posición de los que están arriba. Se debe destacar que muchos de los tribunales supremos de todo el mundo, entre ellos el Tribunal Supremo de Estados Unidos, han declarado que solo volverían a juzgar casos en los que hubiera habido un error de procedimiento, más que de hechos. En palabras de William Renquist, presidente del Tribunal Supremo: «Una reivindicación de inocencia no es por sí misma una reivindicación constitucional».*

Reflexiona sobre esto un momento, porque tiene tintes de humor negro. Los sistemas defectuosos tienen errores *incluso cuando se sigue el procedimiento*. Recuerda que en el vuelo 173 de United Airlines los pilotos siguieron el procedimiento pero el avión se estrelló igual. Fueron precisamente las pruebas del accidente las que cambiaron el procedimiento (la introducción de la Gestión de Recursos de la Tripulación, por ejemplo). Es un punto clave para progresar.

Pero los más altos tribunales se negaban a escuchar las reivindicaciones de inocencia a menos que los juicios originales tuvieran errores de procedimiento. Significaba que los errores basados en los hechos, creados por los defectos del procedimiento, no se iban a investigar y mucho menos a tener en cuenta. Para las personas inocentes que estaban en la cárcel, era un círculo vicioso de dimensio-

---

* El juez Antonin Scalia incluso ha ido más lejos. En un juicio en 2009 declaró: «Este tribunal nunca ha sostenido que la Constitución exima la ejecución de un convicto que ha tenido un juicio completo y justo pero que, luego, ha sido capaz de convencer [...] a otro tribunal de que, de hecho, es inocente».

nes monumentales. Y ponía de manifiesto la dimensión sobrecoge-
dora de la conducta de ciclo cerrado en el sistema legal.

En el Capítulo 6 nos centraremos en una reforma del sistema de
justicia criminal (y retomaremos la historia de Juan Rivera). Veremos que, cuando Innocence Project investigó las condenas erróneas,
se revelaron defectos sistémicos desde los procesos policiales a la
ciencia forense. Si se hubiera investigado antes y se hubieran abordado estos problemas, cientos de personas inocentes se habrían ahorrado una condena errónea. En palabras de Scheck:

> En Estados Unidos, cuando se estrella un avión hay consecuen-
> cias graves [...]. Se hacen investigaciones profundas: ¿Qué fue
> mal? ¿Se trata de un error del sistema? ¿Un error humano?
> ¿Hubo una conducta oficial errónea? ¿Qué se puede hacer para
> que no vuelva a ocurrir? [...]. [Pero] Estados Unidos no tiene ni
> un solo registro de la revocación de las condenas erróneas. Los
> jueces suelen escribir órdenes de una línea, no opiniones oficiales,
> lo cual significa que no analizan qué fue mal. Y nadie más lo
> hace.[111]

5

CONTORSIONES INTELECTUALES

--- **I** ---

El fenómeno de la disonancia cognitiva a menudo se pone como ejemplo de la rareza de la psicología humana. Es fácil reírse cuando vemos lo lejos que podemos llegar para justificar nuestros razonamientos, hasta el punto de descartar pruebas que los contradigan. Se afirma que todo forma parte de los trucos elusivos del cerebro humano, un aspecto encantador, aunque a veces problemático, de nuestra excentricidad como especie.

Pero ahora sabemos que es mucho más que eso. Hasta ahora, en este libro hemos defendido que el progreso en la mayoría de actividades humanas depende, en gran medida, de nuestra voluntad para aprender de los errores. Si descartamos el fracaso, si redefinimos nuestros errores, destruimos efectivamente una de las oportunidades de aprendizaje más valiosas que existen.

Y lo más terrible de todo es que apenas nos damos cuenta de que lo hacemos. En el experimento de iniciación que hemos descrito en el capítulo anterior, cuando explicaron a los estudiantes que pasaron por la iniciación vergonzante por qué les había parecido fascinante una conversación tan aburrida, no lo aceptaron. «Después de que cada participante hubiera acabado, le explicaba el estudio y la teoría de la disonancia cognitiva con detalle», afirmó Aronson.

Aunque todos los que pasaron por la iniciación más severa afirmaron que la hipótesis les parecía interesante y que podían comprender que la mayoría de las personas se verían afectadas tal como yo había predicho, se esforzaron muchísimo para convencerme de que la preferencia por el grupo no tenía nada que ver con la severidad de la iniciación. Cada uno afirmaba que les gustaba el grupo únicamente porque era así como lo sentían. Pero casi a todos ellos les gustaba más el grupo en cuestión que a cualquiera de los que habían pasado por la iniciación más suave.[112]

Esto nos revela una diferencia sutil entre el engaño externo e interno. Un engaño deliberado (mentir a un compañero, a un paciente, al jefe) tiene, como mínimo, una ventaja clara. Quien engaña, por definición, reconoce el engaño e interiormente sabe que ha fracasado. Tal vez cambiará su forma de hacer las cosas para evitar errores parecidos en el futuro.

La autojustificación, en cambio, es más traicionera. Mentirse a uno mismo anula cualquier posibilidad de aprender. ¿Cómo puedes aprender del fracaso si te has convencido —a través de los medios infinitamente sutiles de la autojustificación, de la manipulación narrativa y del arsenal psicológico para eliminar la disonancia— de que nunca tuvo lugar?

También merece la pena destacar aquí la relación entre la ambigüedad de los fracasos y la disonancia cognitiva. Cuando un avión se estrella, es difícil simular que el sistema ha funcionado a la perfección. El fracaso es demasiado duro, demasiado espectacular. Es lo que los ingenieros llaman una bandera roja: una señal del mundo físico que dice: «Lo has hecho mal». Es como ir en coche a casa de un amigo, girar en la calle equivocada y encontrarte en un callejón sin salida. Tienes que dar la vuelta.

Pero la mayoría de los fracasos no son así. Muchos se pueden mitigar con una gran variedad de justificaciones: «Fue un caso único», «Son cosas imprevisibles», «Hicimos todo lo que pudimos». Puedes traer a colación estadísticas parciales para justificar un error o encontrar una excusa que no se te había ocurrido antes y que seguramente no habías tenido en cuenta hasta que —afortunada y convenientemente— llegó para rescatarte.

Los psicólogos suelen señalar que la autojustificación no siempre es totalmente perjudicial. Evita que pongamos en duda cada decisión que tomamos, cada juicio que emitimos, y que nos pasemos la noche en vela preguntándonos si casarse, aceptar un trabajo o ir a una carrera era lo que debíamos hacer. El problema, sin embargo, es cuando se transforma en una justificación irreflexiva: cuando inventamos algo automáticamente, cuando redefinimos una situación a propósito, cuando el fracaso es tan amenazador que ya no podemos aprender de él.

Y esto nos hace volver a una pregunta que ha estado latente desde que al principio del libro hemos analizado la magnitud de las muertes por errores médicos evitables. ¿Cómo podían los médicos y las enfermeras soportar tanto sufrimiento? ¿Cómo podían estas personas honorables ocultar sus errores de manera tan descarada? ¿Cómo podían vivir consigo mismos?

El concepto de la disonancia cognitiva por fin nos da la respuesta. Precisamente para poder vivir consigo mismos después de haber cometido un error fatal con un paciente es por lo que los médicos y las enfermeras reformulan sus errores. Protege su sentido de valor profesional y, moralmente, justifica que no hagan públicos los hechos. Al fin y al cabo, ¿por qué confesar un error cuando nunca hubo ninguno?

Y aquí es donde radica la diferencia entre el engaño interno y el externo. Si los médicos y las enfermeras fueran plenamente conscientes de los errores fatales que cometen, no revelarlos *aumentaría* su angustia emocional. Sabrían que han perjudicado a un paciente, sabrían que han engañado deliberadamente y sabrían que pueden cometer más errores parecidos en el futuro.

Es muy poco probable que los profesionales sanitarios quisieran engañarse en esta medida. La gran mayoría de los médicos y las enfermeras son personas comprometidas y decentes. De hecho, muchos se comportan de forma heroica con sus pacientes. Y aquí radica la tragedia de la disonancia cognitiva: permite que personas buenas y motivadas perjudiquen a aquellos que deben proteger. Y no como excepción, sino una y otra vez.

Para decirlo con otras palabras: los ocultamientos más efectivos no los hacen quienes intentan cubrirse las espaldas, sino aquellos que ni siquiera se dan cuenta de que tienen algo que ocultar.

En su libro *Medical Errors and Medical Narcissism* [*Errores médicos y narcisismo médico*], John Banja, profesor de ética médica en la Universidad de Emory, analizó con detalle las técnicas de redefinición que utilizaban los profesionales sanitarios.[113] Las palabras son ligeramente diferentes pero el significado subyacente es increíblemente similar al que transmiten los fiscales cuando se enfrentan a una absolución por prueba de ADN. Es una forma de desentenderse de los errores y justificar que no los revelen:

«Bueno, hicimos todo lo que pudimos. Estas cosas pasan.»

«¿Por qué hacer público el error? El paciente iba a morir igualmente.»

«Explicarles a los familiares que hubo un error solo iba a hacerles sentir peor.»

«Fue culpa del paciente. Si no hubiera sido tan (obeso, delgado, etc.), este error no le habría perjudicado tanto.»

«Si no estamos total y absolutamente seguros de que el error en cuestión causó el daño, no tenemos que decirlo.»

Banja escribe: «Los profesionales de la sanidad son conocidos por su gran inteligencia para ocultar errores o desviar la atención de estos con su forma de hablar. Existe una buena razón para pensar que su facilidad para los subterfugios lingüísticos se forma durante la residencia o con una formación especial».[114]

Una investigación fundamental de tres años publicada en *The Social Science and Medical Journal* hizo públicos hallazgos semejantes, principalmente que los médicos se enfrentan a sus errores mediante un proceso de negación. «Bloquean la entrada de los errores en su pensamiento consciente» y «limitan la definición de error para que acabe efectivamente desapareciendo o parezca inconsecuente».*

Se llega a la misma conclusión con las encuestas directas a los profesionales sanitarios. Un estudio de 2004, por ejemplo, hacía un sondeo de estos profesionales en congresos de Dallas, Kansas City, Richmond y Columbus. Les preguntaban si «disculpar errores médicos (y considerar innecesario hacerlos públicos o informar de ellos) era algo habitual en los hospitales». Un sorprendente 86 por ciento, que en aquellos momentos trabajaba en la sanidad, estuvo de acuerdo o profundamente de acuerdo.[115]

Recuerda de nuevo a los médicos que operaron a Elaine Bromiley, el caso que hemos expuesto al empezar este libro. En un primer momento, su actitud parecía un intento burdo de evitar repercusiones externas por sus errores, como una reprimenda de

---

* Esta limitación de la definición del error tiene paralelismos con la técnica científica «equivocada». En el Capítulo 3 hemos analizado el ejemplo de una hipótesis: el agua hierve a 100 °C. Ahora sabemos que esta hipótesis no es válida cuando hay una altitud considerable. Pero se podría haber salvado la hipótesis inicial al limitar su contenido, como ha señalado el filósofo Bryan Magee. Se podría reformular de la siguiente manera: el agua hierve a los 100 °C en una presión atmosférica igual a la del nivel del mar. Y, al descubrir que el agua no hierve a los 100 °C en recipientes sellados, podrías limitar la hipótesis aún un poco más: el agua hierve a los 100 °C en una presión atmosférica igual a la del nivel del mar siempre que esté en un recipiente abierto. Pero seguir por este camino, en el que cada vez añadimos más excepciones a la hipótesis, y por lo tanto limitamos su aplicación empírica, sería invalidar su utilidad. También nos impediría ver la característica más importante, es decir, que el error de la primera hipótesis era una oportunidad para reformarla. Era una ocasión para concebir una teoría que explicara tanto por qué el agua hierve a los 100 °C a nivel del mar y por qué no lo hace a gran altitud o en un recipiente sellado. La ciencia no solo trata de detectar errores sino también de adaptarse de forma progresiva.

su jefe o acciones legales por parte de la familia. Pero ahora podemos ver que es un modo de hacer clásico de la reducción de la disonancia. Los médicos no querían *reconocer* que habían cometido un error.

Habían pasado años formándose para alcanzar altos niveles de efectividad. Había sido una iniciación dura. Como en el caso de la mayoría de los médicos, la atención sanitaria era más que un trabajo: era una vocación. Su autoestima estaba completamente ligada a su competencia clínica. Se dedicaron a la medicina para minimizar el sufrimiento, no para aumentarlo. Y ahora debían aceptar que habían matado a una mujer sana de treinta y siete años.

Piensa en lo desesperados que debían estar para redefinir esa catástrofe como mera «complicación». Piensa también en la investigación de Nancy Berlinger sobre cómo informaban los médicos de los errores. Escribió sobre la profunda resistencia que mostraban a hacer públicos los errores y hasta dónde llegaban para justificarlos: «Fue solo un error técnico, son cosas que pasan...».

Este estudio podía parecer una acusación a la cultura de la atención médica, pero ahora vemos que es una descripción dolorosamente justa de los efectos de la disonancia cognitiva. La autojustificación, el deseo de proteger la imagen que tenemos de nosotros mismos, tiene el potencial de afectarnos a todos. La sanidad y el sistema de justicia criminal son solo dos hilos de una historia que representa un peligro claro y actual para el futuro del progreso.

--- **II** ---

Volvamos brevemente a la guerra de Irak, pues nos permite examinar con más profundidad los mecanismos psicológicos relacionados con la disonancia cognitiva. Para evitar cualquier controversia, no juzgaremos si la invasión fue correcta o no.* En lugar de esto, analizaremos las contorsiones intelectuales de los políticos que nos llevaron a la guerra. Será una muestra de cómo el ejercicio de reformulación puede tomar vida propia.

Recuerda que para un hombre como Tony Blair representó la decisión política más importante de su vida. No fue un votante que apoyaba la guerra, sino un primer ministro que puso en juego su carrera por el conflicto y que envió tropas terrestres que tuvieron 179 bajas. Su reputación política dependía en gran medida de esta decisión. Si alguien debía estar motivado para defenderla, era él.

Así que examinemos las contorsiones.

El 24 de setiembre de 2002, antes del conflicto, Blair dio un discurso en la Cámara de los Comunes sobre las armas de destrucción masiva (ADM) de Saddam Hussein: «Su programa de ADM está activo, es minucioso y sigue creciendo —declaró—. Saddam continúa produciéndolas [...], tiene planes militares activos para usar armas químicas y biológicas que pueden ponerse en marcha en 45 minutos [...]».

Pocos meses después de la invasión, era evidente que estas afirmaciones suponían un problema. En primer lugar, las tropas de Saddam no usaron estas supuestas armas devastadoras para defenderse de las fuerzas occidentales. Además, tras la caída de Saddam, la búsqueda de ADM no obtuvo el más mínimo resultado.

Pero, como detallan los psicólogos sociales Jeff Stone y Nicholas Fernandez, de la Universidad de Arizona, en un revelador ensayo sobre el conflicto de Irak,[116] Blair se defendió. En un discurso que dio en la Cámara de los Comunes, declaró: «Existen miles de lugares, literal-

---

* ¿Fue correcta o no? Con algunas decisiones es difícil obtener una respuesta definitiva. La situación es compleja y no puedes volver atrás para ver si una estrategia alternativa habría funcionado mejor. A veces esto se llama el «problema contrafactual». En el próximo apartado veremos cómo aprender en este tipo de situaciones.

mente [...], pero solo ahora que se ha formado el Grupo de Investigación de Irak, en el que hay antiguos inspectores de la ONU, científicos y expertos que podrán investigar sobre el terreno y hacer su trabajo como es debido [...]. No me cabe ninguna duda de que encontraremos pruebas más que evidentes de las armas de destrucción masiva de Saddam».

De modo que, para Blair, la falta de ADM no significaba que no estuvieran allí, sino que los inspectores no habían buscado bien. Fíjate también en otro detalle. La ausencia de ADM *reforzó* su convicción de que las encontrarían.

Es la reacción clásica que prevé la disonancia cognitiva: nos aferramos más a nuestras creencias (como los participantes del experimento sobre la pena capital, cuyas opiniones se volvieron más extremas después de leer las pruebas que ponían en duda sus creencias, o los miembros del culto que se convencieron más de la verdad de su fe después de que no se cumpliera la profecía). «No me cabe *ninguna duda* de que encontraremos *pruebas más que evidentes* de las armas de destrucción masiva de Saddam» [las cursivas son mías], aseguró Blair.

Doce meses después, cuando el Grupo de Investigación de Irak —los inspectores que había escogido Blair— no lograron encontrar las armas, volvió a cambiar de estrategia. Frente al Comité de Enlace de la Cámara de los Comunes, afirmó: «Debo aceptar que no las hemos encontrado y que tal vez nunca las encontremos [...]. Puede que las hayan trasladado, que las hayan escondido o que las hayan destruido».

El baile de pruebas estaba en todo su esplendor. La falta de ADM ya no se debía a que las tropas no habían tenido tiempo para encontrarlas, o a que los inspectores no fueran lo bastante buenos: la auténtica razón era que las tropas iraquíes las habían hecho desaparecer como por arte de magia.

Pero esta versión, a los pocos meses, también fue insostenible. Mientras continuaba la búsqueda de forma casi desesperada, cada vez fue más evidente que no solo no había ADM, sino que tampoco había el más mínimo rastro de ellas. Las tropas iraquíes no las podían haber hecho desaparecer. Así que Blair se defendió de nuevo. En un discurso preparado ad hoc en el Congreso del Partido Laborista, acabó aceptando que Saddam no tenía armas biológicas ni químicas, pero siguió defendiendo que la decisión de ir a la guerra era la correcta.

«La cuestión es que puedo pedir perdón por una información que resultó ser falsa, pero sinceramente no puedo pedir perdón por haber derrocado a Saddam —declaró—. El mundo es un lugar mejor con Saddam en prisión [...].»

Las contorsiones continuaron durante los siguientes diez años. A veces, a Blair le costaba recordar la cronología exacta, y se ponía nervioso si le preguntaban por ellas. Cuando el llamado Estado Islámico inició una gran ofensiva sobre Irak en 2014, y el país acabó al borde de una guerra civil —que algunos analistas relacionaron con el conflicto de 2003—, Blair encontró otra vía para justificarse.

Criticó la política de no intervención en Siria, donde los hechos habían desembocado en una guerra civil sangrienta. En un artículo que publicó en su página web, escribió: «En Siria esperamos que cambiara el régimen, no hicimos nada y actualmente se encuentra en la peor situación posible».[117] En otras palabras, «si las cosas están mal en Irak ahora, la catástrofe habría sido mayor si no lo hubiéramos invadido en 2003».

Lo más importante no es si Blair tenía razón o no en este punto. La cuestión vital que debemos comprender es que incluso si en Siria la situación fuera celestial (paz, felicidad, palomas volando), Blair seguiría encontrando una manera de interpretar las pruebas basándose en que su decisión de invadir Irak era correcta. De hecho, estaría *más convencido* de haberlo hecho bien. Es el efecto dominó de la disonancia cognitiva. Un efecto similar se puede apreciar en la conducta de George W. Bush. Casi todas las afirmaciones de Bush para respaldar la guerra y sus consecuencias resultaron ser erróneas. No era verdad que Saddam tuviera ADM ni que se relacionara con Al Qaeda. Cuando seis semanas después de la invasión hizo un discurso bajo un cartel en el que se leía «Misión cumplida» y afirmó que «las operaciones de combate a gran escala en Irak se han acabado», también se equivocaba.

Pero parecía que no tenía ningún problema en reformular cualquier prueba que lo contradijera. Como escribieron Aronson y Tarvis en su libro *Mistakes Were Made (but Not by Me)*:

> Bush [reaccionó esgrimiendo] nuevas justificaciones de la guerra: deshacerse de un «tipo muy malo», luchar contra los terroristas, fomentar la paz en Oriente Próximo [...], aumentar la seguridad estadounidense y acabar con la labor [por la que nuestras tropas] dieron la vida [...]. En 2006, cuando Irak se dirigía hacia una guerra civil [...], Bush dijo a una delegación de columnistas conservadores: «Nunca he estado más convencido de que tomé las decisiones correctas».

Si es inadmisible cambiar de parecer, si ninguna prueba posible hará que admitas un error, si la amenaza para el ego es tan grave que el proceso de redefinición ha tomado vida propia, sin duda estás en un ciclo cerrado. Si hay lecciones que aprender ya es imposible reconocerlas, y no digamos aceptarlas.

No tengo la intención de deslegitimar a Blair, Bush o a sus seguidores. Las cuestiones de guerra y paz son complejas y siempre hay argumentos en ambos lados (en la Tercera Parte, analizaremos cómo aprender en situaciones de complejidad). Tampoco ningún partido político tiene el monopolio de los errores. Con esto solo quiero mostrar que las personas inteligentes no son inmunes a los efectos de la disonancia cognitiva.

Es una cuestión importante porque a menudo suponemos que lo más probable es que las personas brillantes tomarán decisiones correctas. Relacionamos la inteligencia, la definamos como la definamos, con la mejor manera de llegar a la verdad. Sin embargo, en realidad se suele utilizar la inteligencia en servicio de la reducción de la disonancia. A veces los pensadores más prestigiosos son los más propensos a aplicar técnicas de redefinición, de maneras tan sutiles que frecuentemente es difícil para nosotros, para ellos y para cualquiera darse cuenta de ello.

En diciembre de 2012 entrevisté brevemente a Tony Blair. Nuestros caminos se habían cruzado antes algunas veces y, durante los primeros minutos, charlamos sobre lo que había estado haciendo desde que dejó Downing Street en 2007. Tenía ganas de hablar y, como siempre, fue muy educado. También lo vi algo desmejorado: poco a poco había ido creciendo la desaprobación pública a la guerra de Irak.

Después de unos minutos, le hice la pregunta que más ganas tenía de hacerle. Dado todo lo que sabíamos en aquel momento, después de miles de muertes, la ausencia de ADM y la enorme revuelta que ocurrió luego, ¿todavía pensaba que la decisión sobre la guerra de Irak era correcta? «Las decisiones sobre la guerra y la paz son controvertidas, y mentiría si dijera que la decisión fue fácil —respondió—. Pero ¿creo que fue una buena decisión? Sí, estoy más seguro que nunca.»

Unos meses después quedé con Alastair Campbell, el antiguo jefe de prensa de Blair y uno de sus más estrechos colaboradores. Hablamos largo y tendido sobre el fenómeno de la disonancia cognitiva. Campbell fue especialmente amable, habló sobre el respaldo a la guerra y sobre la presión que en aquellos momentos se vivía en Downing Street.

Le pregunté si aún apoyaba la decisión de ir a la guerra. «A veces me lo pregunto, sobre todo cuando aparecen más noticias de muertes —contestó—. Pero considerando todos los factores, creo que fue correcto derrocar a Saddam.» ¿Cree posible que alguna vez cambie de opinión?, le pregunté. «Sería difícil después de todo lo que hemos pasado, pero no imposible.»

¿Y cree que Tony Blair podría cambiar de opinión? «Piense en lo que significaría si admitiera que se equivocó —respondió Campbell—. Ensombrecería todo por lo que ha trabajado. Echaría a perder todos sus logros. Tony es una persona inteligente y decidida, pero no creo que fuera capaz de admitir que invadir Irak fue un error. Sería devastador incluso para él.»

--- III ---

En noviembre de 2010 un grupo de reconocidos economistas, intelectuales de primer orden y líderes empresariales escribió una carta abierta a Ben Bernanke, el presidente de la Reserva Federal.[118] El banco central acaba de anunciar el segundo tramo de la expansión monetaria y quería comprar deuda con el dinero recién impreso para introducir, con el tiempo, unos 600.000 millones de dólares más en la economía estadounidense.

A los firmantes de la carta les preocupaba esta medida. De hecho, pensaban que sería desastrosa. En la carta, que publicó el *Wall Street Journal*, sostenían que el plan no era «necesario ni aconsejable bajo las circunstancias actuales» y que no «lograría el objetivo de la FED de promover el empleo». Concluían que la decisión debía ser «reconsiderada y rechazada».

Entre los firmantes se encontraban algunos de los individuos más reconocidos en su campo, como Michael J. Boskin, antiguo director del Comité de Consejeros Económicos del presidente, Seth Klarman, el millonario fundador de Baupost Group (una empresa de inversiones), John Taylor, profesor de economía en la Universidad de Stanford, Paul Singer, el millonario fundador de Elliott Management Corporation, y Niall Ferguson, un prestigioso profesor de historia de la Universidad de Harvard.

Su mayor preocupación era la inflación, el miedo a que la inyección de esta ingente masa de dinero en la economía llevara a un aumento descontrolado de los precios. Es un recelo habitual de los economistas de la escuela «monetaria». Los firmantes advertían de que la expansión cuantitativa podría provocar una «devaluación de la moneda e inflación» y que «distorsionaría los mercados financieros».

La carta, que también se publicó como un anuncio a toda página en el *New York Times*, suscitó titulares en todo el mundo. Los temores estaban bien expresados, bien argumentados, y la predicción de turbulencias en la economía estadounidense provocó un pequeño terremoto en los mercados financieros.

Pero ¿qué ocurrió realmente? ¿La predicción fue acertada? ¿La inflación se desbocó?

Cuando se publicó la carta la tasa de inflación estaba en el 1,5 por ciento. Cuatro años después, en diciembre de 2014, la inflación no solo había permanecido en niveles históricamente bajos, sino que de hecho había caído. Según el Índice de Precios al Consumidor, que publica mensualmente el Departamento de Estadísticas Laborales, la inflación era del 0,8 por ciento. En enero de 2015, justo antes de que se escribieran estas palabras, estaba en números negativos. La inflación se había convertido en deflación. La tasa de inflación de Estados Unidos era de un 0,1 por ciento negativo.

Parece justo decir que las predicciones no se cumplieron. De hecho, la economía estadounidense parecía ir en dirección opuesta. No solo cayó la inflación, sino que además se empezó a crear empleo, a pesar de la advertencia de los firmantes de que esta política económica no iba a beneficiar el empleo. En otoño de 2014, en Estados Unidos se creaban empleos al ritmo más rápido desde 2005 y la tasa de desempleo había bajado del 9,8 al 6,1 por ciento. A las empresas estadounidenses también les iba bien: la deuda era baja, tenían altos niveles de liquidez y beneficios récord.[119]

Por descontado, no hay nada malo en equivocarse al hacer una previsión. El mundo es complejo y hay muchas incertidumbres, especialmente en el sector económico. De hecho, que el grupo hiciera públicas sus previsiones denotaba cierta valentía intelectual. Y no cabe duda de que el incumplimiento de sus expectativas les daba una oportunidad de oro para revisar y enriquecer sus suposiciones teóricas. Después de todo, esto es lo que significa el fracaso.

Pero ¿cómo reaccionaron realmente los firmantes de la carta? En octubre de 2014 Bloomberg, la empresa de medios de información, les invitó para reflexionar sobre el contenido de la carta a la luz de lo que había ocurrido después.[120] Lo sorprendente de sus respuestas (nueve de los firmantes aceptaron ser entrevistados*) no fue que intentaran explicar por qué habían fallado sus predicciones, o qué habían aprendido, sino que no creían *en absoluto* que su predicción hubiera fallado.

Es más, muchos de ellos creían que su análisis había dado en el clavo.

David Malpass, antiguo subsecretario del Tesoro, afirmó: «La carta es correcta tal como está».

John Taylor, profesor de economía de la Universidad de Stanford, declaró: «En la carta se mencionaban varios factores —el riesgo de inflación, el desempleo, la desestabilización de los mercados financieros, la dificultad de la Fed para normalizar una política monetaria— y todos ellos se han cumplido».

---

* Algunos se negaron a ser entrevistados, otros no respondieron. Uno de los firmantes había muerto en el intervalo.

Jim Grant, editor de *Grant's Interest Rate Observer*, comentó: «La gente nos dice: oye, os habéis equivocado porque predijisteis que habría inflación y no se ha cumplido. Yo creo que tenemos una inflación descomunal, tal vez no necesariamente en los datos oficiales, pero sí en Wall Street».

Era como si estuvieran analizando una economía diferente.

Otros afirmaron que quizá la predicción no se había materializado aún, pero que lo haría pronto. Douglas Holtz-Eakin, antiguo director de la Oficina de los Presupuestos del Congreso, dijo: «Van a generar un repunte en la inflación subyacente. Sobrepasarán el 2 por ciento. No sé cuándo, pero ocurrirá».

Esta última respuesta sin duda es cierta, en el sentido de que la inflación crecerá, quizá de forma abrupta, por encima de sus mínimos históricos. Pero también me recuerda al aficionado del equipo de fútbol Brentford que, al empezar la temporada 2012/2013, predijo que su equipo ganaría la FA Cup. Cuando los eliminó el Chelsea, le preguntaron qué había fallado en su predicción. Contestó: «Dije que ganarían la FA Cup, pero no dije cuándo».

Este es otro ejemplo del alcance de la disonancia cognitiva. No afecta solo a Tony Blair, a los médicos, a los abogados o a los miembros de cultos religiosos, sino también a empresarios mundialmente famosos, a historiadores y economistas. En última instancia, describe cómo una cultura que estigmatiza el error debilita nuestra capacidad para considerar las pruebas tal cual son. Y afecta tanto a las grandes decisiones como a los juicios circunstanciales: de hecho, cualquier cosa que amenace nuestra autoestima.

Pondré un breve ejemplo personal. Cuando estaba escribiendo este capítulo, me apunté a un gimnasio que está a pocos kilómetros de mi casa. La subscripción era cara y mi mujer me advirtió de que yo no iría porque no está cerca. Me dijo que un gimnasio más barato y al lado de casa sería una opción mucho mejor. Le preocupaba que no tuviera tiempo para recorrer esos kilómetros. Yo no estuve de acuerdo.

Día tras día, al acabar de trabajar, iba en coche al gimnasio. El trayecto cada vez me tomaba más tiempo. A veces tardaba media hora en llegar. Me vi yendo con prisas de un lado para otro mientras mi mujer, muy tranquila, iba al gimnasio que estaba junto a nuestra casa. Cuanto más pesado era el trayecto, más iba yo al gimnasio. Me llevó un año darme cuenta de que todos estos trayectos eran un intento de justificar mi decisión inicial. No quería admitir que había sido un error apuntarme a un gimnasio que estaba tan lejos.

Mi mujer, que había leído un borrador de este capítulo, sonrió después de verme llegar un día del gimnasio. «Disonancia cognitiva», murmuró. Y tenía razón. Después de doce meses pagando una cuota cara, me apunté al gimnasio de al lado de casa. Si hubiera admitido antes mi error, me habría ahorrado doce meses de frustración. Pero mi ego no me lo permitió: era demasiado reconocer que había estado equivocado todo el tiempo y que había malgastado un montón de dinero.

Puede que parezca un ejemplo trivial, pero muestra claramente los efectos de la disonancia cognitiva. Ten en cuenta los ejemplos que hemos descrito hasta el momento, donde las decisiones tenían una magnitud mucho mayor y, por lo tanto, representaban una amenaza más evidente para la autoestima. Un accidente en el quirófano se transformó en «cosas que pasan», una absolución por prueba de ADN se convirtió en un «no inculpado coeyaculador», el incumplimiento de una profecía apocalíptica demostró que «hemos apaciguado a Dios con nuestras acciones».

Para los firmantes de la carta abierta a Bernanke se puede aplicar el mismo análisis. Una predicción económica errónea no demostró que estuvieran equivocados, sino que tenían más razón que nunca. Y todavía creían que estaban en lo cierto incluso cuando la inflación siguió en tasas bajas, igual que Blair reivindicó su estrategia en Irak cuando los hechos contradecían flagrantemente las expectativas. Si sale cara, gano; si sale cruz, no pierdo.

Probablemente sea justo decir que la economía, como materia, tiene un problema particular con su actitud respecto al fracaso. No se trata solo de los firmantes de la carta, sino que es una cuestión general. A principios de la década de 1990 fui estudiante de economía y observé a principio de curso que muchos de los estudiantes se dividían en dos escuelas rivales, los Keynesianos y los Monetaristas. La decisión de unirse a una u otra se basaba generalmente en pretextos endebles, pero tenía consecuencias importantes a largo plazo. Muy pocos economistas cambian de postura ideológica. Es algo de por vida.

Una encuesta (aunque no muy amplia) que se hizo a los economistas reveló que menos del 10 por ciento cambian de «escuela» a lo largo de su carrera, o «adapta significativamente» sus suposiciones teóricas.* El profesor sir Terry Burns, antiguo consejero económico de Margaret Thatcher (que más tarde fue presidente del Santander UK), me dijo: «Más o menos es tan común como que un musulmán se convierta al cristianismo o viceversa».

Es sin duda una señal de alerta de que, en lugar de aprender de los datos, los economistas se los inventan. Alimenta la sospecha de que la energía intelectual de algunos de los pensadores más formidables del mundo está dirigida a idear racionalizaciones cada vez más intrincadas para demostrar que tienen razón en lugar de crear nuevas teorías, más ricas y que expliquen la realidad.

Y esto nos lleva al que quizá es el aspecto más controvertido de la disonancia cognitiva. Precisamente aquellos pensadores más prestigiosos, famosos por tener una mente brillante, son los que más tienen que perder por culpa de sus errores. Esta es la razón por la que a menudo las personas más influyentes, aquellas que están en la mejor posición para aprender de las nuevas pruebas, son quienes

---

* Entrevistas hechas por el autor a doce economistas, tres académicos y nueve empleados de instituciones financieras.

más incentivos tienen para redefinirlas. Y son el mismo tipo de personas (o instituciones) que suelen tener la capacidad para utilizar empresas caras de relaciones públicas que reafirmen sus justificaciones a posteriori. Tienen los medios económicos, además de una poderosa urgencia subconsciente, de acortar la distancia entre las creencias y las pruebas, pero no gracias al aprendizaje, sino a la invención. Es el equivalente a un golfista que, al golpear la pelota, la envía fuera de los límites del campo y luego contrata a una hábil empresa de relaciones públicas para que convenza al mundo de que él no ha tenido nada que ver con ello. ¡Fue un repentino golpe de viento!

Este fenómeno se puso de manifiesto de manera vívida en un reconocido estudio de Philip Tetlock, un psicólogo de la Universidad de Pensilvania. En 1985, Tetlock invitó a 284 expertos para que profetizaran las probabilidades de qué acontecimientos concretos y bien definidos tuvieran lugar en un futuro no muy lejano.[121] Todos eran expertos prestigiosos en su campo y más de la mitad eran doctores. Entre los acontecimientos hipotéticos, había conjeturas como: «¿Derrocarán a Gorbachov con un golpe de estado?» o «¿Habrá un final no violento del *apartheid* en Sudáfrica?» Tetlock reunió miles de predicciones.

Y, pocos años después, las comparó con lo que de verdad había ocurrido. Descubrió que las predicciones de los expertos eran mejores que las de un grupo de estudiantes universitarios, pero no por mucho. No es algo sorprendente. El mundo es un lugar complejo. Incluso para expertos bien informados no es fácil decir qué ocurrirá cuando hay una gran cantidad de variables que interactúan de manera dinámica. En palabras de Tetlock: «Con una desconcertante rapidez, tomamos un rendimiento predictivo marginal por conocimiento».

Pero el descubrimiento más sorprendente de todos fue que los reconocidos expertos, el tipo de personas que van a los platós de televisión y hacen giras promocionales de libros, fueron los peores de todos. En palabras de Tetlock: «Irónicamente, cuanto más famoso era el experto, menos precisas eran sus predicciones».

¿Por qué ocurre esto? La disonancia cognitiva nos da la respuesta. Aquellos a los que públicamente se relaciona con sus predicciones, cuya forma de vida y ego está ligado a sus conocimientos, son quienes más probabilidades tienen de redefinir sus errores, y, por lo tanto, quienes menos aprenderán de ellos.

Este hallazgo tiene unas implicaciones ingentes, no solo para la economía, sino también para la sanidad, la justicia y las empresas. Al fin y al cabo, se supone que cuanto más alto es tu cargo en una empresa, menos deberías sufrir los efectos de la disonancia cognitiva. ¿Acaso quienes dirigen las empresas no son personas racionales, coherentes y perspicaces? ¿No deberían ser estas sus características definitorias?

De hecho, es lo contrario. En el libro crucial *Por qué fracasan los ejecutivos brillantes... y qué puede usted aprender de ellos*, Sydney Finkelstein, profesor en Dartmouth College, investiga los mayores fracasos de cincuenta instituciones corporativas.[122] Descubrió que cuanto más asciendes en el organigrama, más niegas los errores:

> Irónicamente, cuanto más alto se encuentra uno en la jerarquía, más trata de suplir el perfeccionismo con excusas generalizadas, y los CEOs suelen ser los peores. Por ejemplo, en una organización que estudiamos, el CEO se pasó toda la entrevista de cuarenta y cinco minutos explicando las razones de por qué los demás tenían la culpa de la decadencia de la empresa. Los reguladores, los clientes, el gobierno e incluso otros ejecutivos de la empresa eran los responsables. En ningún momento mencionó nada parecido a la responsabilidad personal.

A estas alturas, la razón debería ser obvia. Los que dirigen la empresa son los responsables de la estrategia y, por lo tanto, son quienes más tienen que perder si las cosas van mal. Lo más probable es que sostengan la idea de que la estrategia es inteligente, aunque no esté funcionando, y que reformulen cualquier prueba que apunte a lo contrario. Ciegos por la disonancia, son también quienes menos probabilidades tienen de aprender nada.

--- IV ---

Una confusión común sobre la teoría de la disonancia cognitiva es que depende de incentivos externos. Tenemos mucho que perder si nos equivocamos al juzgar algo. ¿No es comprensible, por lo tanto, que queramos redefinir nuestros juicios? La cuestión es que, al aceptar un error, el daño a nuestra reputación pesa más que lo que aprendemos.

Pero esta perspectiva no describe toda la influencia de la disonancia cognitiva. El problema no es solo la estructura de incentivos externos, sino también la de los internos. Es el coste que representa admitir los errores incluso cuando tenemos incentivos externos para hacerlo.

Para comprenderlo mejor, analicemos el llamado efecto de predisposición, un fenómeno muy conocido en las finanzas conductuales. Pongamos que tienes una cartera de acciones, algunas de las cuales han perdido valor y otras han ganado. ¿Cuáles venderás y con cuáles te quedarás?

Una persona racional se quedaría aquellas que tienen más probabilidades de aumentar de valor y vendería las que lo están perdiendo. De hecho, es lo que *debes* hacer si quieres maximizar el rendimiento económico. El mercado de acciones recompensa a aquellos que compran barato y venden caro.

Pero, en realidad, es más posible que nos quedemos con las acciones que pierden dinero sin que nos importen las perspectivas de futuro. ¿Por qué? Porque odiamos admitir una pérdida. En el momento en que vendemos estas acciones, una pérdida en el papel se convierte en una pérdida real. Es una prueba inequívoca de que la decisión que tomamos de comprar esas acciones estaba equivocada. Por esta razón nos quedamos con las acciones que pierden valor durante demasiado tiempo, con la esperanza de que repunten.

No obstante, con las acciones que ganan valor todo es diferente. De repente surge un deseo inconsciente de asegurar las ganancias. Después de todo, cuando vendes beneficiosamente acciones tienes la prueba evidente de que tu decisión inicial fue correcta. Es una autoafirmación. Por eso la venta de acciones con beneficios está influida por un prejuicio, porque las acciones pueden seguir subiendo y nosotros perder todas las ganancias adicionales.

Un estudio de Terrance Odean, profesor de finanzas en UCL, Berkeley, descubrió que las acciones con beneficios que vendían los inversores obtenían un rendimiento del 3,4 por ciento mayor que el de las acciones con pérdidas que no vendían. En otras palabras, los inversores se aferraban a las acciones con pérdidas durante demasiado tiempo porque no admitían que habían cometido un error. Incluso corredores de bolsa profesionales —supuestamente, personas que actúan según una lógica fría y despiadada— caen en esta dinámica: las acciones con ganancias les duran un 25 por ciento menos que las acciones con pérdidas.[123]

Pero ignorar un error a corto plazo tiene un resultado inevitable: perdemos más a largo plazo. En muchos aspectos, es una metáfora perfecta de la negación del error en el mundo actual: los incentivos externos —incluso cuando recompensan un análisis certero del fracaso— suelen quedar minimizados por la necesidad interna de proteger nuestra autoestima. Nos inventamos las pruebas hasta cuando pagamos las consecuencias.

El sesgo de confirmación es otra de las peculiaridades psicológicas relacionadas con la disonancia cognitiva. La mejor manera de comprender sus efectos es observando la siguiente secuencia de números: 2, 4, 6. Supón que debes descubrir el patrón subyacente de esta secuencia. Supón, además, que tienes la oportunidad de proponer conjuntos alternativos de tres números para explorar las posibilidades.

A la mayoría de las personas se les ocurre una hipótesis bastante rápido. Afirman, por ejemplo, que el patrón subyacente es «números pares en una secuencia ascendente». Pero, por supuesto, también hay otras posibilidades: el patrón podría ser, sencillamente, «números pares». O «el tercer número es la suma de los dos anteriores». Y así sucesivamente.

La pregunta clave es: ¿cómo sabes si tu intento inicial es correcto? La mayoría simplemente trataríamos de *confirmar* la hipótesis. De modo que, si pensamos que el patrón es «números pares en patrón ascendente», propondrán «10, 12, 14», y si estos se confirman propondrán «100, 102, 104». Después de tres pruebas como estas, la mayoría de las personas estará bastante segura de que sabe la respuesta.

Y, aun así, puede que estén equivocadas. Si en realidad el patrón es «cualquier número en secuencia ascendente», sus suposiciones no las ayudarán. En cambio, si hubieran puesto en práctica una estrategia diferente, intentando falsear las hipótesis en lugar de confirmarla, habrían descubierto esto mucho más rápido. Si hubieran propuesto, por ejemplo, 4, 6, 11 (se ajusta al patrón), se habrían dado cuenta de que su intuición inicial estaba equivocada. Si hubieran seguido con 5, 2, 1 (que no se ajusta al patrón), entonces estarían más cerca de la solución.

En palabras de Paul Schoemaker, director de investigación del Instituto Mack para la Gestión de la Innovación en la Wharton School de la Universidad de Pensilvania:

Pocas veces se descubre el patrón a menos que los sujetos estén dispuestos a cometer errores, es decir, poner a prueba números que no se ajustan con sus creencias. En lugar de esto, la mayoría de las personas se estanca en una hipótesis reducida y equivocada, como suele ocurrir en la vida real, en la que la única salida es cometer un error que luego resulta no serlo para nada. A veces, cometer errores no es solo la manera más rápida de llegar a la respuesta correcta, sino que es la única manera de hacerlo. Varios estudiantes universitarios pasaron por este experimento y se les permitió proponer tantos conjuntos de tres números como quisieran. Menos del diez por ciento descubrió el patrón.[124]

Esto es un ejemplo de sesgo de confirmación, y recuerda mucho a los primeros tiempos de la medicina (cuando los médicos interpretaban cualquier resultado en sus pacientes como una confirmación del beneficio de la sangría). También nos da otra razón de por qué la mentalidad científica, con un saludable énfasis en la falsación, es tan vital. Es un correctivo a nuestra tendencia a querer confirmar lo que ya creemos que sabemos, en lugar de descubrir lo que no sabemos.

Como escribió el filósofo Karl Popper: «Porque si no somos críticos siempre encontraremos lo que queremos: buscaremos y hallaremos confirmaciones, y no prestaremos atención a todo aquello que ponga en peligro nuestras teorías favoritas. De esta forma, es demasiado fácil obtener [...] pruebas abrumadoras en favor de una teoría que, si se considerara críticamente, sería refutada».[125]

--- **V** ---

Como ejemplo final, analicemos un incidente que aúna todos los conceptos que hemos tratado hasta ahora. Está relacionado con Peter Pronovost, el médico que aparecía en el Capítulo 3 y que, al introducir una lista de verificación en las unidades de cuidados intensivos del hospital Johns Hopkins, redujo las infecciones por vía central del 11 al 0 por ciento.

Al principio de su carrera, Pronovost, que se formó como anestesista, estuvo en un quirófano como ayudante para operar a una paciente que sufría una hernia recurrente.[126] Al cabo de hora y media de operación, la enferma empezó a respirar con dificultad, se le enrojeció la cara y su presión sanguínea cayó en picado. Pronovost enseguida sospechó que la enferma tenía alergia al látex y que los guantes del cirujano podían ser la causa.

Le inyectó una dosis de adrenalina, el fármaco recomendado, y los síntomas se aliviaron. Luego recomendó al cirujano que se cambiara de guantes, pero este se negó. «Estás equivocado —dijo—. No puede tratarse de una alergia al látex. Llevamos una hora y media de operación y no ha tenido una reacción al látex en ningún momento.»

Los dados estaban echados. El cirujano había dado su opinión y él era el responsable, el comandante al cargo, el punto más alto de la jerarquía. Cualquier otro argumento o prueba a partir de ese momento se podía interpretar no como una oportunidad para hacer lo correcto sino como un desafío a su competencia y autoridad. En pocas palabras, la disonancia cognitiva había entrado en juego.

No obstante, Pronovost no cejó en su empeño. Tenía un conocimiento profundo de las alergias e intentó explicar su razonamiento. «La alergia al látex a menudo se desarrolla después de que el paciente ha pasado por varias operaciones, y puede empezar en cualquier momento del proceso —aclaró—. Usted acaba de introducir la mano en su abdomen y ese ha sido el momento en el que el látex ha entrado en contacto con la sangre, razón por la cual no hemos observado la reacción antes.»

Pero no lograba convencerlo. El cirujano continuó con la operación, volvieron a aparecer los síntomas en la paciente y Pronovost debió inyectarle otra dosis de adrenalina. De nuevo le explicó al cirujano que el látex estaba poniendo en peligro a la paciente, pero el cirujano siguió en sus trece. Era una cuestión médica, no quirúrgica. Pronovost estaba más cualificado en este ámbito. Pero era el cirujano quien estaba al cargo y no iba a cambiar de opinión.

A esas alturas, y ante una discusión cada vez más acalorada, el médico en prácticas y las enfermeras estaban pálidos. Pronovost, después de la segunda reacción, estaba seguro de que se trataba de alergia al látex y que si el cirujano no se cambiaba los guantes la paciente moriría, posiblemente en pocos minutos. Así que cambió de táctica. En lugar de esgrimir un argumento que suponía una amenaza para el estatus del cirujano hizo un razonamiento básico para resolver la discusión de una vez por todas.

«Pensemos un poco en la situación —le propuso amablemente—. Si yo estoy equivocado, le haré perder cinco minutos en cambiarse los guantes. Si usted está equivocado, la paciente muere. ¿Cree usted que esta ratio de riesgo-beneficio es suficiente para que decida no cambiarse los guantes?»

Llegados a este punto lo normal sería pensar que el cirujano se vio obligado a aceptar la lógica de la situación. Sin duda, no podía continuar con su conducta. Pero la teoría de la disonancia cognitiva ofrece otra posibilidad. La ratio de riesgo-beneficio no era una balanza entre la vida de la paciente y el tiempo que le tomaría cambiar los guantes, sino la vida de la paciente y el prestigio de un cirujano cuya autoestima se basaba en la suposición cultural de que era infalible.

La balanza estaba muy decantada. El cirujano se atrincheró aún más, cada vez más seguro de sus convicciones. Apenas tuvo en cuenta el razonamiento que había sugerido Pronovost. «Está equivocado —contestó—. Es evidente que esto no es una reacción alérgica, así que no voy a cambiarme los guantes.»

Esto podía haber sido el final de la discusión, y normalmente lo es. Al fin y al cabo, el responsable es el cirujano. Se supone que uno no pone en duda sus decisiones. Pero Pronovost, cuyo padre había muerto por culpa de un error médico y había decidido dedicar su vida a la seguridad de los pacientes, no dio su brazo a torcer. Ordenó a la enfermera que llamara al decano y al presidente del hospital Johns Hopkins para que desautorizaran al cirujano.

Un silencio general se apoderó del quirófano. La enfermera descolgó el teléfono, pero lo hizo vacilando, mientras miraba a los dos hombres. No sabía qué hacer. En aquel momento la vida de la paciente pendía de un hilo. Un nuevo contacto con los guantes de látex podía ser fatal. «Llámelos de inmediato —dijo Pronovost con firmeza—. Esta paciente tiene alergia al látex. No puedo permitir que muera porque no nos hemos cambiado los guantes.»

Solo cuando la enfermera ya estaba marcando el número, el cirujano finalmente cedió. Maldijo algo, tiró los guantes y fue a ponerse otros. La tensión empezó a relajarse.

Cuando finalizó la operación, las pruebas confirmaron lo que Pronovost había estado sospechando: la paciente tenía alergia al látex. Si el cirujano hubiera seguido con los mismos guantes, como hubiera hecho en el 99,9 por ciento de los casos, casi sin duda habría muerto.

Y esto pone de manifiesto la relación inextricable entre la ausencia de progreso en sectores clave de nuestro mundo y la incapacidad de aprender de los errores. El contexto es la sanidad, pero las implicaciones van mucho más allá.

Considéralo de esta forma: los médicos no son conscientes de sus errores porque ya los han reformulado. No son personas deshonestas, únicamente no se dan cuenta del ejercicio de reformulación porque, en gran medida, es inconsciente. Si se hicieran investigaciones independientes cuando hay accidentes, se detectarían los errores en el análisis «caja negra», los médicos deberían enfrentarse a ellos y, consecuentemente, aprenderían. Pero las investigaciones independientes son casi inexistentes. Además, estas investigaciones se fundamentan en general en la información que dan los profesionales, cuyo marco es una cultura que estigmatiza el error.

Esto significa que los médicos cometen los mismos errores una y otra vez mientras se autoconvencen de que son infalibles. Lo cual, aumenta al mismo tiempo la disonancia cognitiva relacionada con los errores, de modo que salir de este embrollo es cada vez más difícil. Admitir errores es tan amenazador que en algunos casos los cirujanos (personas decentes y honorables) prefieren matar a un paciente que aceptar que estaban equivocados. En palabras del reconocido médico David Hilfiker:

> Los médicos ocultan sus errores a los pacientes, a los otros médicos, incluso a sí mismos... Las consecuencias drásticas de nuestros errores, las ocasiones continuas en que podemos repetirlos, la incertidumbre sobre nuestra culpabilidad y la negación profesional de que los cometemos crean un dilema intolerable para el médico. Vemos el horror de nuestros errores, pero no podemos enfrentarnos al enorme impacto emocional que suponen.[127]

Ahora consideremos un último estudio sobre el encubrimiento que reina en la sanidad. Lo que todavía no hemos hecho es desglosar los datos en diferentes segmentos. ¿Quién está implicado en mayor medida en los ocultamientos? ¿Las enfermeras, los médicos en prácticas? ¿O son los médicos mismos, los que tienen una educación prestigiosa y la responsabilidad de hacer progresar el sector?

No te sorprenderá saber que son estos últimos. La inteligencia y la veteranía, cuando se alían con la disonancia cognitiva y el ego, suponen una de las barreras más insuperables para el progreso. En un estudio de veintiséis hospitales de Estados Unidos casi la mitad de los errores registrados fueron realizados por las enfermeras. Los médicos contribuyeron con un exiguo dos por ciento.[128]

Si Peter Pronovost no hubiera estado en el quirófano el día en que la paciente reaccionó a los guantes de látex, el resultado no habría sido únicamente su muerte. La tragedia más profunda hubiera sido que nadie habría aprendido nada de ello. El fracaso se habría reformulado: la culpa sería de los síntomas inusuales de la paciente, en lugar de la negativa del cirujano a cambiarse los guantes. Nada habría impedido que el cirujano cometiera el mismo error de nuevo.

Hoy en día, Pronovost está considerado el médico más influyente de la sanidad estadounidense. Su cruzada contra los errores médicos ha salvado miles de vidas. Le han concedido la beca de investigación MacArthur, también conocida como la beca de los genios. En 2008 lo nombraron una de las cien personas más influyentes del mundo. Pero en el quirófano seguía siendo un aprendiz. Incluso ahora reconoce que logró salvarle la vida a la paciente por los pelos:

La paciente fue afortunada porque yo ya empezaba a tener una reputación como líder en seguridad. Esto me dio el valor para dar mi opinión […]. Pero ¿y si hubiera acabado de empezar mi carrera? ¿Habría asumido ese riesgo? Tal vez no. Si hubiera muerto, la culpa habría sido de la alergia, no del cirujano. Ocurren dramas similares cada día en los hospitales de todo el país. ¿Cuántos pacientes han muerto o han sufrido lesiones por esto? Nunca lo sabremos con certidumbre.[129]

6

REFORMAR LA JUSTICIA CRIMINAL

--- | ---

Trofim Lysenko era un biólogo de cabello oscuro y ojos claros. Era de ascendencia campesina, de una de las regiones occidentales de lo que luego se llamaría la Unión Soviética y, cuando afirmó que había encontrado una manera de aumentar el rendimiento de las cosechas, los líderes políticos de la revolución comunista se fijaron en él.[130]

La técnica no era tan efectiva como aseguraba Lysenko, pero el joven científico era ambicioso y entendía de política. En un periodo de diez años fue ascendiendo gradualmente en el organigrama académico. En 1934 ingresó en la Academia de Ciencias Agrícolas de la Unión Soviética.

Fue entonces cuando decidió hacer su mayor apuesta. A principios del siglo XX, la ciencia de la genética que se basaba en la obra de Gregor Mendel, un fraile y científico alemán, estaba dando sus primeros pasos. Sostenía que la herencia está codificada en pequeñas unidades llamadas genes y que se podía describir con reglas estadísticas. Lysenko fue un crítico sin reservas de esta nueva teoría y fue un paladín de la oposición a este pionero movimiento de la ciencia.

Además no era estúpido. Calculó que esta postura le ayudaría a escalar en la élite política. El marxismo se basaba en la idea de que la naturaleza humana es dúctil. La genética, que afirmaba que ciertos rasgos se transmitían de generación en generación, parecía una amenaza a esta doctrina. Lysenko empezó a defender una idea diferente: la noción de que los rasgos adquiridos a lo largo de la vida se podían transmitir. A veces se llama lamarckismo, por Lamarck, el hombre que propuso originalmente la teoría.

Las ideas científicas deberían tener éxito o fracasar dependiendo de los argumentos y las pruebas. Se trata más de datos que de dogma. Pero Lysenko se dio cuenta de que no podía silenciar a los científicos solo con argumentos. Miles de científicos en todos los lugares del país estaban emocionados con la nueva teoría genética. Creían sinceramente que tenía méritos intelectuales y que, por lo tanto, se debería seguir investigando. Y disponían de datos que respaldaban estas creencias.

Así que lo intentó con una estrategia diferente: en lugar de fomentar un debate, intentó acallarlo. Pidió a Stalin que ilegalizara la nueva teoría genética. Stalin estuvo de acuerdo, no porque a la genética le faltara fundamento científico, sino porque no se ajustaba a la ideología comunista. Juntos declararon que la genética era «una perversión burguesa». En cambio, las ideas de Lamarck obtuvieron el sello de la aprobación comunista.

Aquellos que disentían de la línea del partido fueron perseguidos de manera implacable. Muchos genetistas fueron ejecutados, entre ellos Israel Agol, Solomon Levit, Grigorii Levitskii, Georgii Karpechenko y Georgii Nadson, y otros fueron deportados a campos de trabajo. Nikolai Vavilov, uno de los científicos soviéticos más prominentes, fue arrestado en 1940 y murió en prisión en 1943. Se prohibieron las investigaciones genéticas y en todos los congresos científicos del país se condenó a los genetistas.

Lysenko había silenciado a sus críticos y en gran medida había logrado que sus ideas triunfaran. Pero en este «éxito» no era oro todo lo que relucía. Al proteger sus ideas de las discrepancias, las había privado de algo muy valioso: la posibilidad de fracasar. Propuso todo tipo de técnicas para mejorar las cosechas, pero nadie las puso a prueba por miedo a las persecuciones. A la ciencia la habían eximido, por decreto político, del mecanismo de la falsación.

Los resultados fueron devastadores. Antes del auge de Lysenko, la bilogía soviética estaba en su esplendor. Dmitry Ivanovsky descubrió los virus de las plantas en 1892. Iván Pavlov ganó en 1904 el premio Nobel de Medicina por sus investigaciones sobre la digestión. Ilya Mechnikov ganó el premio Nobel en 1908 por sus teorías sobre la reacción celular a las infecciones. En 1927, Nikolai Koltsov propuso que los rasgos heredados eran moléculas gigantes de dos filamentos, anticipando la estructura de doble hélice del ADN.

No obstante, las purgas diezmaron la ciencia soviética. En palabras de Valery Soyfor, un científico ruso perseguido durante la era de Lysenko: «Se ralentizó o paró el progreso de la ciencia, y millones de estudiantes de secundaria y de la universidad recibieron una educación distorsionada».[131] Esto tuvo efectos devastadores en la calidad de vida de millones de rusos, en gran medida porque las técnicas agrícolas de Lysenko no solían ser eficientes. Es lo que ocurre cuando no se permite que las ideas fallen.

Para la China comunista, que también había aceptado las ideas de Lysenko, los resultados fueron, en muchos aspectos, incluso más catastróficos. Lysenko había defendido públicamente una técnica de cultivo en la que las semillas estaban muy cerca para aumentar el rendimiento. La teoría era que plantas de la misma especie no competirían entre sí por los nutrientes.

Se ajustaba a las ideas marxistas y maoístas según las cuales los organismos de la misma clase vivirían en armonía en lugar de competir entre ellos. «En compañía, crecemos rápido —dijo Mao a sus consejeros—. Al crecer juntos, estarán más cómodos.» El líder chino redactó un proyecto de ocho puntos inspirado en Lysenko para el Gran Salto Adelante, y persiguió a los científicos y genetistas formados en Occidente con la misma saña que se había hecho en la Unión Soviética.[132]

Deberían haber puesto a prueba la teoría de este tipo de cultivo. Deberían haber investigado los errores. En lugar de esto, se adoptó solo a partir de presupuestos ideológicos. «En el sur de China, una densidad de 1,5 millones de semillas por cada 2,5 acres era la norma —escribe Jasper Becker en *Hungry Ghosts, Mao's Secret Famine* [Los fantasmas del hambre: la hambruna secreta de Mao]—. Pero en 1958 ordenaron a los campesinos que plantaran 6,5 millones de semillas por cada 2,5 acres.»

Demasiado tarde descubrieron que de hecho las semillas sí que competían entre ellas, entorpeciendo el crecimiento y dañando los campos. Fue uno de los mayores desastres de la historia de China, una tragedia de la que ni siquiera hoy se saben todos los detalles. Los historiadores estiman que entre 20 y 43 millones de personas murieron en una de las hambrunas más devastadoras de la historia humana.

El caso Lysenko se considera uno de los episodios más escandalosos de la historia de la ciencia. Se ha estudiado en docenas de libros (entre ellos, el magistral *Lysenko and the Tragedy of Soviet Science* —*Lysenko y la tragedia de la ciencia soviética*—), en cientos de artículos periodísticos y todos los investigadores lo conocen. Es una advertencia cruel de los peligros de proteger las ideas de la posibilidad del fracaso.

Pero en el mundo actual existe una forma más sutil de la tendencia. A las ideas y las creencias no las protege del fracaso un estado totalitario, sino que las protegemos *nosotros*.

La disonancia cognitiva no deja pruebas documentales a las que podamos remitirnos cuando reformulamos verdades inconvenientes. No existe una violencia perpetrada por el Estado ni por ninguna otra persona. Es un proceso de autoengaño. Y esto puede tener efectos devastadores, como los que hemos visto en las condenas erróneas del Capítulo 4.

Y esto nos lleva de nuevo a la era de las absoluciones por prueba de ADN. Hemos comprobado que para la policía y los fiscales era difícil aceptar estos casos. Pero para cerrar este apartado estudiemos estos fracasos claros del sistema de la justicia criminal y veamos qué nos dicen sobre cómo se debería reformar el sistema para evitar que vuelva a ocurrir.

Resulta que la respuesta empieza con crear un sistema que reconozca los defectos inherentes de la memoria humana.*

--- **II** ---

Neil deGrasse Tyson es un astrofísico eminente, un popular divulgador científico y un personaje mediático. Tiene dieciocho *doctor honoris causa* y una vez fue elegido el astrofísico más sexy del mundo. También es un conferenciante prolífico. Muchas de sus charlas están en YouTube.

Durante muchos años después del 11-S, Tyson explicó una historia peculiar de George W. Bush. El expresidente había dado una conferencia días después de los ataques a las torres gemelas. Tyson citaba unas palabras de esta conferencia de Bush: «Nuestro Dios es el Dios que nombró las estrellas».[133]

Para Tyson estas declaraciones eran destructivas. Le pareció que Bush trataba de dividir a cristianos y musulmanes después de los ataques de los islamistas radicales. Insinuaba que los cristianos creían en el dios verdadero, puesto que había dado el nombre a las estrellas.

En palabras de Tyson: «George W. Bush, una semana después [de los ataques], dijo unas palabras con las que intentaba separar el "nosotros" del "ellos". ¿Y quiénes son "ellos"? Eran los musul-

---

* Un elemento de lamarckismo ha resurgido en los últimos años debido a los progresos en la epigenética, que estudia los cambios en los organismos causados por modificaciones en la expresión genética en lugar de una alteración del código genético. Pero esto no es una prueba de que Lysenko estuviera, de alguna forma retorcida, en lo cierto. Después de todo, el fenómeno se está estudiando con pruebas y datos en lugar de amenazas e intimidaciones. Y, sin duda, no implica que es legítimo basar la ciencia en la ideología en lugar de en las pruebas.

manes fundamentalistas [...]. ¿Y cómo lo hace Bush? Dice (...): "Nuestro Dios es el Dios que nombró las estrellas"».

Pero eso no era todo. No es solo que Bush tuviera prejuicios, sino que además estaba equivocado. En la siguiente frase Tyson revelaba que dos tercios de las estrellas identificadas tenían nombres árabes porque las descubrieron astrónomos musulmanes. «No creo que Bush lo supiera —afirmó—, porque hubiera echado por el suelo su argumentación.»

Las conferencias eran muy efectivas. Fascinaban al público y representaban una resistencia política. También demostraban que Bush era un presidente irresponsable porque utilizaba una tragedia para dividir a los estadounidenses en un momento de gran sensibilidad. Pero había un pequeño problema. Cuando un periodista de una web federalista buscó la cita de Bush, no pudo encontrarla. Buscó en los archivos televisivos y periodísticos las declaraciones del presidente después del 11-S, pero parecía que la «cita de las estrellas» no estaba en ninguna parte.

Entonces contactó con Tyson, y este insistió que podía recordar a Bush pronunciando esa declaración. «Tengo un recuerdo explícito del presidente Bush diciendo esas palabras —afirmó—. Reaccioné al momento y tomé nota porque tal vez me referiría a ella en alguna comparecencia pública. Pero es extraño que al parecer nadie pueda encontrar la cita por ningún lado.»

Por mucho que la buscaron, no hubo forma de hallarla. El único discurso que Bush hizo después de los ataques era muy diferente del que había citado Tyson. «El enemigo de Estados Unidos no son nuestros amigos musulmanes —dijo Bush—. No son nuestros amigos árabes. Nuestro enemigo es la red radical de terroristas y todos los gobiernos que la apoyan.» Era de cariz reconciliador y, respecto a las estrellas, no decía ni una palabra.[134]

Más tarde los investigadores descubrieron una cita de Bush en la que *sí* mencionaba las estrellas, pero fue antes del 11-S, en un discurso después de la tragedia del transbordador espacial Columbia. «El mismo *creador* que dio nombre a las estrellas conoce los nombres de las siete almas que lloramos hoy», declaró Bush.

No hace falta decir que esto le da una pátina completamente distinta a la cita y dejaba en entredicho la interpretación de Tyson. Se trataba del presidente pronunciando palabras de consuelo y esperanza para las familias de los que murieron en la tragedia del Columbia, y no estaba haciendo comparación alguna con el islam.

Pero Tyson era persistente. Aseguró tener un recuerdo claro de Bush diciendo esas palabras después del 11-S. Durante unos días no dio su brazo a torcer. Solo semanas después de que le pidieran que aportara pruebas, se retractó. «Me disculpo públicamente por utilizar la cita del presidente en el contexto de una comparación de religiones en lugar de en el contexto poético para consolar a las familias de los fallecidos en el Columbia»,[135] declaró.

El discurso sobre las «estrellas» después del 11-S no apareció nunca.

Este episodio es revelador porque muestra que incluso científicos en activo pueden caer en la trampa del poder aparentemente infalible de la memoria. Cuando recordamos ver algo nos parece que estamos viendo un vídeo de un acontecimiento real, tangible y sólido como una roca. Parece que *tiene que* haber pasado. Cuando cuestionan nuestra memoria, es normal que nos moleste.

Pero Tyson no ha sido el primero en haber creado una memoria ficticia. En un estudio en Escocia, los miembros del público recordaban sin sombra de duda que una enfermera les había tomado una muestra de piel del dedo. Pero esto no había ocurrido nunca. Una semana antes, se pidió a estos voluntarios que *imaginaran* a una enfermera tomando una muestra de piel de su dedo. Pero al recordarlo, de alguna forma, se había transformado en un hecho real. Tenían cuatro veces más probabilidades de recordarlo que aquellos a los que no les habían pedido que lo imaginaran.[136]

En otro estudio, se proyectó un vídeo a unos voluntarios en los que chocaban coches sin que se rompieran las ventanas o las luces. Después, les preguntaron a qué velocidad iban los coches cuando «se hicieron añicos». De repente, empezaron a relatar recuerdos de cristales rompiéndose cuando no se había roto ninguno. Habían reelaborado su memoria para ajustarla a la nueva información que daba «hacerse añicos».[137]

Resulta, pues, que la memoria no es tan segura como pensamos. No registramos películas en alta definición de nuestras experiencias y luego accedemos a ellas cuando queremos. La memoria consiste más bien en un sistema diseminado en el cerebro y sujeto a todo tipo de arbitrariedades. La memoria es sugestionable. A menudo acoplamos fragmentos de experiencias totalmente distintas y las hilamos juntas en lo que parece un conjunto coherente. Con cada recuerdo nos ponemos a editar.*

Al recuperar, editar e integrar recuerdos dispares imaginamos un acontecimiento completamente nuevo, cosa que las personas con amnesia son incapaces de hacer. Se esfuerzan por recordar el pasado y no pueden imaginar el futuro.

El hecho de que la memoria sea tan dúctil nos puede confundir cuando queremos recordar. Pero, por otro lado, desempeña un papel crucial imaginando y anticipando acontecimientos.

Intentamos que la memoria se ajuste con lo que sabemos ahora en lugar de con lo que vimos en el pasado. En el caso de Jean Charles Menezes, por ejemplo, a quien la policía disparó en una estación de metro poco después de los ataques terroristas a Londres en 2005, los testigos presenciales aseguraron que llevaba una chaqueta abul-

---

* Las investigaciones recientes sugieren que esta particularidad de la memoria puede tener beneficios en términos imaginativos. Por ejemplo, todos podemos imaginar que vamos a una cafetería con David Beckham y tomamos un *cappuccino*. Sencillamente, tomamos el recuerdo de la última vez que fuimos a la cafetería y lo unimos con una imagen de David Beckham y una ocasión en la que tomamos café.

tada, que había escapado de la policía y que se había saltado uno de los tornos del metro.

Pero resultó que todo esto era mentira. Menezes, un pasajero inocente, de hecho «llevaba una fina camisa o chaqueta tejana, pasó por el torno con un periódico gratuito y solo corrió cuando vio que llegaba el metro».[138] Los testigos habían intercambiado lo que habían visto con lo que habían leído más tarde en los periódicos.

Teniendo esto en cuenta no sorprenderá que cuando Innocence Project empezó a investigar los casos de condenas erróneas, descubrió que las identificaciones equivocadas de los testigos oculares fueron un factor determinante en el 75 por ciento de los casos.[139] Testificaron en el tribunal que habían visto a personas en la escena del crimen que, de hecho, estaban en otro lugar.

Los testigos no estaban mintiendo necesariamente. No se lo estaban inventando. Pero tampoco lo hizo Neil Tyson cuando se refirió al discurso de Bush. Cuando los testigos afirmaban que habían visto a los sospechosos en la escena del crimen, estaban diciendo la verdad. *Recordaban* haberlos visto, pero de hecho no estaban allí. Son dos cosas significativamente diferentes.

No quiero decir que los testigos oculares carezcan de valor, al contrario. En algunos casos, son indispensables para determinar una condena. Más bien deberían considerarse los recuerdos de los testigos teniendo en cuenta los sesgos que podrían estar modificando las pruebas. La tragedia es que las técnicas utilizadas por la policía, hasta no hace mucho, no eran tan sofisticadas.

Por ejemplo, la policía tiene una técnica que ha usado desde hace décadas: se llevan a un testigo ocular para ver a un sospechoso en la calle o en su lugar de trabajo. Puesto que el testigo sabe que la policía sospecha de ese individuo —si no, ¿por qué lo llevarían allí?—, la técnica es peligrosamente sugestiva.

Y otro problema evidente es que una vez que una persona ha visto al sospechoso tiende a sustituir su rostro por el del verdadero criminal. Cada vez que recuerden la escena del crimen estarán más seguros de que el sospechoso realmente estuvo allí. Una tentativa de identificación se transforma rápidamente en una verdad incontrovertible. En palabras de Donald Thomson, psicólogo de Melbourne: «Dos meses después suben al estrado y declaran estar completamente seguros».

Las ruedas de reconocimiento —en las que un sospechoso y otras personas de relleno están una al lado de la otra en una sala— es un método más seguro, pero también se ha abusado de ellas. A menudo suelen estar dirigidas por un policía que conoce la identidad del sospechoso, de modo que queda abierta la posibilidad de que, de alguna forma, influya en la elección con pistas verbales o no verbales. En otros casos, se han organizado ruedas de reconocimiento en las que solo una persona, el sospechoso, se ajusta a la descripción.*

Y así sucesivamente. Había tantos defectos en los métodos policiales que se han escrito libros enteros para denunciarlos. Si los errores de la justicia se hubieran investigado, estos problemas latentes se habrían descubierto y se habrían intentado solucionar. En lugar de esto, se aplicaron los mismos procedimientos durante décadas con variaciones mínimas.

Y esto no solo era perjudicial para los sospechosos, sino también para la policía, los abogados y los ciudadanos. Al fin y al cabo, las identificaciones erróneas conllevan que la policía pase por alto otras pistas, lo cual permite al auténtico criminal campar por las calles y cometer más crímenes.

El Innocence Project ha hecho campañas para impulsar varias reformas. Propone que las ruedas de reconocimiento estén dirigidas por un agente que no sepa quién es el sospechoso. También recomienda ruedas de reconocimiento secuenciales, en las que los sospe-

---

* En una famosa ilustración de un periódico se veía una rueda de reconocimiento en la que había una nevera, una gallina y un hombre con peinado afro.

chosos y las personas de relleno se muestren por separado y no simultáneamente.

Cuando se han puesto a prueba estos procedimientos, han reducido significativamente las identificaciones erróneas *sin afectar a las identificaciones correctas*. Por ejemplo, un estudio de campo de 2011 descubrió que «las ruedas de reconocimiento secuenciales de doble ciego que puso en práctica la policía obtuvieron el mismo número de identificaciones, pero menos identificaciones de personas de relleno inocentes, que las ruedas de reconocimiento simultáneas de doble ciego».[140]

Algunas personas han puesto en duda estos hallazgos y exigen más pruebas. Pero esto, en sí mismo, representa un progreso. Los sistemas se ponen a prueba, los expertos experimentan. En 2014, tres estados estadounidenses empezaron a aplicar el método secuencial doble ciego y otros seis lo habían recomendado. Este es el aspecto que tiene un ciclo abierto.

Otra trampa que identificó Innocence Project son las confesiones falsas, que son responsables del 30 por ciento de las condenas erróneas.[141] Se suelen obtener de personas vulnerables a las que se engaña o intimida para que confiesen crímenes que no han cometido. Como recordarás, Juan Rivera era un hombre vulnerable con un historial de problemas psicológicos que confesó después de cuatro días de interrogatorio. Los expertos policiales aseguraron que había sufrido un brote psicótico.

Una reforma que ayudaría a eliminar las falsas confesiones sería la obligación de grabar los interrogatorios. Impediría cualquier intento de intimidar o forzar para que los sospechosos confesaran.

A algunas fuerzas policiales les preocupa que este cambio limite su capacidad para obtener confesiones de personas que son realmente culpables. Si fuera verdad, sería un punto en contra de esta reforma. Pero un estudio exhaustivo del Ministerio de Justicia demostró que los departamentos de policía que voluntariamente habían grabado sus interrogatorios no habían obtenido menos confesiones auténticas. En palabras de un fiscal del distrito de Minnesota: «En los últimos ocho años se ha puesto de manifiesto que la grabación de los interrogatorios ha reforzado la capacidad de la policía y de los abogados para obtener condenas contra los culpables».[142]

Otra área que requiere reformas es la ciencia forense. Algunas de sus técnicas, como el análisis microscópico de cabellos, tienen una legitimidad científica limitada. En un caso de asesinato, los expertos identificaron diecisiete cabellos hallados en la escena del crimen como pertenecientes al sospechoso. Por lo tanto, lo condenaron. Pero subsiguientes pruebas de ADN demostraron que ninguno de los diecisiete cabellos se había identificado correctamente. Un cabello púbico que se correspondía con el de un sospechoso masculino de hecho pertenecía a la víctima femenina.[143]

Al parecer, la identificación por cabello es bastante subjetiva. En 2013, el FBI reconoció que en más de dos mil casos entre 1985 y 2000, los analistas habían exagerado la importancia de los análisis de cabello o no habían informado correctamente de ellos.[144] La Academia Nacional de Ciencias ha confirmado que el análisis de cabello es «poco fiable».[145] Uno de estos análisis erróneos fue el que condenó a Jimmy Ray Bromgard, de quien hemos escrito en el Capítulo 4, a quince años de prisión por un crimen que no cometió.

Y así sucesivamente. En un caso tras otro, Innocence Project ha identificado vías predecibles que llevan al error, y fallos que deberían haberse identificado y mejorado. Otros casos de condenas erróneas incluyen negligencias gubernamentales, malos consejos de los abogados, el uso de informadores en prisión (a los que se suele prometer beneficios secretos por testificar contra el sospechoso) y fraude científico.

Scheck ha propuesto una reforma en cada una de estas áreas. Pero quizá la reforma más significativa que ha impulsado es la creación de las Comisiones de Reforma de la Justicia Criminal. Se trata de órganos independientes cuyo objetivo es investigar condenas erróneas y recomendar reformas, a imagen y semejanza de los equipos de investigación de los accidentes aéreos. En el momento de la publicación de la edición original de esta obra, solo once estados de Estados Unidos tienen estas comisiones.

En el Reino Unido una Comisión de Reforma parecida se creó en 1995 después de una serie de errores judiciales espectaculares, entre ellos los de los Seis de Birmingham y los Cuatro de Guildford. La Comisión de Revisión de Casos Criminales, un órgano independiente, tiene autoridad para mandar veredictos cuestionables al Tribunal de Apelación. Entre 1997 y octubre de 2013 ha enviado un total de 538 casos.

De estos, el 70 por ciento tuvo éxito en la apelación.

El episodio Tyson/Bush tiene una conclusión interesante, como señalan los psicólogos Christopher Chabris y Daniel Simons en un artículo para el *New York Times*.[146] Porque resulta que también George W. Bush estaba equivocado sobre sus recuerdos del 11-S.

El expresidente ha afirmado varias veces que vio estrellarse el primer avión en la torre norte antes de entrar en una clase de niños en Florida. Pero no es verdad. No hubo imágenes en directo del avión colisionando con la torre, así que no pudo verlas antes de entrar en la clase. En palabras de Chabris: «El señor Bush debió de mezclar una información que obtuvo luego con los restos de su experiencia para generar una nueva versión de los hechos, igual que hizo el doctor Tyson».

Este recuerdo defectuoso de Bush también tiene otro efecto. La gente dio por supuesto que si vio imágenes del ataque antes de entrar en la clase, tenía que haber sabido algo de antemano. ¿También estuvo implicado en la planificación de los ataques? Esta es la materia de la ahora familiar teoría conspirativa. Pero, de hecho, no hubo conspiración alguna. Es solo que hasta el presidente modifica sus recuerdos.

--- III ---

Al analizar el sistema de justicia criminal nos hemos centrado en gran medida en las condenas erróneas. Pero esto no debería hacernos descartar cuestiones igualmente urgentes. Se deben mejorar los métodos de detección para llevar de nuevo a juicio crímenes sin resolver. También se debe emprender una labor vital para reducir el número de personas culpables que están en libertad. Esta situación supone asimismo una tragedia porque se niega la justicia a las víctimas y el efecto disuasorio del sistema se debilita.

También existe el problema de que se juzga a muchos acusados que resultan ser inocentes. Los datos nos demuestran que el número de absoluciones es alto. A menudo se esgrime esto como una prueba de que el sistema de justicia no condena a los inocentes, pero también puede significar que se gastan millones de euros en juicios innecesarios mientras el culpable sigue libre.

La clave, no obstante, es impedir que las compensaciones entre estos dos objetivos no ensombrezcan el hecho de que se puede mejorar *en ambos a la vez*. Esta era la cuestión en las condenas erróneas: las reformas no deben limar los dientes de la justicia sino, al contrario, afilarlos.

Hay otros problemas profundos, rasgos tan integrados en el sistema que suelen pasar desapercibidos. Los juicios con jurado, por ejemplo, suelen considerarse sacrosantos y tal vez sea la forma de deliberación más efectiva en los casos criminales. Pero ¿no debería ponerse a prueba? Si los jurados llegan a conclusiones equivocadas de manera predecible, ¿no tendría sentido reformar los procedimientos para resolver estos problemas?

Para ver cómo hacerlo examinemos un experimento que se realizó no a los jurados sino a los jueces. Durante un periodo de diez meses Shai Danziger, un neurocientífico de la Universidad de Tel Aviv, analizó las decisiones sobre la libertad condicional de ocho jueces israelíes.[147] A diario, cada juez tenía entre catorce y treinta y cinco casos reales sobre los que debía deliberar, y dedicaba una media de seis minutos a cada decisión. Los veredictos representaban más del 40 por ciento de las decisiones sobre la libertad condicional que se tomaron en Israel en el periodo de diez meses. Cada juez tenía una media de 22 años de experiencia.

Bien. Se supone que los jueces son racionales y reflexivos, que toman decisiones basándose en pruebas sólidas. Pero Danziger descubrió algo bastante diferente: si el juez tomaba la decisión sobre un caso después del desayuno, el prisionero tenía un 65 por ciento de posibilidades de lograr la libertad condicional. Pero, a medida que corría la mañana y los jueces empezaban a tener hambre, las probabilidades de lograr la libertad condicional *disminuían gradualmente hasta cero*. Solo después de que los jueces pudieran ir a comer, las probabilidades volvían a aumentar hasta el 65 por ciento, para volver a caer a cero a lo largo de la tarde.

Los jueces eran inconscientes de este sorprendente hecho que afectaba a sus decisiones. Los criminólogos y los trabajadores sociales tampoco tenían ni idea. ¿Por qué? Porque nunca se había analizado. En palabras de uno de los ayudantes de Danziger: «Nadie controla las decisiones de los jueces porque nunca antes se había documentado esta tendencia. No hace falta decir que espero que se tomen medidas después de este estudio».[148]

Respecto a los jurados, la situación es aún peor. De hecho, en el Reino Unido es ilegal emprender un estudio sobre cómo toman sus decisiones los jurados. El razonamiento implícito de esta prohibición es que si la población supiera cómo delibera un jurado, perderían confianza en el sistema. Es una estrategia de «La ignorancia da la felicidad». Pero, intelectualmente, es tan fraudulento como ocultar la caja negra de un avión para asegurarse de que nunca se sepa que fue un error del piloto. El resultado es inevitable: volverán a cometerse, una y otra vez, los mismos errores.

Con esto no pretendo abogar por la desaparición del sistema del jurado. Muchos de ellos hacen una labor excelente bajo mucha presión. Solo quiero resaltar la casi total falta de pruebas de que los jurados funcionan con efectividad si se comparan con otras alternativas posibles.* No se puede mantener la misma postura indefinidamente porque los errores judiciales y otras equivocaciones importantes están degradando la confianza en la justicia. La justicia criminal, como muchos otros ámbitos de la vida pública, debe emprender una revolución para mejorar su efectividad basándose en algo que, históricamente, parece casi imposible: aprender de los errores.

Más de veinte años después de que Rivera fuera condenado a cadena perpetua por el asesinato de la niña de once años Holly Staker, se llevó a cabo una prueba de ADN en un trozo de madera manchado de sangre que se había utilizado en otro asesinato. Un hombre llamado Delwin Foxworth, que también vivía en Lake County, fue brutalmente golpeado con ese trozo de madera, le vertieron gasolina encima y le prendieron fuego. Murió poco después a causa de las quemaduras que tenía en el 80 por ciento de su cuerpo.[149]

Nunca encontraron al asesino, pero la prueba de ADN no dejaba lugar a dudas. El ADN de la sangre concordaba con el ADN del

---

* Algunos defienden que los jurados son importantes independientemente de lo justos que sean sus veredictos, que tener un componente lego en el sistema de justicia es un aspecto importante de la democracia y que tiene una función de legitimación. Pero, aunque fuera así, no debería impedirnos intentar mejorar el funcionamiento de los jurados. Al fin y al cabo, es lo que significa la justicia.

semen hallado en Holly Staker. La policía está ahora casi segura de que el hombre que asesinó y violó a una niña inocente de once años en 1992, cometió otro asesinato ocho años después. Por lo tanto, Foxworth fue otra víctima de la condena errónea a Juan Rivera, porque el culpable siguió campando en libertad y volvió a matar.

«Cuando pensamos en errores judiciales, solemos centrarnos en la persona inocente que enviaron a la cárcel —me dijo Steve Art, abogado de Nueva York—.[150] Pero también hay otras consecuencias. Siempre que encierras a la persona equivocada, el auténtico culpable sigue en la calle y comete nuevos crímenes a veces con efectos devastadores. Es otra razón por la que debemos aprender de los errores.»

Respecto a Rivera, fue liberado finalmente el 6 de enero de 2012. «No sé cómo explicarlo. Es como vivir de nuevo —declaró al salir—. Solo quiero vivir la vida. Mirar un partido de fútbol. Caminar por la calle y saber que soy libre.» Entre la multitud, alguien le dio una porción de pizza y se la llevó con cierta vergüenza al coche que tenían preparado para él.

Todos sus amigos acudieron para apoyarle, pero nunca le devolverán los diecinueve años que pasó en prisión. «Mentiría si dijera que estoy en paz con todo lo que me ha pasado —me comentó—. Incluso ahora me siento inquieto y nervioso. No puedo dormir por las noches. No puedo ir a un supermercado lleno de gente. Cuando camino por la calle, estoy continuamente alerta. Diecinueve años en prisión por un crimen que no has cometido te dejan marcado.»

Pero ¿qué ocurrió con los responsables que lo enviaron a prisión? ¿Cómo se sienten ahora? Tal vez no sea una sorpresa que sigan convencidos de su culpabilidad. En octubre de 2014 el *Chicago Tribune* preguntó a Charles Fagan, un investigador que ayudó para conseguir la confesión de Rivera, si todavía pensaba que había cometido el asesinato. «Así lo creo», afirmó.[151]

¿Y los fiscales? Incluso después de que liberaran a Rivera, algunos querían juzgarlo de nuevo. Solo con otra condena podrían decir que todos los demás están equivocados. Que Rivera estuviera en libertad era una acusación contra su competencia.

Fue el Tribunal de Apelación de Illinois el que debió tomar una decisión que, en otro caso, habría parecido sorprendente: prohibió a los fiscales de Lake County que volvieran a acusar a Juan Rivera por el asesinato de Holly Staker.

TERCERA PARTE

ENFRENTARSE
A LA COMPLEJIDAD

7
LA PARADOJA DEL FILTRO DE UNILEVER

--- **I** ---

Unilever tenía un problema. Estaba produciendo detergente en su fábrica de Liverpool, al noroeste de Inglaterra, de la manera habitual. De hecho, es la misma manera en que se fabrica hoy: se hierven productos químicos y luego pasan por un filtro a niveles de presión altísimos. Después salen disparados por la obertura del otro lado. Cuando la presión cae, se dispersan en forma de vapor y polvo.

El vapor se extrae con un sifón y el polvo se recoge en un tanque, en el que se añade colágeno y otros ingredientes. Luego lo empaquetan en cajas, les ponen marcas como Daz y Bold, y lo venden con un considerable margen de beneficio. Es un negocio muy lucrativo y se ha convertido en una industria enorme. Las ventas anuales de detergentes en polvo superan los 3.000 millones de dólares solo en Estados Unidos.

Pero el problema de Unilever fue que el filtro no funcionaba correctamente. En palabras de Steve Jones, que trabajó brevemente en la fábrica de detergente de Liverpool en la década de 1970 antes de convertirse en uno de los biólogos evolutivos más importantes del mundo, los filtros no paraban de embozarse.[152] «Los filtros eran un engorro —dijo—. Eran ineficientes, se atascaban y filtraban granos de detergente de diferentes tamaños.»

Suponía un problema importante para la empresa, no solo en términos de mantenimiento y pérdida de tiempo, sino también respecto a la calidad del producto. Necesitaban un nuevo filtro que fuera mejor. Y rápido.

Así que se dirigieron a su equipo de expertos matemáticos. Unilever, incluso en aquella época, era una empresa solvente que podía permitirse a los mejores técnicos. No eran matemáticos normales, sino expertos en sistemas de alta presión, dinámica de fluidos y otros aspectos del análisis químico. Tenían una formación específica en «cambios de estado»: los procesos de transformación de la materia de un estado (líquido) a otro (gas o sólido).

Estos matemáticos eran lo que podríamos llamar «diseñadores inteligentes». Son el tipo de personas a las que te diriges cuando quieres resolver un problema, ya sea empresarial, técnico o político: las personas idóneas con la formación adecuada para que ideen un plan óptimo.

Profundizaron en los problemas del cambio de estado y crearon ecuaciones complejas. Hicieron reuniones y seminarios y, después de muchos estudios, lograron un diseño nuevo.

Seguramente ya has adivinado lo que pasó: no funcionó. Seguía atascándose. Los granos de detergente seguían siendo irregulares y el filtro era ineficiente.

Casi desesperados, los responsables de Unilever confiaron en su equipo de biólogos. No tenían una comprensión profunda de la dinámica de fluidos. No habrían sabido qué era un cambio de estado aunque lo tuvieran delante. Pero tenían algo más valioso: una comprensión profunda de la relación entre el fracaso y el éxito.

Cogieron diez copias del filtro y les hicieron pequeños cambios, diferentes en cada uno. Después las probaron para observar cuáles no funcionaban. «Algunos filtros eran largos, otros cortos, unos tenían un agujero grande y otros uno pequeño, incluso en algunos hicimos unas ranuras en el interior —escribe Jones—. Y uno de ellos mejoró levemente el original, un uno o un dos por ciento.»

Tomaron el filtro «ganador» como modelo, crearon otros diez ligeramente diferentes y repitieron el proceso. Y luego volvieron a hacerlo una y otra vez. Después de 45 modelos y 449 «fracasos», lograron un filtro excelente. Funcionaba «muchísimo mejor que el original».

Consiguieron encontrar una solución no porque tuvieran un plan maestro bellamente concebido (*no había plan*), sino porque interactuaron rápidamente con la realidad. Así que inventaron un filtro excelente gracias a probar, y rechazar, 449 errores.

La paradoja del filtro Unilever

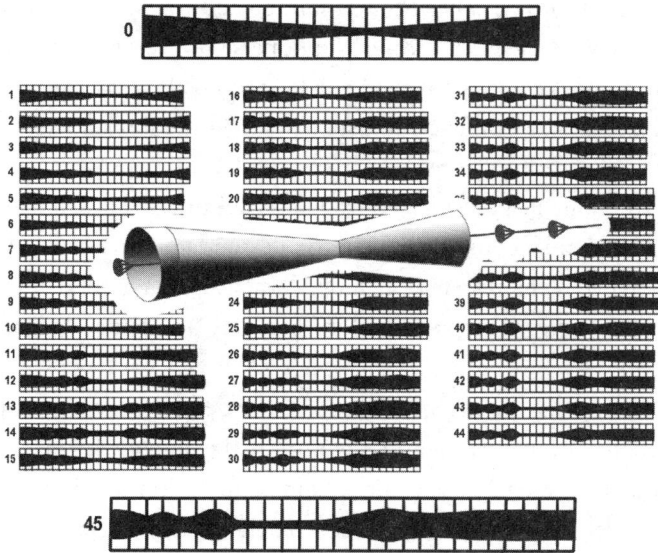

(El filtro original está en la parte superior. El filtro final, después de 45 modelos y 449 fracasos, está en la parte inferior. Tenía una forma que ningún matemático podía haber imaginado.)

--- II ---

Hasta ahora, hemos visto que aprender de los errores depende de dos componentes: en primer lugar, es necesario tener el tipo de sis-

174 PENSAMIENTO CAJA NEGRA

tema adecuado (uno que aproveche el error para progresar); y, en segundo lugar, una mentalidad que permita sacarle partido.

En el apartado anterior, nos hemos centrado en el enfoque de la ecuación. La disonancia cognitiva tiene lugar cuando los errores son tan amenazadores que no podemos admitirlos, así que los reformulamos o los negamos. Se puede considerar como un miedo interno al fracaso: cómo nos cuesta admitir los errores.

En las Partes Quinta y Sexta, volveremos a esta cuestión esencial. Trataremos de saber cómo crear una cultura donde no se reformulen o se nieguen los errores, sino que se utilicen para progresar. También nos centraremos en el miedo externo al fracaso —el miedo a ser acusado o castigado injustamente— que asimismo socava el aprendizaje de los errores.

En última instancia, veremos que las culturas sólidas, resistentes y que crecen se construyen a partir de fundamentos psicológicos específicos, y analizaremos ejemplos prácticos de empresas innovadoras, deportes, equipos e incluso escuelas que están abriendo el camino.

Ahora vamos a detenernos en la parte de la ecuación que afecta al sistema. Ya hemos tratado este asunto al examinar las instituciones que aprenden de sus errores, como la aviación o el Sistema Sanitario del Virginia Mason. A continuación, vamos a estudiar el armazón teórico que apuntala estos ejemplos. Veremos que *todos* los sistemas que aprenden de sus errores tienen una estructura específica que se puede encontrar en muchos lugares, entre ellos el mundo natural, la inteligencia artificial y la ciencia. Esto nos dará la oportunidad de analizar la forma en que algunas de las organizaciones más innovadoras del mundo aprovechan esta estructura, a menudo con resultados increíbles.

Unilever es un ejemplo maravilloso de esta estructura. Lo que nos revela el desarrollo del filtro, por encima de todo, es el poder de las pruebas. Aunque los biólogos no sabían nada de los fundamentos físicos de los cambios de estado, pudieron desarrollar un filtro eficiente al poner a prueba muchos diferentes, al rechazar los que no servían y modificar el mejor filtro de cada modelo.

No es casualidad que los biólogos escojan esta estrategia: es un reflejo de cómo cambia la naturaleza. La evolución es un proceso que se fundamenta en el «ensayo y error» que llamamos selección natural. Organismos con mayor «vitalidad» sobreviven y se reproducen, y su prole hereda los genes que están sujetos a un proceso aleatorio llamado mutación. Es un sistema como el que creó el filtro de Unilever, de ensayo y error.

En cierto aspecto, estos fracasos son diferentes de aquellos que analizamos en la aviación, la sanidad o el sistema de justicia criminal. Los biólogos se dieron cuenta de que debían facilitar muchos fracasos: de hecho, lo hicieron deliberadamente para averiguar qué diseños funcionaban. En la aviación nadie se prepara deliberadamente para el fracaso. La idea general es minimizar los accidentes.

Pero, a pesar de esta diferencia, existe una similitud vital. En la aviación los fracasos son el primer paso para las reformas. Los errores son parte indispensable de la dinámica del proceso de cambio: no solo los accidentes o fracasos reales, sino también los que tienen lugar en los simuladores y los casos en que *casi* ocurre una catástrofe. De la misma forma, los filtros rechazados ayudaron a mejorar el diseño final. Todos comparten un patrón esencial: un proceso de adaptación sujeto a la detección y reacción al fracaso.

La evolución, como proceso, es muy efectiva porque es de naturaleza *acumulativa*. Richard Dawkins presenta una forma de pensar la selección acumulativa en su fantástico libro *The Blind Watchmaker* [*El relojero ciego*]. Nos invita a considerar que un mono pueda teclear un solo verso de *Hamlet*: «Creo que soy como una comadreja». La probabilidad de que pueda hacerlo es muy baja.

Si el mono teclea aleatoriamente, y hay 27 letras (contando la barra espaciadora como una letra), tiene 1 probabilidad entre 27 de acertar la primera letra, y 1 entre 27 de acertar la segunda, y así sucesivamente. Así que para lograr teclear las tres primeras letras seguidas se debería multiplicar 1/27 por 1/27 por 1/27. Es decir, una posibilidad entre 19.683. Para lograr las 30 letras seguidas la probabilidad es de 1 entre 10.000 millones de millones de millones de millones de millones de millones.

Pero supongamos ahora que aplicamos un mecanismo de selección (por ejemplo, una prueba de error) que sea acumulativo. Dawkins ideó un programa informático para hacer precisamente esto. Los primeros intentos para teclear la frase son aleatorios, igual que el mono. Pero, luego, analiza las diferentes frases sin sentido para ver cuál se aproxima más, aunque sea ligeramente, a la frase original. Rechaza todas las demás. Después varía aleatoriamente la frase más probable y analiza los siguientes intentos. Y así sucesivamente.

La frase después del primer experimento fue: GTFHBJNCVFRD-GTYUJKOFBGVCDSWFRT. Después de diez intentos, al cribar los más cercanos al original y rechazando los demás, fue: CTHERKN-GVFCDFRGHBHOPLJHVGF CJMNGRJ A. Después de veinte intentos, la frase tenía este aspecto: CRYON UFSUYU NC Z CHMA-DRJEA. Después de treinta, el parecido ya saltaba a la vista: CREON UE DOYUNE COMADRJEA. En el intento cuadragésimo tercero, el ordenador logró la frase correcta. No le llevó más que unos pocos minutos.

Por lo tanto, la selección acumulativa funciona si existe algún tipo de «memoria»: es decir, si los resultados de una prueba de selección sirven para cribar la siguiente, y luego la siguiente, y así sucesivamente. Este proceso es tan efectivo que, en el mundo natural, confiere lo que se ha denominado «la ilusión del diseño»: animales que parece que los haya diseñado una inteligencia omnipotente cuando, de hecho, se han creado gracias a un proceso ciego.

Una correspondencia de esta ilusión es el ejemplo del filtro. La configuración final se adapta tan bien para producir un detergente de granos finos que parece obra de un diseñador maestro. De hecho, como hemos visto, los biólogos no necesitaron ninguna habilidad específica del diseño. Sencillamente aprovecharon el poder del proceso evolutivo.

Existen muchos sistemas en el mundo que en su naturaleza son esencialmente evolutivos. De hecho, muchos de los grandes pensadores de los dos últimos siglos apoyaron los sistemas de mercado libre porque mimetizaban el proceso del cambio biológico,[153] como resalta Tim Harford en su excelente libro *Adapt*.[154] Varias empresas compitiendo entre sí, algunas con éxito y otras quebrando, facilitan la adaptación al sistema. Esta es la razón de por qué los errores —siempre que se regulen bien— solucionan tan eficientemente los problemas: generan un proceso continuo de ensayo y error.

El equivalente a la selección natural en un sistema de mercado es la bancarrota. Cuando una empresa quiebra es como el error de un diseño de filtro específico. Pone de manifiesto que algo (producto, precio, estrategia, publicidad, gestión, proceso) no funciona en comparación con la competencia. Las ideas o productos más débiles se rechazan, y las empresas copian las ideas exitosas. La acumulación adaptativa, igual que en el diseño del filtro de Unilever, conlleva la evolución del sistema.

Por lo tanto, la quiebra de las empresas en un mercado libre, no es un defecto del sistema, o un resultado de la competencia: más bien es un aspecto indispensable de *todos* los procesos evolutivos. Según un economista, cada año quiebran el 10 por ciento de las empresas estadounidenses.[155] Otro economista, Joseph Schumpeter describió este proceso como «destrucción creativa».

Ahora comparémoslo con las economías planificadas en las que apenas existe la quiebra porque los subsidios protegen a las empresas. Y el Estado está protegido por la prensa que puede sacarle las castañas del fuego. A primera vista, podría parecer una manera progresista de solucionar los problemas del intercambio, la distribución y la producción económica. Jamás hay una quiebra y, por lo tanto, todo parece ir a las mil maravillas.

Pero precisamente por esta razón las economías planificadas no funcionaron. Las dirigían planificadores inteligentes que decidían cuánto grano producir, cuánto hierro extraer de las minas gracias a cálculos complicados que determinaban las mejores soluciones. No obstante, se encontraron con el mismo problema que los matemáticos de Unilever: sus ideas, por muy progresistas que fueran, no se ponían a prueba con la suficiente rapidez, de modo que no tenían la oportunidad de reformarse a la luz de los errores que cometían.

Incluso si los planificadores hubieran sido diez veces más inteligentes que los empresarios de la economía de mercado, no habrían logrado su objetivo. Sin los beneficios que proporciona una prueba que valide resultados, el sistema no es flexible. Por otro lado, en los mercados, los miles de fracasos lubrican y, en cierta manera, guían al sistema. Cuando una empresa se hunde, las demás aprenden de sus errores, el sistema crea nuevas ideas y los consumidores, en última instancia, se benefician de ellas.

De manera similar, los accidentes de aviación —aunque obviamente son trágicos para los pasajeros y sus familiares— mejoran la seguridad de los vuelos futuros. El error prepara el terreno para un cambio significativo.

Esto no significa que los mercados sean perfectos. Existen los problemas de los monopolios, de las confabulaciones, de la desigualdad, de la fijación de precios y de las empresas demasiado importantes para quebrar que se deben salvar con los impuestos de los ciudadanos. Todos estos aspectos van en contra del proceso de adaptación. Pero la cuestión subyacente sigue siendo válida: los mercados funcionan a pesar de los errores de las empresas, no gracias a ellos.

Y no solo los sistemas se pueden beneficiar de los procesos de validación y aprendizaje, sino también las organizaciones. Así, muchas de las empresas más innovadoras del mundo adoptan las lecciones básicas de la teoría evolutiva en sus estrategias. Pocas empresas hacen pruebas aleatorias como los biólogos de Unilever porque la solución de los problemas complejos precisa tiempo.

En lugar de esto, utilizan sensatamente las validaciones, ponen en cuestión sus propias suposiciones y aprovechan lo que aprenden para diseñar sus estrategias. Es una mezcla de un razonamiento de arriba abajo (el de los matemáticos) y de una repetición de abajo arriba (la de los biólogos): la suma del conocimiento que ya tienen con el que adquieren al poner de manifiesto sus defectos inevitables. Se trata de tener el valor de las convicciones propias, pero también la humildad de ponerlas a prueba y adaptarlas rápidamente.

Una aplicación de estas ideas se puede observar en el proceso del cambio tecnológico. La forma convencional en que pensamos la tecnología es que, esencialmente, es un proceso de arriba abajo. Los expertos hacen investigaciones de primer nivel, lo cual genera teorías científicas que, en manos de los técnicos, se convierten en máquinas, aparatos y otras aplicaciones tecnológicas.

A este proceso se le suele llamar el modelo lineal y se puede representar con un sencillo diagrama de flujo: Investigación y teoría ➔ Tecnología ➔ Aplicaciones prácticas. Por ejemplo, en el caso de la Revolución Industrial, la idea convencional es que fue impulsada en gran medida por la revolución científica inmediatamente anterior: las ideas de Boyle, Hooke y Locke fueron el punto de partida de una maquinaria que cambió el mundo.

Pero hay un problema en el modelo lineal: en la mayoría de las áreas del desarrollo humano subestima el papel de las comprobaciones de abajo arriba y del tipo de aprendizaje que pusieron en práctica los biólogos de Unilever. En el libro del científico Terence Kealey, *The Economic Laws of Scientific Research* [*Las leyes económicas de la investigación científica*], se ponen en cuestión las concepciones habituales sobre la Revolución Industrial:

> En 1733 John Kay inventó la lanzadera volante, que mecanizó la confección de tejidos, y en 1770 James Hargreaves creó la hiladora Jenny que mecanizó el hilado. Estas innovaciones determinantes de la tecnología textil, así como las de Wyatt y Paul (marco giratorio, 1758), Arkwright (marco giratorio movido por agua), dieron inicio a la Revolución Industrial, pero no les debían nada a la ciencia. Fueron innovaciones empíricas que se basaban en el ensayo, el error y la experimentación de artesanos hábiles que trataban de mejorar la productividad y, por lo tanto, los beneficios de sus fábricas.[156]

Fíjate en la última frase: estas máquinas que cambiaron el mundo se desarrollaron, como el filtro de Unilever, gracias al ensayo y error. Aficionados y artesanos, hombres pragmáticos, motivados por problemas prácticos, pensaron cómo construirlas probando, equivocándose y aprendiendo. No comprendían cabalmente la teoría que sustentaba sus invenciones ni podían haber explicado los fundamentos científicos. Pero —igual que los biólogos de Unilever— no lo necesitaban.*

Y es en este punto donde la dirección de causalidad cambia. Pongamos como ejemplo la primera máquina de vapor para bom-

---

* Existe cierta analogía con el deporte. Un futbolista de élite puede chutar desde quince metros y meter un gol por la escuadra. Para hacerlo, debe resolver ecuaciones diferenciales y varios problemas aerodinámicos. Pero no los resuelve de forma matemática. Su conocimiento es práctico: resuelve los problemas de manera implícita. ¿De dónde proviene esta comprensión práctica? De nuevo, del ensayo y error (es decir, practicando). Durante miles de horas chuta la pelota hacia un objetivo y, gradualmente, reduce la distancia entre el chute concreto y el objetivo que tiene al variar y mejorar su técnica.

bear agua. La inventó Thomas Newcomen, un hombre que a duras penas sabía leer y escribir, herrero de provincias y pastor baptista, y luego fue perfeccionada por James Watt. La inteligencia de ambos era intuitiva y práctica. Pero el éxito de la máquina suscitó una pregunta más profunda: ¿por qué este dispositivo increíble funciona (dado que rompía las leyes de la física de la época)? Esta fue la pregunta que permitió acuñar a Nicolas Léonard Sadi Carnot, un físico francés, las leyes de la termodinámica. El ensayo y error dio lugar a la tecnología que, a su vez, inspiró la teoría. Es el modelo lineal al revés.

En un libro indispensable *Antifragile* [*Antifrágil*], Nassim Nicholas Taleb demuestra que el modelo lineal no se ajusta (o, al menos, no perfectamente) a la cibernética, a la medicina ni al motor de los aviones. En cada caso, las innovaciones surgieron gracias a un proceso similar al que utilizaron los biólogos de Unilever, es decir, basado en la heurística (reglas generales) y en el saber hacer práctico. Demasiado a menudo, los problemas eran muy complicados para resolverlos teóricamente, haciendo un proyecto o en un seminario. Se resolvieron gracias al fracaso, al aprendizaje, y a un nuevo fracaso.

La arquitectura es un caso especialmente interesante, porque la creencia general es que los edificios y templos antiguos, con sus formas y curvas extraordinarias, se inspiraron en la geometría formal de Euclides. ¿De qué otra manera podrían haber construido estas estructuras tan complejas? Pero, de hecho, la geometría apenas desempeñó papel alguno. Como demuestra Taleb, es casi seguro que el saber práctico de los arquitectos inspiró los *Elementos* de Euclides, que formalizó en esta obra lo que los constructores ya sabían.

«Consulta el manual de Vitruvio, *De architectura*, la biblia de los arquitectos, que se escribió trescientos años después del de Euclides —señala Taleb—. Hay poca geometría formal y, por supuesto, no se menciona a Euclides. Gran parte de él es heurística, el tipo de conocimiento que un maestro transmite a sus discípulos [...]. Los constructores podían averiguar la resistencia de los materiales sin las ecuaciones que empleamos hoy. Y son edificios que, en su mayor parte, siguen en pie.»[157]

Estos ejemplos no quieren decir que el conocimiento teórico no tenga valor. Más bien al contrario. Una estructura conceptual es esencial incluso para las personas más pragmáticas que gestionan sus negocios. En muchos casos, las nuevas teorías han llevado directamente a innovaciones tecnológicas (como la bomba atómica, fruto de la Teoría de la Relatividad).

La cuestión es la velocidad. El cambio teórico está impulsado por un mecanismo de retroalimentación, como hemos visto en el Capítulo 3: la ciencia aprende de sus errores. Pero, cuando una teoría está equivocada, como cuando los matemáticos de Unilever no lograron diseñar un filtro eficaz, se requiere tiempo para desarrollar una teoría nueva y universal. En cambio, para adquirir más conocimientos prácticos solo se debe probar con una abertura de tamaño diferente. Modificar, perfeccionar y aprender de los errores prácticos: todo esto tiene la velocidad a su favor. Los saltos teóricos, a pesar de que son prodigiosos, son mucho menos frecuentes.

En última instancia, el progreso tecnológico es una interacción compleja entre el conocimiento teórico y el práctico, cada uno dando forma al otro en una espiral ascendente.* Pero a menudo despreciamos el aspecto de abajo arriba del cambio, reiterado y complicado, porque es más fácil mirar el mundo, por decirlo de alguna manera, de arriba abajo. Intentamos antes comprenderlo desde arriba que descubrirlo desde abajo.

---

* Francis Bacon, el filósofo, identificó esta relación recíproca en una fecha tan temprana como el siglo XVII. En su obra *Novum Organum*, escribió: «Que ningún hombre espere mucho progreso en la ciencia —sobre todo en su vertiente práctica— si la filosofía natural no se refuerza y se aplica a las ciencias particulares y estas no se refuerzan, a su vez, en la filosofía natural».

Se pueden apreciar las ideas básicas de esta perspectiva incluso en la historia moderna de la inteligencia artificial. Cuando Gari Kaspárov, el maestro de ajedrez, fue derrotado por Deep Blue en la famosa partida de 1997, que se llamó «La Victoria de la Máquina», se desató un huracán. La interpretación popular se limitó a señalar que «los ordenadores son mejores que los humanos».

De hecho, la verdadera sorpresa fue que Kaspárov le plantara cara durante tanto tiempo. Los humanos solo pueden considerar, más o menos, tres movimientos por segundo. Deep Blue podía considerar 200 millones de movimientos por segundo. Se diseñó para que analizara profundamente todas las posibilidades. Pero, y esto es un elemento determinante, no podía considerar todos los movimientos debido a que las combinaciones posibles eran muchas más (el ajedrez se caracteriza por un alto grado de complejidad). Además, aunque le habían instalado una gran cantidad de conocimientos ajedrecísticos, no podía aprender de sus errores a medida que jugaba partidas.

Esto le dio a Kaspárov una oportunidad para luchar, porque tenía algo que le faltaba al ordenador: el conocimiento práctico que se logra con el ensayo y error. Podía observar la colocación de las piezas en el tablero, reconocer su significado basándose en su larga experiencia y luego decidir instantáneamente sus movimientos. Fue este conocimiento práctico el que casi le otorga la victoria a pesar de tener un déficit computacional enorme. Deep Blue ganó la serie de partidas por tres y media contra dos y media.

Pero, desde entonces, la inteligencia artificial también ha avanzado.[158] Una de las ideas en boga se llama *aprendizaje de la diferencia temporal*. Cuando unos diseñadores crearon el TD-Gammon, un programa para jugar a backgammon, no le añadieron ningún conocimiento preprogramado ni tampoco capacidad alguna para hacer búsquedas intensivas. En lugar de esto, hacía movimientos, predecía qué ocurriría luego y después comprobaba en cuánto se había equivocado. Esto le permitía actualizar sus expectativas que aplicaba a la siguiente partida.

En efecto, TD-Gammon era un programa de ensayo y error. Dejaron que jugara día y noche contra sí mismo y que adquiriera conocimientos prácticos. Cuando permitieron que se enfrentara a adversarios humanos derrotó a los mejores del mundo. El *software* que le permitía aprender de los errores era sofisticado, pero su mayor ventaja era que no necesitaba dormir, así que podía practicar todo el día.

En otras palabras: tenía la oportunidad de equivocarse más a menudo.

--- **III** ---

Antes de que veamos qué significa esto en la práctica, y cómo aplicar el proceso evolutivo en organizaciones y en nuestras vidas, detengámonos en una pregunta que surge de inmediato: ¿acaso no es obvio que deberíamos poner a prueba nuestras suposiciones si existe una forma efectiva de hacerlo? ¿Por qué no lo haría un líder empresarial, un político o un equipo deportivo?

Sin embargo, resulta que hay un obstáculo importante para poner a prueba estas suposiciones, una barrera que nos impide a la mayoría de personas aprovechar las ventajas del proceso evolutivo. Se puede resumir en pocas palabras, aunque las consecuencias son sorprendentemente profundas: nos han inculcado que el mundo es más simple de lo que es. Y, si el mundo es simple, ¿por qué perder el tiempo haciendo pruebas? Si ya tenemos las respuestas, ¿por qué pensar que debemos cuestionarlas?

Esta tendencia a subestimar la complejidad del mundo que nos rodea es hoy en día un aspecto bien estudiado de la psicología humana y se basa, en parte, en la llamada falacia narrativa. Este concepto fue acuñado por el filósofo Nassim Nicholas Taleb y ha sido estudiada por el premio Nobel Daniel Kahneman: se refiere a nuestra propensión a crear historias sobre lo que hemos visto *después de que haya ocurrido*.

Puedes observar la falacia narrativa en acción cuando aparece un economista en el telediario y explica por qué los mercados se han comportado de cierta manera durante el día. Suele presentar sus argumentos de una forma inmaculada. Son intuitivos y fáciles de comprender. Pero suscitan una pregunta: ¿por qué, si es tan fácil entender los movimientos del mercado, fue incapaz de predecirlos? ¿Por qué siempre los explica a toro pasado?

Otro ejemplo de la falacia narrativa lo encontramos en los expertos deportivos. En diciembre de 2007 el italiano Fabio Capello fue nombrado entrenador de la selección inglesa de fútbol. Era disciplinado. Exigía a sus jugadores que llegaran a los entrenamientos cinco minutos antes, prohibió el uso de móviles e incluso desterró el kétchup de la dieta de sus futbolistas. Fueron acciones visibles y públicas. Es lo que los psicólogos llaman «prominencia». Y los resultados sobre el terreno fueron, al principio, muy buenos.

De forma muy parecida a los economistas de los telediarios, los periodistas deportivos empezaron a contar una historia simple y convincente de por qué el equipo iba bien: todo se debía a la actitud autoritaria de Capello. Elogiaron sus métodos. ¡Por fin un entrenador estaba poniendo firmes a los jugadores! ¡Ya era hora de que alguien les apretara las tuercas a esos vagos! Publicaron un titular elogioso: «¡El Jefe!»

Pero en el Mundial, la competición más importante, Inglaterra se hundió. Pasaron a duras penas la clasificación de grupos antes de que Alemania los humillara con un 4-1. Casi de inmediato cambió la narrativa radicalmente. ¡Capello era demasiado duro! ¡No dejaba que los jugadores se divirtieran en el campo! ¡Los trataba como si fueran niños! Muchos periodistas deportivos ni siquiera se dieron cuenta de que estaban explicando efectos contradictorios producidos por una misma causa.

Este es el poder de la falacia narrativa. Tenemos tantas ganas de imponer patrones a aquello que observamos y somos tan proclives a dar explicaciones que somos capaces de «explicar» resultados opuestos de una misma causa sin percatarnos de la incongruencia.

De hecho, los resultados futbolísticos de Inglaterra no eran el efecto de las características prominentes de Capello, sino de una miríada de factores que no son predecibles de antemano. Esta es la razón por la que los periodistas deportivos que son brillantes explicando por qué un equipo ha ganado o perdido sean igual que un aficionado a la hora de predecir quién va a ganar o perder. En palabras de Daniel Kahneman:

> Las falacias narrativas surgen de forma inevitable porque continuamente intentamos comprender la realidad. Las historias explicativas que nos parecen esclarecedoras son simples, más concretas que abstractas, otorgan un papel más importante al talento, la estupidez o a las intenciones que a la suerte, y se centran en unos pocos hechos sorprendentes que sí han ocurrido en lugar de en todos aquellos que no han ocurrido. Cualquier acontecimiento prominente es un candidato para convertirse en el meollo de una narrativa causal.[159]

Piensa ahora qué significa esto en la práctica. Si consideramos que la realidad es simple, esperaremos comprenderla sin necesidad de ponerla a prueba y aprender de ella. La falacia narrativa nos impulsa a pensar de arriba abajo en lugar de abajo arriba. Confiaremos en nuestras intuiciones, en el conocimiento que ya tenemos y en las historias que nos explicamos de nuestros problemas, en lugar de poner a prueba nuestras suposiciones, identificar los defectos y aprender.

Pero esta tendencia cambia a su vez la dinámica psicológica de las organizaciones y los sistemas. La mayor dificultad a la que tenemos que enfrentarnos, como hemos visto, es admitir nuestros propios errores y, consecuentemente, aprender de ellos. Ya nos hemos ocupado de la disonancia cognitiva, que puede llegar hasta el punto de reformular, inventar e incluso editar nuestros errores.

Recuerda de nuevo a los biólogos de Unilever. No consideraron los filtros rechazados como errores porque eran una parte indispensable de su aprendizaje. Eran básicos para su estrategia de selección acumulativa, no una crítica de sus razonamientos. Sabían que iban a fracasar docenas de veces, así que no se amedrentaron.

Pero cuando consideramos la realidad más simple de lo que es, no solo impedimos poner a prueba las suposiciones y estrategias de arriba abajo, sino que también estamos más a la defensiva cuando las cuestionan otras personas o los datos. Después de todo, si el mundo es simple, tienes que ser muy estúpido para no comprenderlo.

Recuerda también las diferencias entre la aviación y la sanidad. En la aviación existe un profundo respeto por la complejidad. Los pilotos y los expertos del sistema son plenamente conscientes de que no comprenden el mundo en su totalidad, y que nunca lo harán. Consideran el error como una consecuencia inevitable del desajuste entre la complejidad del mundo y su capacidad para comprenderlo.

Esto reduce la disonancia de los errores, aumenta la motivación para poner a prueba las suposiciones en simuladores y donde sea necesario, y promueve un espacio «seguro» en el que las personas pueden hacer públicas las cuestiones problemáticas. El sistema en conjunto está dirigido a evitar el fracaso, a hacer todo lo posible para minimizar los errores, pero a la vez tiene que asumir que el fracaso, en cierta medida, es «normal».

En la sanidad, los supuestos son muy diferentes. No se considera el error como una consecuencia inevitable de la complejidad, sino como una acusación a quien lo comete, especialmente entre los médicos experimentados cuya autoestima está ligada a la noción de infalibilidad. Es difícil hacer público y compartir sus preocupaciones porque están en juego egos poderosos. La consecuencia es simple: el sistema no evoluciona.

Ahora, llevemos estos conocimientos al mundo real y, en particular, a la industria de la alta tecnología que crece a pasos agigantados.

---IV---

Drew Houston se sentía frustrado. Era un joven programador informático de Massachusetts y tenía una idea para empezar una empresa de alta tecnología. Se trataba de un servicio en línea para compartir y almacenar archivos que continuamente sube y copia archivos en todo tipo de ordenadores y dispositivos.

A Houston se le ocurrió la idea en un trayecto en autobús entre Boston y Nueva York. Encendió su ordenador portátil, pero se dio cuenta de que se había olvidado el dispositivo de memoria, lo cual significaba que no podía trabajar. «Tenía una lista interminable de cosas por hacer. Me metí la mano en el bolsillo y vi que había olvidado la memoria —comentó—. Me dije a mí mismo: "No quiero que esto se vuelva a repetir".»[160]

Estaba tan enfadado consigo mismo que empezó a escribir un código que hiciera prescindibles los dispositivos de memoria. Entonces se dio cuenta de que era algo que a mucha más gente le podía ir bien. «No era un problema que tuviera solo yo, sino que a todo el mundo le pasaba una u otra vez. Como producto, las perspectivas de venta eran altas», recalcó.

Entonces visitó varias empresas de capital de riesgo, pero siempre le respondían lo mismo: el mercado de archivos compartidos y almacenados ya estaba bastante saturado. Él contestaba que los productos alternativos se usaban poco porque eran toscos y requerían mucho tiempo. Un producto más simplificado sería diferente. Pero no lograba convencer a nadie.

«Fue un reto lograr las primeras inversiones porque nos decían: "Hay cientos de estas empresas de almacenamiento. ¿Para qué queremos otra?" Y yo les respondía: "Sí, es verdad, existen un montón de empresas con un producto similar pero, ¿utilizas alguno?" Y siempre contestaban lo mismo: "Pues no".»

Houston era lo bastante inteligente para saber que su producto no era un caballo ganador garantizado. No es sencillo predecir si los consumidores van a comprar algo o no. Pero tenía confianza en sí mismo y quería probarlo. Sin embargo, al cabo de un año empezó a preguntarse si no estaría dando palos de ciego. Estaba casi desesperado.

Ahora dejemos por un momento a Houston, y fijémonos en otros dos emprendedores tecnológicos, Andre Vanier y Mike Slemmer, que se enfrentaron a un problema distinto. Tuvieron la idea de un servicio de información en línea llamado 1-800-411-SAVE. Al contrario que Houston, disponían del dinero para desarrollar el *software*, pero tenían unas ideas muy diferentes sobre cómo escribir el código, como Peter Sims relata en su libro *Little Bets*.[161]

Vanier, que anteriormente había trabajado como consultor en McKinsey, pensaba que debían dedicar mucho tiempo de oficina a lograr que el *software* fuera absolutamente perfecto para que pudiera soportar todos los millones de usuarios que esperaban atraer. Creía que los programadores de la empresa eran muy buenos y que, con el tiempo necesario, crearían un *software* eficiente y resistente a los virus. Es la vieja perspectiva del desarrollo, con un énfasis en la planificación rigurosa de arriba abajo.

Slemmer no pensaba igual. Ya había dirigido dos empresas tecnológicas y se dio cuenta de algo importante: es prácticamente imposible elaborar un código perfecto a la primera. Solo cuando las personas usan el *software* y le exigen lo máximo aparecen los virus y los defectos que nadie puede anticipar. Al lanzar el código y dejar que lo sometan a ensayo y error se puede aprender lo necesario para mejorar. ¿Por qué, le preguntó a Vanier, quieres responder todas las preguntas antes de tener un solo usuario?

El debate de Slemmer y Vanier es un reflejo del contraste entre los biólogos y los matemáticos de Unilever (y, en un nivel de abstracción mayor, entre la idea del progreso de Kealey y aquellos que piensan que el progreso siempre empieza con un avance teórico): pensamiento arriba abajo contra pensamiento abajo arriba. Vanier quería tenerlo todo listo con un plan de acción mientras que Slemmer quería probarlo antes, aprender de los usuarios y cambiarlo rápidamente con los nuevos conocimientos.

Al final, Slemmer se impuso. La empresa lanzó el *software* al mercado en una etapa de desarrollo inicial y descubrieron los defectos inevitables del modelo. Tuvieron que escribir segmentos largos y aplicaron mejoras que aumentaron en una proporción directa con la base cada vez más amplia de usuarios. Al final, desarrollaron lo que muchos consideran el *software* más sofisticado de la industria.

«Aunque competían con empresas muchísimo más grandes y con más recursos [...], fueron los primeros en identificar nuevas características como dar indicaciones y ofertas promocionales integradas *online* —escribió Peter Sims, que siguió los progresos de la empresa—. Como explica Vanier, si pueden lanzar diez aplicaciones en el mismo tiempo que un competidor lanza una, entonces tendrán diez veces más experiencias para saber qué es lo que ha fallado en la prueba de aceptación del cliente y qué ha funcionado.»[162]

Esta historia intenta advertir de los peligros del «perfeccionismo» o de tratar que todo salga bien a la primera. La historia de Rick, un brillante científico informático de Silicon Valley, lo expresa todavía mejor.

Rick tuvo la idea de crear un servicio *online* que permitiera a los usuarios colgar artículos sencillos en Internet. Se le ocurrió bastante antes de que llegara la revolución de los blogs. Sabía que tenía potencial y trabajó en ella quince horas diarias. Pronto logró un prototipo con el que trabajar. Pero, en lugar de dar a los usuarios la oportunidad de utilizarlo, de descubrir los defectos y luego hacer los cambios, pensó que el *software* sería más eficiente si elaboraba un lenguaje de programación más sofisticado. Pasó los siguientes cuatro años trabajando en este nuevo lenguaje. Resultó ser desastroso. Dos psicólogos, Ryan Babineaux y John Krumboltz, escribieron:

> En los siguientes cuatro años, profundizó cada vez más en detalles técnicos y perdió de vista la idea original. Mientras tanto, otros emprendedores empezaron a construir plataformas de blogs que no eran perfectas ni tecnológicamente avanzadas. La diferencia fue que rápidamente se vieron los errores y otros usuarios pudieron proponer soluciones. Al hacer esto, recibieron una información esencial, mejoraron el *software* y ganaron millones de dólares.[163]

El deseo de perfección se fundamenta en dos falacias. La primera es creer erróneamente que puedes lograr una solución óptima sentado en el dormitorio o en una torre de marfil, en lugar de salir al mundo, poner a prueba tus suposiciones y saber en qué fallan. Es el problema de valorar la estrategia de arriba abajo sobre la de abajo arriba.

La segunda falacia es el miedo al fracaso. Anteriormente, hemos visto diferentes situaciones en que las personas fracasan y, luego, o lo ignoran o lo ocultan. El perfeccionismo es, en muchos aspectos, más extremo. Dedicas tanto tiempo a diseñar y a pensar en estrategias que no hay lugar para el fracaso, al menos hasta que es demasiado tarde. Es un comportamiento de ciclo pre-cerrado. Estás tan preocupado de meter la pata que ni siquiera sales al campo a jugar.

En su libro *Art and Fear* [*Arte y miedo*], David Bayles y Ted Orland cuentan la historia de un profesor de cerámica que el primer día de clase decidió dividir a sus alumnos en dos grupos. A uno de ellos le dijo que los calificaría según la cantidad. El último día del curso, el profesor dijo que vendría a clase con unas balanzas y que pesaría los tarros que habían hecho. Tendrían un excelente si llegaban a 25 kilos de tarros, un notable si llegaban a los 20 kilos, y así sucesivamente. Al otro grupo lo calificaría según la calidad. Deberían traer a clase un solo tarro perfecto.

El resultado fue rotundo: las obras de mayor calidad fueron hechas por el grupo que iba a ser juzgado por la *cantidad*. En palabras de Bayles y Orland: «Parece que mientras el grupo de "cantidad" no paraba de hacer tarros —y aprendía de sus errores—, el grupo de "calidad" se sentó a teorizar sobre la perfección y, al final, no tenía mucho más que enseñar que unas teorías grandilocuentes y un montón de arcilla seca».[164]

Lo mismo pasa con los políticos. Esgrimen teorías (cuyas fronteras con la ideología apenas son perceptibles) sobre, por ejemplo, si llevar uniforme escolar mejora la disciplina. Hablan con psicólogos y discuten la cuestión en las más altas instancias. Es una elaborada pérdida de tiempo de arriba abajo. Acaban con un montón de arcilla seca. Deberían hacer una prueba y ver qué funciona y qué no. Se equivocarán más, pero es precisamente así como se aprende.

Babineaux y Krumboltz, los dos psicólogos, tienen algunos consejos para aquellos que sufren la maldición del perfeccionismo. Se trata de repetir los siguientes mantras: «Si quiero ser un gran músico, primero debo tocar mucha música mala». «Si quiero ser un gran tenista, primero debo perder muchos partidos.» «Si quiero ser un arquitecto fuera de serie conocido por la eficiencia energética y diseños minimalistas, primero deberé proyectar edificios ineficientes y burdos.»

La idea de sumergirse tempranamente en el proceso de ensayo y error es una de las más elegantes que ha creado la revolución de la alta tecnología: la *lean start-up*. Está embadurnada con mucha jerga, pero se basa en una noción simple: el valor de probar y adaptar. Los emprendedores de altas tecnologías suelen ser también brillantes teóricos. Hacen complejos cálculos matemáticos mientras duermen. Pero la idea de la *lean start-up* les obliga a aunar estas habilidades con lo que pueden aprender del fracaso.

¿Cómo funciona? En lugar de diseñar un producto desde cero, tratan de crear un «producto mínimamente viable» o PMV. Es un prototipo con suficientes características en común con el producto final y que se puede poner a prueba con usuarios innovadores (el tipo de consumidor que adquiere productos cuando acaban de salir y que puede influir en el comportamiento del mercado).

Estas pruebas responden a dos preguntas esenciales. La primera es fundamental: ¿se venderá el producto? Si el PMV se parece lo bastante al producto final, pero a ninguno de los usuarios innovadores le interesa, entonces puedes estar bastante seguro de que el plan de negocio en conjunto no merece la pena. Te has ahorrado un montón de dinero y tiempo al haber fracasado nada más empezar.

Pero si el PMV parece un producto ganador, tendrás información sobre cómo mejorarlo. Esta es la segunda pregunta que responde la *lean start-up*. Verás qué características les gustan o no a los consumidores, se pondrán de relieve los defectos de concepto, variarás las suposiciones, y todo esto mientras vas logrando el producto final. En otras palabras, habrás integrado el proceso evolutivo en el diseño del negocio.

Y esto nos lleva de vuelta a Drew Houston. Su problema, como recordarás, era que no encontraba inversores para que su idea de compartir archivos despegara. Nadie, excepto él, estaba muy convencido de que fuera a ninguna parte.

Y, aún peor, era casi imposible crear un prototipo que funcionara. Después de todo, la idea básica de Houston era que el producto para compartir archivos solo tendría valor si podía integrar sin problemas las diferentes plataformas y sistemas operativos. Hacer esto, aunque fuera de manera mínima, significaba una cantidad ingente de trabajo basado en un conocimiento profundo de los diferentes sistemas.

Pero Houston era perspicaz. Se dio cuenta de que el PMV no necesitaba ser un prototipo para nada. Lo que tenía que hacer era imitar las características esenciales del producto final. Solo con que fuera lo suficientemente representativo, sabría si los consumidores querrían comprarlo y, en caso afirmativo, empezaría el proceso de ensayo y error.

Así que editó un vídeo para mostrar cómo iba a funcionar el producto. No había *software* ni código, pero no los necesitaba para este PMV. Al fin y al cabo, ¿cómo decides si quieres un programa de *software*? Sueles mirar por encima del hombro a alguien que lo tiene, que le gusta y observas cómo funciona. Y esto es exactamente lo que hizo él con su vídeo.[165]

Eric Ries, empresario tecnológico y escritor, explica la historia así:

> Es un vídeo trivial que muestra en tres minutos cómo debe funcionar el *software*, pero fue dirigido específicamente a una comunidad de usuarios innovadores. Drew pone su propia voz en el vídeo mientras se suceden las imágenes. Al tiempo que describe el tipo de archivos que le gustaría sincronizar, el espectador observa cómo mueve el ratón por la pantalla. Además, si prestas atención,

te das cuenta de que los archivos que mueve de un lado a otro están llenos de bromas particulares y referencias humorísticas que fueron muy valoradas por la comunidad de usuarios innovadores.[166]

El efecto fue espectacular. «Cientos de miles de personas visitaron la página web —afirma Houston—. La lista de espera beta pasó de 5.000 personas a 75.000 de la noche a la mañana, literalmente. Nos dejó por las nubes.»[167]

Houston había demostrado que la gente quería su producto. Le permitió recaudar más dinero y continuar con el desarrollo con más seguridad. Pero también supuso interactuar con los usuarios innovadores, mejorar conocimientos prácticos y refinar el producto. Así aporta valor una *lean start-up*.

Nick Swinmurn, otro emprendedor tecnológico, ideó un PMV diferente. Pensó que el mundo necesitaba una página web para comprarse zapatos de moda. Lo podría haber hecho de la forma habitual: recaudar millones de capital, crear un inventario inmenso y establecer relaciones comerciales con los principales fabricantes: es decir, montar la empresa de cero a partir de un proyecto. En otras palabras, la estrategia de arriba abajo.

En lugar de esto, recorrió varias tiendas y pidió permiso para tomar fotos de los zapatos. En contraprestación por colgar las fotos en la Red, les dijo que volvería a comprar los zapatos por su precio de venta si algún cliente estaba interesado. Con este proceso, Swinmurn pudo poner a prueba la llamada hipótesis de valor: ¿los clientes quieren comprar zapatos en la Red? La respuesta resultó ser que sí.

Pero descubrió mucho más. Al relacionarse con clientes de verdad aprendió cosas que nunca habría imaginado de antemano. Tenía que gestionar las devoluciones, las quejas y los pagos por Internet. «Sin duda es diferente a una investigación de mercado —escribe

Ries—. Si Swinmurn se hubiera fiado de las investigaciones de mercado existentes o hubiera encargado un estudio, podría haber preguntado a los clientes qué creían que querían. Pero, al poner el producto en el mercado, la empresa aprendió mucho más.»[168]

En 2009 Swinmurn vendió su empresa, Zappos, a Amazon por 1.200 millones de dólares.

A menudo se pone a Steve Jobs como un ejemplo de visionario. No estaba interesado en lo que podían decir los clientes o en el proceso de repetición, sino que quería cambiar el mundo. Analizaremos los enormes saltos creativos que logró en el Capítulo 10. Pero, mientras tanto, cabe recordar que en muchas de sus decisiones estratégicas Jobs confió en la opinión de los clientes de manera importante.

Cuando a principios de la década del 2000 decidió que Apple emprendiera el negocio de ventas al por menor, no compró una cadena de tiendas ni intentó empezar a lo grande, sino que adquirió un almacén y empezó a poner a prueba sus intuiciones y convicciones, y también aquellas de sus expertos en ventas al por menor. Esta estrategia fue un éxito, como recuerda Jim Collins en su libro *Great by Choice* [*Escoger la grandeza*]: «¡Oh Dios, la que se nos viene encima!», exclamó Jobs.

Junto con Ron Johnson, su director de ventas al por menor, siguió rediseñando la estrategia y haciendo pruebas. Al final, abrieron dos tiendas en Virginia y en Los Ángeles, lo cual les permitió hacer más pruebas. Solo cuando tuvieron la opinión directa de los clientes y cometieron los primeros errores, empezaron a pensar en grande, en todo el país, con una coherencia disciplinada.[169]

La estrategia de las *lean start-ups* tiene muchas cosas en común con el modus operandi de las empresas innovadoras. En sus primeros tiempos, 3M, el conglomerado tecnológico, confió en un grupo de desarrolladores de nuevas ideas. Hacían una tormenta de ideas, reflexionaban con profundidad y, luego, cuando habían desarrollado productos completos, se los mostraban a los usuarios finales para ver cómo reaccionaban. Parecía un proceso racional, pero era demasiado lento.

A mediados de la década de 1990 cambiaron de estrategia integrando usuarios innovadores en el proceso de diseño. Les pedían que probaran los primeros prototipos, los observaban y anotaban qué les gustaba y qué no, lo cual les permitía poner a prueba sus suposiciones una y otra vez.

3M comparó entonces las dos estrategias. Los resultados fueron totalmente dispares. En palabras de Peter Sims: «Un estudio publicado en 2002 descubrió que aplicar una estrategia con usuarios activos para identificar y desarrollar ideas generaba una media de 146 millones de dólares después de cinco años, más de ocho veces lo que generaba un proyecto medio que aplicaba la estrategia convencional de generar ideas».[170]

Muchas otras ideas basadas en el fracaso están encontrando un hueco en el mundo empresarial. Los marcos de desarrollo ágiles (Agile Scrum) y las estrategias de «fracaso rápido» (Fail-Fast) son solo dos de ellas. Sin duda, algunas son más efectivas que otras, pero todas obtienen beneficios poniendo a prueba sus suposiciones (los mismos sistemas que están dedicados al ensayo y error se benefician del ensayo y error). En todo caso, ninguna de ellas debería utilizarse en un contexto equivocado.

Pero el significado clave de toda esta familia de ideas, que han ayudado a desarrollar gran parte de los productos más innovadores del mundo, es que son un contraargumento a la preponderancia histórica del sistema de arriba abajo sobre el de abajo arriba.

Drew Houston, el emprendedor con el que empezamos este apartado, también aprendió una importante lección psicológica. «Para contrarrestar el poder del fracaso tienes que ser resistente y abierto. En otras palabras, debes tener la mentalidad y el sistema adecuados. Si rehúyes los errores, no irás a ninguna parte. Es una experiencia extenuante —dijo—. Un día estás en el cielo... y el siguiente tienes un problema enorme, la página no funciona y quieres tirarte a la vía del tren... Pero, ¿sabes una cosa? Hoy en día nos sigue ocurriendo lo mismo.»[171]

En 2014 la empresa de Houston se valoró por encima de los 10.000 millones de dólares. Se llama Dropbox.

--- **V** ---

Existe una metáfora que resume claramente estas estrategias. Procede de David Lane, profesor de la Henley Business School y uno de los principales pensadores de la complejidad.[172] El problema de hoy en día, afirma, es que trabajamos/progresamos en un *modelo de éxito balístico*. La idea es que, una vez que se identifica un objetivo (crear una nueva página web, diseñar un producto nuevo, mejorar un resultado político), diseñamos una estrategia muy inteligente para dar en el blanco.

Construimos un rifle perfecto. Creamos un modelo según el cual sabremos cómo afectará a la bala el viento y la gravedad. Hacemos todos los cálculos para que la estrategia sea perfecta. Luego, calibramos la elevación del rifle, apretamos el gatillo y vemos cómo la bala se dirige al objetivo.

Este proceso está equivocado por dos razones: en primer lugar, el mundo real tiene mucha más complejidad que únicamente el viento y la gravedad porque hay variables e interdependencias infinitas. Tomemos por ejemplo la política de reducir los peligros del tabaco eliminando el alquitrán y la nicotina. En teoría, parece genial, sobre todo si se añade una campaña de publicidad inteligente. Es una estrategia balística perfectamente diseñada para llegar al objetivo de mejorar la salud pública.

Pero cuando la pusieron en práctica, fracasó. Los fumadores compensaban la falta de nicotina fumando más cigarrillos y dando caladas más largas y profundas. El resultado neto fue un aumento de los agentes cancerígenos y del monóxido de carbono.[173] Es lo que ocurre en los sistemas de los seres humanos: hay consecuencias inesperadas. Y esta es la razón por la que es difícil formular una estrategia efectiva a partir de un proyecto hecho desde arriba. El segundo problema es incluso más elemental. Cuando al fin hayas diseñado el rifle, y no digamos ya cuando aprietes el gatillo, el objetivo se habrá movido. Este es el problema de un mundo que cambia con extrema rapidez. Ten en cuenta que los productos informáticos se quedan obsoletos incluso cuando acaban de salir de la cadena de producción. Y lo más probable es que la rapidez de los cambios no haga más que acelerarse.

¿Qué hacer? El profesor Lane recomienda un concepto radicalmente diferente: la estrategia del *misil guiado*. Sin duda, quieres diseñar un buen rifle, apuntar al objetivo y confeccionar un modelo decente sobre cómo le afectarán las variables conocidas, como el viento y la gravedad. Pero también es esencial estar preparado para lo que ocurra *después de que aprietes el gatillo*.

Cuando la bala sale de la boca del cañón, cuando entra en contacto con el mundo real, es cuando empiezas a conocer los defectos del proyecto. Descubres que el viento es más fuerte de lo que pensabas, que está lloviendo y que existen variables desconocidas que interactúan entre ellas, así como con la bala, que no podías haber previsto.

La clave es ajustar la trayectoria de la bala e integrar esta nueva información. El éxito no solo depende del *razonamiento antes del disparo*, sino también de la *adaptación después de disparar*. Cuanta más capacidad tengas para detectar los errores (es decir, la desviación del objetivo), mejor podrás afinar la trayectoria de la bala. Y esta, por supuesto, es la misma historia de la aviación, de la evolución biológica y de los mercados que funcionan bien.

Este razonamiento ilustra el equilibrio entre la estrategia de arriba abajo y la de abajo arriba. Si el plan de balística original está equivocado, si la bala sale de cualquier manera de la boca del rifle, la dirección precisa no va a ayudar demasiado. Pero, de la misma forma, si solo confías en el plan de balística, por muy sofisticado que sea, el único blanco al que darás será el aire puro. Solo al conseguir el equilibrio adecuado entre la estrategia de arriba abajo y un proceso de adaptación riguroso darás en el blanco. Consiste en aunar lo que ya sabemos con lo que todavía podemos aprender.

En las próximas décadas, afirma el profesor Lane, el éxito no dependerá únicamente de la inteligencia y el talento. Sin duda, son factores importantes, pero nunca deberían ensombrecer la importancia de identificar en qué ha fallado la estrategia y la capacidad para evolucionar.

Los sistemas y las organizaciones que fomenten el crecimiento de todo tipo de conocimientos, prevalecerán. Este es el descubrimiento que el sector de la alta tecnología ha aprovechado, mientras que el resto del mundo, con excepciones contadas, se ha resistido a él.

Recuerda de nuevo la tasa de Unilever: 449 fracasos para crear un solo éxito. ¿Tu empresa ha fallado en la misma medida y has sido lo bastante sincero para admitirlo? ¿Lo ha hecho la escuela en la que trabajas? ¿El departamento del gobierno? Si no es así, lo más probable es que estés muy lejos de tu objetivo.

Pero no tiene sentido decepcionarse por esto. Aferrarse a una idea solo porque estás personalmente vinculado a ella equivale a anquilosarse. En palabras del gran economista británico John Maynard Keynes: «Cuando mi información cambia, modifico las conclusiones. ¿Qué hace usted, señor?»

---**VI**---

Para finalizar este capítulo, tomemos otro ejemplo que pone de manifiesto los peligros de confiar en la narrativa más que en las pruebas y el aprendizaje. Pertenece al campo del desarrollo internacional y es un caso práctico muy importante porque demuestra que confiar en la intuición de arriba abajo a veces se puede medir en vidas perdidas.

Específicamente, nos referimos al flagelo del sida y el VIH en África. Existen varias estrategias alternativas para prevenir y tratar esta enfermedad que, en principio, parecen altamente plausibles. Todas parecen formas positivas de aliviar un problema acuciante (y, a menudo, letal). Pero ¿cuál es la más efectiva? ¿Qué nos dice el juicio de arriba abajo?

Opción 1: tratamiento quirúrgico para el sarcoma de Kaposi, una enfermedad típica del sida

Opción 2: terapia de antirretrovirales para combatir el virus en personas infectadas

Opción 3: prevenir la transmisión de las madres a los bebés durante el embarazo

Opción 4: distribución de preservativos para prevenir la transmisión general

Opción 5: educación para grupos de alto riesgo como las trabajadoras sexuales

Todas suenan bastante bien, ¿no? Ya puedes imaginarte que cada una de ellas tiene su propia organización no lucrativa y su página web, material fotográfico, testimonio de personas que se han beneficiado del programa y vídeos promocionales. Así es como funcionan la mayoría de las organizaciones no lucrativas. Y, basándote en esto, probablemente invertirías tu dinero en la organización con la narrativa más convincente. A falta de datos, lo mejor que nos queda es la narrativa.

Pero esta es precisamente la razón de que debamos hacer pruebas para cuestionar nuestras intuiciones y las falacias narrativas en las que se sustentan. Y, cuando se han llevado a cabo las pruebas pertinentes, resulta que estos programas diferentes, que parecen todos tan impresionantes, tienen efectos muy distintos. Y no es que una de las estrategias sea dos, cinco o diez veces mejor que otra. La mejor opción de la lista superior es *1.400 veces más rentable* que la peor.[174]

En este gráfico el tratamiento del sarcoma de Kaposi ni siquiera sale representado:

Por esta razón, quienes dirigen las campañas afirman que lo más importante en las donaciones caritativas no es recaudar más

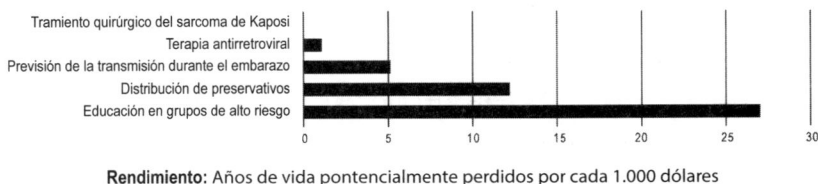

Rendimiento: Años de vida pontencialmente perdidos por cada 1.000 dólares

dinero, sino llevar a cabo pruebas, entender qué funciona y qué no, y aprender. En lugar de creer en la narrativa, deberíamos ejercer el poder del mecanismo evolutivo.

«Pasar por alto la efectividad no significa perder el 10 o el 20 por ciento del valor potencial que podía haber logrado un presupuesto sanitario, sino que fácilmente podría significar perder el 99 por ciento o más —ha afirmado Toby Ord, un filósofo de la Universidad de Oxford—. En términos prácticos, significa cientos, miles o millones de muertes adicionales porque no se ha priorizado bien. En contextos donde no se deben salvar vidas, significa miles o millones de personas con discapacidades que no reciben tratamiento.»[175]

El problema no es solo que los donantes no son conscientes de la efectividad de otras estrategias rivales, sino que tampoco lo saben las organizaciones. El poder de la falacia narrativa, las historias en que se salvan vidas, los testimonios de las personas que se han beneficiado son tan convincentes para quienes dirigen las organizaciones como para aquellos que hacen donaciones. ¿Por qué querrías datos cuando puedes conocer y hablar con aquellos que han salvado sus vidas?

Pero dado que puede haber un tratamiento alternativo que puede salvar más vidas y beneficiar a más personas —a veces cientos o miles—, la fe en lo que vemos con nuestros propios ojos no es suficiente. Solo haciendo pruebas tendremos la información que nos hará progresar y, en el caso de estas organizaciones, salvar vidas.

Una de las ironías del gasto de las ONG es que una estadística que muchos donantes tienen en cuenta puede socavar el valor de las pruebas. La llamada tasa «overhead» mide la cantidad de dinero gastado en administración comparada con lo que se gasta en el lugar donde se aplican los programas. Muchos donantes prefieren que esta tasa sea baja en las ONG: quieren que su dinero sea para quienes realmente lo necesitan en lugar de para el personal de oficina.

Puesto que la recopilación de pruebas cuenta como coste administrativo, a las ONG les cuesta más encargar análisis. En palabras de Ord: «Se podría pensar que las organizaciones saben cuál es el tratamiento más efectivo. Pero a menudo no lo saben, y una de las razones de esto es que no pueden evaluar los programas tanto como querrían porque intentan que la tasa "overhead" sea baja. Además, generalmente no son conscientes de estos datos».[176]

Ord ha fundado una organización que anima a las personas a dar el 10 por ciento de sus ingresos a una ONG, pero solo si los proyectos de la ONG han demostrado ser efectivos.[177] «Nuestras intuiciones sobre lo que funciona y lo que no, suelen estar equivocadas —afirma—. Tenemos que hacer pruebas y aprender si queremos ser serios salvando vidas y aliviando el sufrimiento.»

8

SCARED STRAIGHT / ATERRORIZADOS

--- I ---

Una fría mañana de la primavera de 1978 llevaron a diecisiete adolescentes de Nueva York y Nueva Jersey a la prisión estatal de Rahway, uno de los centros de detención más importantes de Estados Unidos. Mientras ascendían por el camino de grava hacia el imponente complejo de edificios, los jóvenes hacían bromas y se reían. Eran engreídos y no paraban de fanfarronear.

Los adolescentes —catorce chicos y tres chicas, de diferentes grupos étnicos y entre quince y diecisiete años— tenían una cosa en común: todos habían tenido problemas con la ley. Terence, un chico afroamericano de catorce años, había robado coches. Lori, una chica blanca guapa y sonriente de dieciséis, con grandes pendientes, había robado y traficado con drogas. Angelo, un joven con el pelo despeinado y un bigote ralo, había robado en varias tiendas de su barrio.[178]

Casi la mitad de los crímenes graves de Estados Unidos en aquel momento los cometían niños entre los diez y los diecisiete años. El 54 por ciento de los arrestos por hurto correspondían a jóvenes, así como el 53 por ciento de los robos de coches.[179] Las violaciones estaban subiendo. Los adolescentes, que todavía bromeaban cuando llegaron a las puertas de la prisión, no eran un grupo aislado de delincuentes, sino el símbolo de un problema mucho más profundo al que debía enfrentarse Estados Unidos.

Su visita a Rahway formaba parte de un programa para reducir la delincuencia llamado «Scared Straight» (Aterrorizados). La idea consistía en que si mostraban a estos chicos cómo era la vida en prisión —cómo es realmente estar encerrado en un complejo de máxima seguridad— lograrían cambiar su conducta. El programa, ideado por los propios reclusos, llevaba dos años en activo.

Los adolescentes no se lo creyeron, claro. Nadie les iba a asustar tanto para dejar de robar o atracar. Eran demasiado duros para que los intimidara nadie, y menos los presidiarios de Rahway. «No me van a achantar», dijo uno de los jóvenes encogiéndose de hombros. «Me parece que va a ser genial entrar para ver a todos esos apestados», continuó Lori riendo.

Sin embargo, al pasar por el detector de metales de la entrada, los jóvenes experimentaron un primer estremecimiento. «¡Poneos en fila contra la pared! —gritó un sargento—. Quizá pensáis que es una visita turística. Pues bien: no lo es. Al cruzar esa puerta, el hombre que tenía jurisdicción sobre vosotros ya no la tiene. Estáis en nuestras manos y haréis lo que os ordenemos. Lo primero: ¡prohibido fumar! ¡Dejad de mascar chicle y quitaos esas gorras!»

No era lo que esperaban. Les ordenaron caminar en fila india hacia la zona principal de la prisión mientras, tras ellos, se cerraba una puerta de acero. Estaban en las entrañas de una prisión de máxima seguridad. Desde los pisos superiores los observaban los presos. «¡Mira, un dulce hijo de puta, allí, con la camiseta amarilla», gritó un preso negro y musculado. «¡Cuando te encierren aquí serás mi putita!», añadió otro amenazadoramente. Los chicos miraron a los guardas esperando una reacción, pero estaban impertérritos. Su miedo aumentó.

Luego los llevaron a un bloque de celdas que llamaban «el agujero», donde confinaban en solitario a algunos presos. Los insultos sexuales que profirieron son demasiado ofensivos para escribirlos aquí. A los chicos les asoló la incertidumbre. Su fanfarronería se había esfumado. Podías ver en sus rostros el miedo y la confusión. Y ni siquiera había pasado media hora de su iniciación.

Durante las siguientes dos horas, estuvieron encerrados en una sala pequeña junto a presos que habían sido condenados a un mínimo de veinticinco años de prisión. Juntos, sus condenas casi llegaban a los mil años. En este punto fue cuando realmente empezó la intervención. Por turnos, los presos contaron a los adolescentes qué podían esperar si alguna vez los encerraban en Rahway.

«Dos de vosotros no me gustáis —gritó un condenado a cadena perpetua por asesinato—. No me gustas tú y no me gustas tú. Si me sonreís otra vez os voy a partir la cara. ¿Entendéis? Acabo de salir del agujero hoy y os voy a partir la cara.»

Los chicos habían ido a Rahway con la vaga idea de que la visita a la prisión iba a ser un paseo. Pensaban que no tendrían problema alguno. Pensaban que eran tipos duros. Pero, mientras escuchaban a los presos, fueron perdiendo su ingenuidad. Otro convicto dijo:

Cuando tenemos deseos sexuales, ¿con quién pensáis que nos desahogamos? Adivinadlo... Lo hacemos con jóvenes hijos de puta como vosotros. Llevo ya diez años aquí y voy a morir en este agujero de mierda. Y si entran tres putitas, voy a saltar sobre vosotros como un canguro para agenciarme a un jovencito guapo...

Un día estaréis tumbados en la litera, pensando en los muros de diez metros y en quién se estará tirando a vuestra novia, y de golpe entrarán tres tipos en la celda, os atarán con la manta y, no me importa lo duros o lo fuertes que os creáis, os van a poner boca abajo y os van a violar.

Ninguno de los adolescentes abría la boca. Un par estaban llorando. Los presos no lo decían con resentimiento. Solo estaban advirtiéndoles, instándoles a cambiar antes de que fuera demasiado tarde. Era un intento de disuadir a la siguiente generación de criminales. No querían que cometieran los mismos errores que ellos.

«No nos pagan por hacer esto —les contaron—. No obtenemos una recompensa, ni un beneficio extra, nada. Lo hacemos porque *queremos* hacerlo. Porque así, tal vez, os podamos ayudar.» Otro preso añadió: «Llevo aquí siete años y me arrepiento de cada uno de los días que he pasado encerrado [...]. Tenéis una oportunidad de oro para evitar la prisión. [...] Solo un idiota no la aprovecharía».

Los jóvenes estuvieron un total de tres horas en la prisión, pero les parecieron tres días. Habían sido testigos de la realidad de la cárcel y estaban decididos a no volver allí. Los delitos ya no les parecieron algo de lo que jactarse, sino un juego que llevaba a la desesperación y la desesperanza. De camino a casa, nadie articuló palabra. El conductor tuvo que parar para que uno de los chicos vomitara.

«Me he asustado tanto... No quiero entrar en un lugar como ese —dijo Lori, la chica con los pendientes largos—. Me ha puesto los pelos de punta, no me ha gustado nada.»

«Creo que me va a cambiar la vida —añadió otro con los ojos como platos—. Quiero decir que debo parar de cometer todos esos delitos. Todos, si es posible... Voy a intentarlo con todas mis fuerzas.» Otros empezaron a hablar sobre ir a la universidad: cualquier cosa con tal de evitar la prisión.

La visita fue grabada por Arnold Shapiro, un documentalista. El documental fue transmitido por KTLA, Channel 5 en Los Ángeles y presentado por el famoso actor de *Colombo*, Peter Falk. Los espectadores se quedaron enganchados a la sórdida realidad de la vida carcelaria y por los resultados aparentemente increíbles del programa Scared Straight. Falk afirmó que, de los diecisiete jóvenes, dieciséis seguían comportándose bien tres meses después. También aseguró que el programa tenía un impacto espectacular en los índices de reincidencia. Dijo:

Más de 8.000 delincuentes juveniles se han sentado aterrorizados en estas banquetas de madera y, por primera vez, han visto la realidad brutal del crimen y la cárcel. Los resultados de este programa sin igual son impresionantes. Las comunidades participantes declaran que el 80 o 90 por ciento de los chicos se portan bien después de la visita a Rahway. Es una historia de éxito increíble. Y ningún método de rehabilitación tradicional ha logrado igualar estos resultados.

Los políticos hicieron cola para elogiar el programa. Se escribieron innumerables columnas en los periódicos. Los comentaristas sociales ensalzaron la estrategia de Scared Straight. A los chicos descarriados les pusieron cara a cara con las consecuencias de sus actos. Era el tipo de tratamiento breve y efectivo que habían estado pidiendo a gritos todos los críticos del sistema. Se trataba de una disuasión avasalladora.[180]

Durante la semana del 5 de marzo de 1979 el documental de Shapiro se proyectó en doscientas grandes ciudades.[181] El mes siguiente ganó el Oscar al mejor documental. Scared Straight pudo verse en todo Estados Unidos, Canadá, el Reino Unido, Australia y Noruega. Los jueces, los trabajadores de los reformatorios y otros expertos aseguraron que era efectivo.

Los datos parecían confirmarlo. En palabras de George Nicola, un juez juvenil que trabajaba a pocos kilómetros de Rahway, en New Brunswick: «Cuando estudias el programa y analizas las estadísticas, no me cabe ninguna duda [...] de que el proyecto de concienciación juvenil de la prisión estatal Rahway es seguramente el elemento disuasorio más efectivo y barato de todo el sector carcelario de Estados Unidos».[182]

Pero luego resultó que había un problema bastante considerable con el programa. No funcionaba. Análisis más rigurosos demostrarían más tarde que los chicos que fueron de visita a las prisiones tenían *más*, y no menos, posibilidades de cometer delitos en el futuro. Scared Straight era un programa fraudulento, un fracaso inequívoco. Perjudicaba a los adolescentes de muy diversas formas.

No obstante, antes que nada, debemos preguntarnos: ¿cómo es posible? ¿Cómo puede ser un fracaso cuando las estadísticas muestran que es un éxito? ¿Cómo puede estar fallando cuando literalmente todos los expertos lo respaldan? Para responder a estas preguntas examinaremos una de las innovaciones científicas más importantes de los últimos doscientos años, que además nos lleva al meollo del fenómeno de los ciclos cerrados y nos enseña cómo superarlos.

Hablamos de la prueba controlada aleatorizada.

--- **II** ---

A menudo son las personas que quieren ocultar sus errores las que perpetúan los ciclos cerrados. Lo mismo ocurre cuando soslayan sus fallos en lugar de encararlos. Pero existe una tercera manera de eternizar los ciclos cerrados: la interpretación sesgada.

Este fue el problema que prolongó las sangrías que practicaban los médicos medievales. Parecía que tenían una información acertada sobre lo que funcionaba y lo que no. O bien el paciente moría después del tratamiento, o seguía vivo. Era una prueba a la vista de todos.

Pero ¿cómo interpretar estas pruebas? Como hemos visto, los médicos, convencidos de la sabiduría de figuras como Galeno, creían en el poder de las sangrías. Cuando un paciente moría, significaba que estaba tan enfermo que ni siquiera la sangría podía curarlo. Pero cuando sobrevivía, se confirmaba la efectividad del tratamiento.

Piensa en cuántas historias de éxito deben de haber estado circulando en el mundo medieval: personas terriblemente enfermas, al borde de la muerte, a las que les aplicaban una sangría y sobrevivían. Su testimonio debía de ser muy convincente. «Estaba a punto de morir, el médico me hizo una sangría, ¡y ahora estoy curado!»

En las plazas de las ciudades debió de elogiarse abundantemente el tratamiento. Pero ¿qué ocurría con los que morían? Bueno, no podían estar presentes para decir nada, ¿no? Su testimonio se había esfumado.

Ahora, observa el siguiente esquema.[183]

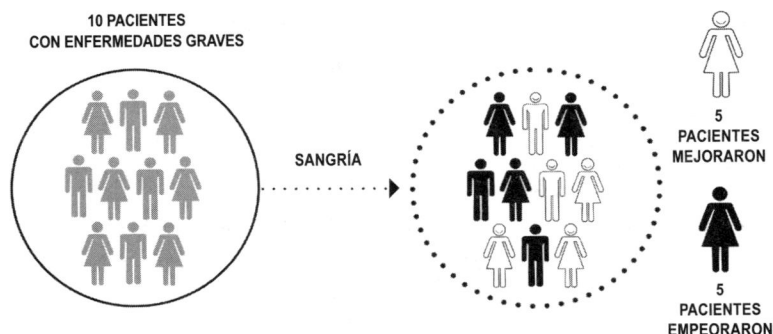

10 PACIENTES CON ENFERMEDADES GRAVES

SANGRÍA

5 PACIENTES MEJORARON

5 PACIENTES EMPEORARON

Sangría sin un grupo de control

En este ejemplo (hipotético), un grupo de personas con enfermedades crónicas son tratadas con una sangría. Algunas se recuperan. Esta es la «prueba» que justifica el tratamiento. Mejoran su salud y, comprensiblemente, están felices por ello.

Sin embargo, lo que no ven los médicos ni los pacientes es qué habría ocurrido si *no les hubieran prescrito* el tratamiento. En los experimentos a esta situación se le suele llamar «contrafactual». Se trata de todo aquello que podría haber pasado pero que, en la experiencia diaria, nunca percibimos porque hemos hecho otra cosa.

No sabemos lo que podría haber pasado si no nos hubiéramos casado. O si hubiéramos aceptado otro trabajo. Podemos especular sobre lo que habría pasado y se pueden hacer conjeturas plausibles.

Pero no lo sabremos con seguridad. Puede que parezca una cuestión trivial, pero las implicaciones son profundas.

Ahora observa otro diagrama. En este caso, se ha separado aleatoriamente a los pacientes en dos grupos. A uno se le aplica la sangría y al otro (llamado grupo de control), no. Esto se conoce como prueba controlada aleatorizada (PCA): en medicina lo llaman prueba clínica. En el esquema vemos que algunos de los pacientes a los que se aplica la sangría se recuperan. Parece efectivo. La información es contundente.

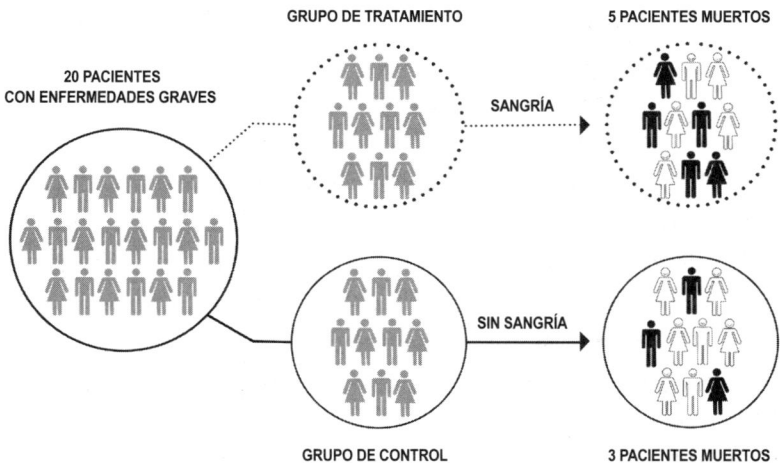

Sangría con un grupo de control

Pero ahora observa el grupo que no recibió el tratamiento. Se han recuperado muchos más que en el que se aplicó la sangría. La razón es simple: el cuerpo tiene sus propias facultades para recuperarse. Las personas se curan de forma natural sin tratamiento alguno. De hecho, al comparar los dos grupos, se puede comprobar que, en lugar de curar a los pacientes como sinceramente creían los médicos medievales, la sangría los mataba. Este hecho no habría sido perceptible sin el grupo de control.* Y esta es la razón equívoca por la que, como hemos señalado en el Capítulo 1, la sangría sobrevivió como tratamiento reconocido hasta el siglo XIX.

Hasta ahora, en este libro hemos examinado casos con errores inequívocos. Cuando un avión se estrella, sabes que algo en el procedimiento ha fallado. Cuando la prueba de ADN demuestra que han condenado a un hombre inocente, sabes que el proceso o el investigador se ha equivocado. Cuando un producto mínimamente viable no convence a los usuarios innovadores, sabes que el producto final será una ruina. Cuando un filtro se obstruye, sabes que te costará dinero. Estos ejemplos nos han dado la oportunidad de analizar el fracaso puro y duro.

Pero la mayoría de fracasos del mundo real no son así. A menudo están envueltos en una bruma de ambigüedad. Lo que parece un éxito tal vez sea un fracaso y viceversa. Y esto, a su vez, es un obstáculo importante para avanzar. Después de todo, ¿cómo puedes aprender del fracaso si no estás seguro de haber fracasado? O, para decirlo con las palabras del último capítulo, ¿cómo puedes evolucionar sin un mecanismo de selección claro?

Pongamos un ejemplo concreto. Digamos que has rediseñado la página web de tu empresa y que, consecuentemente, aumentan las ventas. Esto te puede hacer pensar que el nuevo diseño de la web ha propiciado el aumento. Un hecho ha precedido al otro. Pero ¿cómo puedes estar seguro? Quizá han subido las ventas porque un competidor ha quebrado, las tasas de interés han bajado o porque ha sido un mes lluvioso y los consumidores han comprado por Internet. No por la página web. De hecho, es muy posible que las ventas hubieran subido más si *no* hubieses cambiado la página web.

---

* La asignación aleatoria (en términos prácticos, lanzar una moneda al aire) es importante porque significa que, si la muestra es suficiente, ambos grupos serán parecidos. La única diferencia sistemática entre ellos es que uno recibe tratamiento y el otro no.

Analizar las estadísticas no va a ayudarte a encontrar la respuesta, del mismo modo que contar a las personas que se recuperan después de la sangría no confirmará si el tratamiento es efectivo o no. La razón es sencilla: no tienes en cuenta el elemento contrafactual. No sabes si el aumento de ventas se debe a otro factor, uno que ni siquiera has considerado.

La PCA soluciona este problema porque proporciona una prueba de alta definición. Convierte las sombras de gris en tonos más definidos de blanco y negro. Al aislar la relación entre una intervención (una sangría, una nueva página web) y el resultado (recuperación de una enfermedad, ventas), sin que le afecten otras influencias, aclara la información que te interesa. Sin una prueba como esta, podrías llegar a conclusiones equivocadas, y no solo una vez sino, potencialmente, de forma indefinida.

Las PCAs han revolucionado la farmacología. Ben Goldacre, médico y escritor que defiende a capa y espada la medicina basada en pruebas, escribió: «Esta idea ha salvado más vidas, a una escala espectacular, que cualquier otra idea con la que te cruces este año».[184] Mark Henderson, exeditor científico de *The Times*, declaró: «La prueba controlada aleatorizada es uno de los inventos más importantes de la ciencia moderna».[185]

Pero también es necesario resaltar que las PCAs no son la panacea. Existen situaciones en las que es difícil aplicarlas y en las que pueden ser consideradas poco éticas. Y las empresas farmacéuticas han llevado a cabo pruebas de manera sesgada para obtener respuestas que querían de antemano.[186] Sin embargo, no son argumentos contra las pruebas aleatorias, sino contra quienes las han corrompido por motivos dolosos.

Otra crítica es que las pruebas aleatorias pasan por alto la naturaleza holística del sistema. En medicina, por ejemplo, un fármaco puede curar un síntoma particular, pero puede que tenga efectos negativos a largo plazo para el resto del cuerpo, o dejar que la enfermedad subyacente siga su curso. Por ejemplo, prescribir una pastilla contra el dolor de estómago puede causar un daño al sistema inmunológico que, con el tiempo, deteriore aún más la salud del paciente.

A lo que se refiere esta objeción es que el periodo de estudio de una prueba clínica no debe limitarse a los efectos inmediatos del fármaco, sino al resto de la vida del paciente, y que el resultado no debe centrarse únicamente en un síntoma particular, sino en la persona en su conjunto. Esto demuestra que es esencial seguir controlando las consecuencias a largo plazo cuando se llevan a cabo PCAs, algo que no siempre se ha hecho en medicina.

Pero también es necesario señalar que estas consideraciones no deben tenerse en cuenta cuando la enfermedad amenaza la vida del paciente. Si te ves en medio de una epidemia, por ejemplo, ya sea de viruela o de ébola, querrás que te administren la vacuna aunque haya un riesgo de complicaciones dentro de un par o tres de décadas.[187]

Teniendo en cuenta estas limitaciones, las PCAs son un método efectivo para hacer pruebas rigurosas en un mundo complejo. Gestionadas con atención, aclaran la ambigüedad que puede mandarlo todo al traste al interpretar la información. Y normalmente son muy fáciles de llevar a cabo.

Pongamos el ejemplo del nuevo diseño de la página web que hemos mencionado antes. El problema consistía en saber si se habían aumentado las ventas por el cambio en el diseño o por otra cosa. Así que supongamos que diriges a los clientes aleatoriamente a la nueva y la vieja web para comparar si compran más productos en una o en la otra. De esta forma, descartarías otras influencias como la tasa de interés, la competencia, el tiempo meteorológico, etc., y tendrías una idea del hecho contrafactual.

Desde la década de 1950 se han dirigido medio millón de PCAs en el ámbito médico. Han salvado cientos de miles de vidas. Pero lo

sorprendente es que en muchas otras áreas de la vida humana apenas se han utilizado. En el sistema de justicia criminal son casi
inexistentes. En 2006, por ejemplo, se hicieron 25.000 pruebas en
medicina, pero en el sistema de justicia, en todo el mundo y entre
1982 y 2004, solo se hicieron 85.[188]

David Halpern, uno de los analistas más respetados del Reino Unido, afirmó: «Muchas áreas de gobierno no se han puesto a
prueba de ninguna manera. Se basan en intuiciones, corazonadas
y narrativa. Y lo mismo ocurre con muchas otras áreas fuera del
gobierno. En realidad damos palos de ciego sin muchas pistas
sobre lo que realmente funciona y lo que no. Da bastante miedo».[189]

Los ciclos cerrados no son solo una curiosidad intelectual,
sino que describen de forma realista el mundo en el que vivimos.
Son pequeños y grandes, sutiles e intrincados, merodean por empresas grandes y pequeñas, ONG, corporaciones y gobiernos. La
mayoría de nuestras suposiciones no han pasado por ningún tipo
de prueba seria. Y, a menos que hagamos algo al respecto, así seguirá siendo.

Para dar cuenta de la distancia impresionante que separa lo que
creemos que sabemos de lo que realmente sabemos, volvamos de
nuevo al programa de Scared Straight. Parecía increíblemente efectivo. Las estadísticas basadas en la observación eran abrumadoras.*
Pero ahora sabemos que el programa estaba aumentando el crimen
en lugar de reducirlo.

En muchos aspectos, Scared Straight es una metáfora no solo de
la política gubernamental (tal vez lo más cercano en el siglo XX a las
sangrías), sino de la realidad en su conjunto. El programa podría

---

* «Estadísticas basadas en la observación» es una frase que engloba todas las
estadísticas que se obtienen al mirar lo que ocurre. Las pruebas controladas
aleatorizadas son diferentes porque engloban no solo lo que ocurre, sino también
la realidad contrafactual que le sirve de comparación.

haber continuado felizmente durante décadas, quizá siglos, sin que nadie lo pusiera a prueba.

Scared Straight es una metáfora pero, por encima de todo, es una advertencia.

--- III ---

En 1999 se estrenó en Estados Unidos *Scared Straight! 20 años después*. En esta ocasión lo presentaba Danny Glover en lugar de Peter Falk, y volvía a centrarse en aquellos diecisiete jóvenes esmirriados que aparecieron en el primer documental. Los resultados eran aparentemente tan milagrosos como había hecho creer al público en 1977.

Muchos de los entrevistados hablaban de sus nuevas vidas. Casi todos aseguraban que la visita de tres horas a Rahway dos décadas atrás les había cambiado por completo. Terence, aquel joven negro que robaba coches y atracaba tiendas, era un pastor a tiempo parcial en la iglesia baptista local y tenía mujer y dos hijos. «Si no hubiera ido a Rahway lo más probable es que me hubieran encerrado y que ahora estuviera en la tumba», aseguró.

Lori, la chica de dieciséis con una gran sonrisa y enormes pendientes, que había traficado con drogas, era entonces una madre y contable de treinta y seis años. «Pensé que sería un día de fiesta del colegio —declaró—. Creo que nunca he estado tan asustada en toda mi vida [...]. Decidí dejar de comportarme como una idiota [...] y empecé a ir al colegio más a menudo.»

Angelo, el chico con el pelo despeinado y un bigote ralo, tenía entonces treinta y siete años, embaldosaba suelos y era padre de tres niños. «Si no me hubieran llevado a Rahway creo que lo habría pasado bastante mal —confesó—. Sin ese día, tal vez no tendría a mi familia, y para mí la familia lo es todo ahora: es la experiencia más maravillosa del mundo.»

Para millones de espectadores, por lo tanto, este era el resulta-do de Scared Straight. Las estadísticas también tenían buena pinta. Era un programa social, al contrario que muchos otros, que se preocupaba por recoger datos. Según las pruebas, entre el 80 y el 90 por ciento de quienes habían participado en el programa se habían reformado. Según el documental: «Es una historia de éxito increíble y no tiene parangón con otros métodos de rehabilitación tradicionales».

Pero si volvemos a la primavera de 1977 el panorama no es tan halagüeño. En abril de aquel año James Finckenauer, un profesor de la Rutgers School de Justicia Criminal, decidió poner a prueba Sca-red Straight. No se interesó solo por las estadísticas basadas en la observación porque, como científico, sabía que podían ser equívo-cas. No le importaba la publicidad ni la buena factura de un docu-mental. Lo que quería saber era si el proyecto *realmente* funcionaba. En pocas palabras, quería hacer una PCA.

Finckenauer tenía el cabello plateado y una mirada inquisiti-va. Había publicado docenas de ensayos y le habían otorgado va-rios premios por sus investigaciones, pero su cualidad más sobre-saliente era su estilo conversacional. Es prudente, considerado y atento. También tiene una especie de visión láser que traspasa la superficie para hacer emerger la verdad latente. Y gracias a todas estas aptitudes, desmontó analíticamente el fenómeno de Scared Straight.

Antes de comenzar con la PCA, Finckenauer quiso verificar las pruebas existentes de Scared Straight. ¿De dónde provenían las ci-fras de entre el 80 y el 90 por ciento de jóvenes rehabilitados? Des-cubrió que se fundamentaban en un cuestionario que se enviaba a los padres o a los tutores de los chicos que habían visitado Rahway. (Otra fuente de los datos eran las cartas de recomendación que enviaban las agencias de publicidad que habían llevado a los jóve-nes a Rahway. No eran completamente fiables puesto que como agencias podían tener todo tipo de incentivos ocultos para creer en el programa.)

Había cuatro preguntas de «Sí o No»:

¿Ha notado un cambio sustancial en la conducta de su hijo/a desde que visitó la prisión?

¿Ha habido un cambio leve en su conducta desde que visitó la prisión?

¿Cree que es necesaria otra visita para su hijo/a?

¿Hay algún área específica en la que crea que le podemos ayudar a usted, o a su hijo/a?

También había espacio suficiente para escribir comentarios.[190]

Pero ¿qué significaba exactamente un cambio «sustancial»? ¿Qué significaba un cambio «leve»? Las preguntas estaban abiertas a todo tipo de interpretaciones. Finckenauer también descubrió que muchos de los adolescentes que visitaron Rahway no eran delincuentes ni predelincuentes. No se puede considerar como éxito que no cometieran delitos después si ya iban por el buen camino. Además, enviaban las cartas a los padres pocas semanas después de la visita a la prisión. No había habido tiempo suficiente para juzgar un cambio de conducta.

Y estas solo eran las objeciones menores. Los defectos más profundos están en el núcleo de lo que constituye una prueba válida. El primero era que solo aquellos que respondían el cuestionario se incluían en las estadísticas. Los que no respondieron fueron excluidos de ellas. Esto únicamente ya habría cambiado los resultados por completo. Es posible que solo los padres cuyos hijos habían mejorado se preocuparan por responder. Aquellos cuyos hijos seguían portándose mal quizá habían tirado el cuestionario a la basura o, como mínimo, respondieron en un número mucho menor. De forma que el resultado final de las estadísticas habría sido muy diferente.

Es lo que se llama «sesgo de selección» y debería sernos familiar. A grandes rasgos, es el mismo problema que engañó a la medicina medieval cuando solo aquellos que se curaban con la sangría contaban como prueba de su efectividad. Los datos parecían impresionantes, pero solo porque eran engañosamente incompletos. Aquellos que no se recuperaron gracias a la sangría nunca tuvieron la oportunidad de expresar su opinión. ¿Por qué? Pues porque ya estaban muertos.

Sin embargo, el mayor problema de las estadísticas de Scared Straight estaba relacionado con lo contrafactual. Aunque todos *hubieran respondido* al cuestionario (algo que no fue así), seguiríamos sin saber si los resultados se debían a la intervención o a otro factor. Tal vez habrían mejorado su conducta sin que hubiera intervención alguna. Tal vez mejoraron porque mejoró la economía local, o porque había un nuevo proyecto en la escuela, o por cualquier otra cosa. Tal vez, incluso, el resultado habría sido mejor *sin* la intervención.

En agosto de 1978, Finckenauer separó a varios delincuentes en dos grupos aleatorios.* Uno de ellos se adscribió al programa Scared Straight y el otro (el grupo de control), no. Entonces esperó a los resultados. A pesar del bombo y platillo, las estadísticas avasalladoras, la campaña publicitaria, el Oscar que le otorgaron al documental, las recomendaciones de los políticos, los elogios de los agentes de los reformatorios, la exportación del proyecto a todo el mundo, fue la primera vez que lo pusieron rigurosamente a prueba.

Y los resultados, cuando al fin llegaron, fueron espectaculares. Scared Straight no funcionaba. Los adolescentes que visitaban

---

* El proceso para aplicar una PCA fue mucho más difícil de lo que nunca creyó Finckenauer. Los defensores de Scared Straight no cooperaron. El juez Nicola, un defensor de primer orden, intentó parar la prueba incluso antes de que comenzara. «No veía necesidad de evaluación alguna puesto que había reunido cientos de cartas que demostraban el éxito del proyecto», afirma Finckenauer.

Rahway eran más propensos a cometer crímenes que aquellos que no la visitaban. «Las pruebas demostraban que los chicos y chicas que se apuntaban al programa tenían más riesgo de quebrantar la ley que aquellos que no lo hacían —constató Finckenauer—. Al comparar el grupo de tratamiento con el de control, los datos eran claros.»

Para mucha gente esto fue una sorpresa. El programa parecía bueno, su lógica era abrumadora y los padres hacían cola para asegurar que había «curado» a sus hijos. Los datos del cuestionario también parecían sólidos. Pero todo esto también pasó con las sangrías. Solo con una PCA se podía aclarar la ambigüedad y comprobar los efectos reales del programa.

En palabras de Finckenauer:

> Todos estaban convencidos del éxito de Scared Straight porque parecía muy intuitivo. Les encantaba la idea de que se podía cambiar a los adolescentes después de una experiencia dura con un grupo de condenados a cadena perpetua. Pero resulta que el crimen es más complicado. Los jóvenes cometen crímenes por razones muy diferentes y sutiles. En retrospectiva, una visita de tres horas a una prisión no tenía pinta de resolver el problema.
>
> La intención de los convictos era auténtica: de verdad querían que los chicos se reformaran. Pero el programa tenía consecuencias involuntarias. La experiencia de que les gritaran les perturbaba. Parecía que muchos, al salir, cometían crímenes solo para demostrar que no se habían asustado de verdad.[191]

Los defensores del proyecto reaccionaron airadamente al informe de Finckenauer. El juez Nicola, que había elogiado sin tapujos el programa en el documental, declaró: «[...] el programa [Scared Straight] no necesita defensa». Robert J. McAlesher, consejero de Scared Straight, fue incluso más virulento: «Cuestionamos los motivos de algunos aficionados [es decir, Finckenauer] que comprometen su integridad intelectual para convertirse en el centro de atención nacional con estadísticas insignificantes engañosamente presentadas como si fueran el resultado de un estudio científico».[192]

En cierto sentido, estas reacciones eran de esperar. Cuando nos presentan pruebas que contradicen nuestras creencias profundas, tendemos a rechazarlas o a matar al mensajero en lugar de corregir nuestro punto de vista. En efecto, los defensores de Scared Straight reaccionaron a los resultados de la PCA de Finckenauer declarando que estaban *aún más convencidos* de la eficacia del programa. Es exactamente lo que predice la teoría de la disonancia cognitiva.

Pero incluso aquellos que no tenían una relación previa con Scared Straight se sentían atraídos por el programa, como las polillas a la luz. Los datos demostraban que era contraproducente, pero la narrativa de unos adolescentes que dejaban de cometer delitos gracias a las palabras duras de unos convictos era demasiado seductora. En la década de 1980 programas parecidos a Scared Straight se aplicaron en Georgia, Carolina del Sur y Wisconsin. Y más tarde en Nueva York, Virginia, Alaska, Ohio y Michigan.[193]

Fue como si la investigación de Finckenauer nunca hubiera existido.

En la década de 1990 programas similares fueron en aumento. El departamento de policía de Los Ángeles elaboró un proyecto en el que uno de los componentes eran adolescentes que visitaban la prisión para que los convictos les «gritaran y les abroncaran». En uno de los programas en Carson City, Nevada, un adolescente afirmó que la parte de la visita que más le había impresionado fue cuando «los convictos nos pedían sexo y se peleaban por nuestras pertenencias». Pronto se exportó la idea al Reino Unido, Australia y Noruega.

Mientras tanto, las pruebas contra el proyecto se multiplicaban. Se llevaron a cabo PCAs de costa a costa de Estados Unidos. Todas descubrieron lo mismo: Scared Straight no funcionaba. A menudo perjudica a los adolescentes. Una de ellas demostró que en el grupo de tratamiento la delincuencia aumentaba un 25 por ciento comparado con el grupo de control.

Pero nada de todo esto parecía importar. La narrativa ostentosa seducía mucho más que los datos aburridos.[194]

Incluso los agentes del gobierno elogiaron el programa. En 1994, un proyecto parecido a Scared Straight en Ohio fue recomendado en una publicación oficial del departamento estadounidense de Justicia Juvenil y Prevención de la Delincuencia. Los expertos habían caído bajo el influjo de la falacia narrativa. En 1996, casi veinte años después de la PCA de Finckenauer, el *New York Times* informó de que el programa original de Rahway estaba en la cúspide de su popularidad, con diez grupos cada semana y 12.500 adolescentes al año.

Pero en 2002 la Campbell Collaboration entró en escena. Es una organización global y no lucrativa dedicada a las políticas basadas en pruebas. Llevaron a cabo lo que se llama una «revisión sistemática»: los datos de todas las pruebas aleatorizadas se reúnen en una sola hoja de cálculo. Al juntar los resultados de todas las pruebas individuales (siete de las cuales se utilizaron en el llamado meta-análisis), la revisión sistemática representa el estándar de oro en lo que se refiere a las pruebas científicas. Es la prueba definitiva.[195]

Discúlpanos si ya te imaginas que los resultados fueron rotundos. Scared Straight no funcionaba. Aumenta los índices de criminalidad. Algunos estudios afirman que este incremento puede llegar al 28 por ciento.[196] Con un lenguaje exquisitamente comedido, los autores condenaban efectivamente todo el razonamiento: «Concluimos que programas como el de Scared Straight son propensos a tener un efecto perjudicial y a aumentar la delincuencia [...]. No hacer nada habría sido mejor para los jóvenes que someterlos al programa».[197]

En muchos aspectos, Scared Straight estaba avanzado a su tiempo. Al contrario que la mayoría de los programas sociales, que no recogían ningún tipo de datos, mandaba cuestionarios y confeccionaba estadísticas. Pero, del mismo modo que las sangrías medievales, las estadísticas que provienen de la observación no siempre aportan datos fiables. A menudo se debe tener en cuenta el elemento contrafactual. Si no podríamos estar perjudicando a las personas sin ni siquiera darnos cuenta.

Y esta es la cuestión de fondo. No es necesario que una persona sea negligente o deshonesta para que se perpetúen los errores. A veces puede ocurrir teniendo las pruebas a la vista, porque las personas no saben, o no quieren inconscientemente, cuestionar los datos.

Pero ¿con qué frecuencia ponemos a prueba una política o una estrategia? ¿Con qué frecuencia cuestionamos nuestras creencias en el trabajo o en nuestra vida diaria? En medicina, como hemos visto, ha habido casi un millón de pruebas aleatorizadas. En la justicia criminal, apenas existen. La política, casi de forma general, se basa en la narrativa, las intuiciones, las ideologías por demostrar y datos tomados de la observación que sirven para confirmar conclusiones predeterminadas.

Los ciclos cerrados no son solo una curiosidad intelectual, sino que describen de forma precisa (y a veces terrorífica) el mundo en el que vivimos.

El 1 de enero de 1982 un intruso asaltó la casa de una chica de diecinueve años llamada Michele Mika. Después de rebuscar por varias habitaciones, cogió un cuchillo de la cocina, entró en el dormitorio de la señorita Mika y la asesinó. La madre de Michele la encontró boca abajo con un cuchillo de trinchar de veinte centímetros clavado en la espalda. Después de morir asesinada, fue agredida sexualmente durante varias horas. El motivo fue la simple satisfacción sexual.[198]

Más de veinticinco años después, el 17 de marzo de 2007, la policía arrestó a Angelo Speziale, un hombre de cuarenta y cinco años que vivía en Nueva Jersey. Speziale fue uno de los primeros jóvenes que se sometió al programa Scared Straight. Era el niño con el pelo despeinado y el bigote ralo que había atracado las tiendas de su barrio. También fue entrevistado en la secuela del documental veinte años después, cuando ya era padre de tres hijos y embaldosaba suelos.

Como la mayoría de los entrevistados en la secuela, Speziale aseguraba que la visita a Rahway le había cambiado la vida. Era inspirador. «Si no hubiera ido a Rahway, lo habría pasado bastante mal». Danny Glover, el narrador, añadía: «Angelo, de treinta y siete años, es ahora un padre de familia ejemplar».

Pero la realidad era muy diferente. En 2005 Speziale fue arrestado por robar en una tienda y le tomaron muestras de ADN. En unas pruebas rutinarias descubrieron que coincidía con el esperma hallado en el cuerpo de Michele Mika. Resultó que Mika y Speziale habían vivido en los lados opuestos del mismo edificio de la avenida Teaneck cuando se perpetró el asesinato.

Los autores del documental no engañaron deliberadamente a los espectadores sobre Speziale. No podían haber sabido que les estaba mintiendo cuando afirmaba que «se había reformado». No podían imaginarse que solo tres años después de visitar Rahway, había violado y asesinado a una chica inocente de diecinueve años. Solo la prueba de ADN reveló la verdad.

Pero los autores del documental sí que sabían a principios de los años ochenta que Scared Straight estaba aumentando la criminalidad. Y, aun así, siguieron dándole bombo y platillo al programa. A&E, un canal por satélite y por cable de Estados Unidos, presentó la nueva serie *Beyond Scared Straight* en 2011. En 2014 ya llevaban ocho temporadas. Arnold Shapiro, el productor (y quien también rodó el documental original de 1978), sigue defendiendo el proyecto, a pesar de todas las pruebas en contra. Argumenta que hoy en día son más importantes los consejos que los gritos. Pero las intervenciones en la prisión siempre se han basado en el componente polémico. En palabras del *Daily Beast*:

> Los episodios enfatizan más los horrores de la prisión que el debate. Al principio de uno de ellos, rodado en la prisión de Jessup, en Maryland, un condenado por asesinato en primer grado de cincuenta años vocifera en la cara de un joven de 17 años que ha dejado los estudios: «No sonrías a un hombre en prisión, porque si sonríes a un hombre en prisión pensará que le gustas, y si te gusta un hombre encarcelado hay algo profundamente jodido en ti».

En la visita de tres horas a Rahway en 1978, Speziale sufrió varias humillaciones, pero una es especialmente llamativa en retrospectiva. Le obligaron a ponerse en pie delante del grupo y a leer en voz alta la notica de un periódico que relataba el ataque con un cuchillo que había ocurrido en prisión. «Convicto de Rahway apuñalado hasta morir en su celda», leyó el joven con la voz temblorosa. «Le apuñalaron una docena de veces en el cuello, el pecho, la cabeza y la espalda. Declararon muerto a Robinson al llegar al hospital general de Rahway.»

No hay ninguna prueba que relacione el hecho de que Speziale fuera humillado al leer los detalles del brutal ataque con cuchillo con el hecho de que perpetrara un crimen similar tres años después. Casi con seguridad es una coincidencia. Pero lo que sí sabemos es que estas visitas, de manera general, perjudican a los jóvenes. Y lo sabemos desde hace casi tres décadas.

En 2010 Speziale se declaró culpable de agredir sexualmente y asesinar a Michele Mika, y fue condenado a veinticinco años de reclusión.[199] Ahora ha vuelto a la prisión Rahway, donde empezó toda esta historia, una advertencia infinitamente perturbadora. Pero la mayor ironía de todas, la que nos lleva al meollo de los ciclos cerrados, es que es posible que Speziale sea ahora el convicto que abronque a la nueva generación de delincuentes.*

---

* Al final, los fondos federales dejaron de subvencionar programas basados en la metodología de Scared Straight. Pero siguen apareciendo, no solo en Estados Unidos, sino también en otros lugares del mundo. Hasta que nos tomemos los datos más seriamente que la narrativa, seguirá siendo así.

CUARTA PARTE

PEQUEÑOS PASOS Y SALTOS DE GIGANTE

9

GANANCIAS MARGINALES

--- I ---

Hacia las nueve de la mañana los corredores del Team Sky, el equipo de ciclistas profesionales del Reino Unido, salieron del pequeño hotel de Carcasona, una hermosa ciudad del Languedoc-Rosellón al sur de Francia. Era una mañana cálida y los corredores se dirigieron al autobús del equipo en silencio mientras contemplaban el nuevo día.

Estaban a punto de empezar la etapa 16 del Tour de Francia de 2014, una de las pruebas de resistencia más duras del mundo. Ya habían recorrido 3.000 kilómetros en las quince etapas precedentes y ahora debían afrontar un trayecto de 237,5 kilómetros que culminaba en el temido puerto de Balès, una escalada de 19 kilómetros en medio de los Pirineos. «Allá vamos», exclamó con una sonrisa adusta Bernhard Eisel, uno de los miembros del equipo.

En el autobús de Team Sky todos estaban expectantes. Los corredores acababan de ponerse su equipo. Los entrenadores repasaban los mapas de la carrera. Media hora antes de empezar la carrera, Nicolas Portal, uno de los directores deportivos de Team Sky, empezó su charla habitual de antes de las carreras. Resaltó la importancia de la etapa y advirtió a los corredores de los tramos difíciles de la ruta. Mientras lo hacía, en la pantalla del autobús se pasaban fotos de recodos duros y pendientes empinadas.

Cuando acabó, un hombre al final del vehículo que hasta entonces se había mantenido callado, empezó a hablar. Tenía la cabeza afeitada, unas gafas de montura negra y una personalidad fuerte. Es quien siempre tiene la última palabra antes de la carrera: el director general de Team Sky, sir David Brailsford.

«En última instancia, el éxito depende de estar entre los escapados [el grupo de ciclistas que se separan del pelotón] —dijo—. No mareemos la perdiz. O estamos allí o no lo estamos. Sé que es difícil. Sé lo duro que es. Pero todos tenéis que dar lo mejor de vosotros mismos, tenéis que concentraros en lograrlo. Es nuestro objetivo de hoy. El resto vendrá por sí solo. No dejéis que nadie lo haga por vosotros: solo vosotros lo podéis hacer. Bien, ¡a por ellos!»

Un alboroto recorrió el autobús. Brailsford les había subido la moral. Los ocho corredores se levantaron e intercambiaron miradas. Luego bajaron las escaleras y se dirigieron a la línea de salida de la etapa decimosexta.

La tarde anterior, Brailsford me había estado enseñando todo el operativo de Team Sky. Vimos los camiones, el diseño del autobús del equipo y los minuciosos algoritmos que utilizan para registrar el rendimiento de cada ciclista. Era una oportunidad para echar un vistazo a los bastidores de uno de los proyectos más admirados y mejor gestionados del mundo del deporte.

El éxito de Brailsford es legendario. Cuando en 1997 se unió al equipo de ciclismo en pista como consejero, el equipo era más bien mediocre. Pero en el año 2000 Gran Bretaña ganó una medalla de oro en la contrarreloj. En 2004 un año después de que le nombraran director técnico, Gran Bretaña ganó dos medallas de oro. En 2008 ganaron ocho medallas de oro y, en los Juegos Olímpicos de Londres, en 2012, repitió esta marca extraordinaria.

Mientras tanto, estaba ocurriendo algo incluso más notable. El ciclismo en pista es una modalidad competitiva, pero la más prestigiosa es el ciclismo en carretera profesional. Desde que se creó el Tour de Francia en 1903, nunca había habido un ganador británico.

Había habido ganadores de etapas, pero nunca nadie había tenido la posibilidad de ponerse al frente de la clasificación general.

Pero en 2009, aunque el equipo británico de ciclismo en pista se estaba preparando para los Juegos Olímpicos de Londres, Brailsford decidió asumir un nuevo reto. Fundó un equipo de ciclismo en carretera, el Team Sky, mientras seguía dirigiendo el equipo de ciclismo en pista. El día en que se presentó públicamente, Brailsford anunció que en cinco años ganarían el Tour de Francia.

Muchos se rieron de sus aspiraciones. Un comentarista aseguró: «Brailsford ha preparado su propia caída en desgracia». Pero en 2012, dos años antes del límite que se había impuesto, Bradley Wiggins se convirtió en el primer corredor británico en ganar la competición. Un año después repitió victoria con Chris Froome, otro británico. Fue considerado uno de los mayores logros de la historia deportiva británica.

¿Cómo lo hizo? ¿Cómo consiguió triunfar, no en una, sino en dos disciplinas ciclistas? Estas fueron las preguntas que le hice durante una cena en el hotel después de que me enseñara todas las instalaciones del equipo.

Su respuesta fue clara: «Se trata de ganancias marginales —me contó—. La idea es que, si descompones un gran objetivo en pequeñas partes, y mejoras en cada una de ellas, lograrás un progreso impresionante cuando las juntes todas».

Parece sencillo pero, como filosofía, las ganancias marginales se han convertido en uno de los conceptos más en boga no solo en el mundo del deporte, sino en muchos otros ámbitos. Ha sido la base de conferencias empresariales, seminarios e incluso ha sido debatido en las fuerzas armadas. Muchas disciplinas británicas han incorporado a un director de ganancias marginales.

Pero, en el aspecto práctico, ¿qué significa realmente esta filosofía? ¿Cómo se aplica una estrategia de ganancias marginales tanto en el deporte como en otras organizaciones? Y lo más importante:

¿por qué descomponer un proyecto en partes más pequeñas te ayuda a lograr los objetivos más ambiciosos?

Para obtener una respuesta, dejemos el ciclismo por un momento y centrémonos en un ámbito de la vida muy diferente. Porque resulta que para comprender el significado de las ganancias marginales lo mejor es analizar uno de los retos más importantes a los que se enfrenta el mundo de hoy: la pobreza mundial.

--- || ---

Observa la gráfica de más abajo.[200] Fue confeccionada por Esther Duflo, una de las economistas más respetadas del mundo que actualmente trabaja en el MIT.

Las barras verticales de color gris claro muestran la ayuda que se ha dedicado a África en los últimos treinta años. Como puedes ver, la cantidad ha aumentado gradualmente desde principios de los años sesenta, con un pico de casi 800.000 millones de dólares en 2006. Las inversiones tienen un objetivo simple: mejorar la vida de la gente más pobre. Es una cuestión importante puesto que cada año mueren 25.000 niños debido a causas que son previsibles.[201]

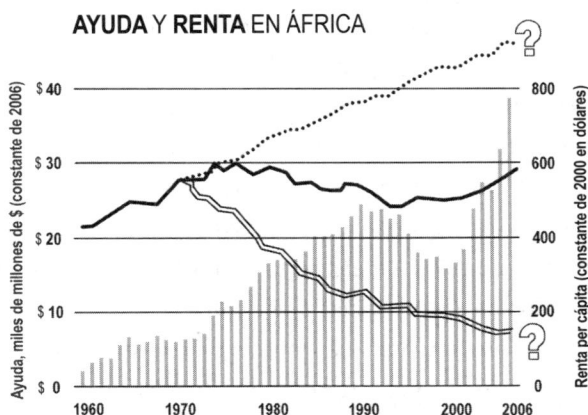

AYUDA Y RENTA EN ÁFRICA

La pregunta clave es la siguiente: ¿sirvió de algo la inversión? ¿Mejoró las vidas de las personas a las que tenía que ayudar?

Un buen lugar por el que comenzar a responder esta pregunta es con el PIB de África. Como puedes ver, más o menos ha permanecido constante durante todo el periodo. Podríamos concluir que el dinero gastado en África no ha servido de mucho. No ha impulsado la actividad económica. No ha mejorado el nivel de vida de los africanos. De hecho, parece que haya sido una forma carísima de perder el tiempo.

Pero lo que hemos aprendido en el capítulo anterior nos enseña a ser prudentes. ¿Por qué? Porque los datos no nos dicen nada del elemento contrafactual. Tal vez la ayuda haya sido tremendamente importante. Tal vez, sin ella, el PIB de África habría caído mucho más, como muestra la línea blanca de la gráfica.

Por descontado, también existe otra posibilidad. Quizá la ayuda fue más negativa de lo que nos puede hacer creer la línea negra. Quizá fue un desastre, suprimió los incentivos, favoreció la corrupción y mermó el crecimiento tal y como habría sido. Quizá, sin la ayuda, África se habría desarrollado mucho más, como muestra la línea punteada del gráfico. ¿Cómo podemos saberlo?

Las dos alternativas tienen defensores de primer orden. Jeffrey Sachs, director del Earth Institute de la Universidad de Columbia, por ejemplo, es un portavoz del gasto en desarrollo. Asegura que la ayuda ha mejorado la vida de los africanos y que con más dinero se podría erradicar la pobreza por completo. Su libro superventas, *El fin de la pobreza*, se basa en esta premisa.[202]

Pero, por otro lado, un economista de la Universidad de Nueva York, William Easterly, no está en absoluto de acuerdo. Su argumento es que el gasto en ayudas ha tenido todo tipo de efectos no deseados, y que a África le habría ido mejor sin intervención alguna. En su libro *The White Man's Burden* [*La carga del hombre blanco*] expone su opinión con tanta solidez intelectual como Sachs.[203]

La mejor forma de decidirse por una de las dos opciones sería llevar a cabo una prueba controlada aleatorizada. De este modo, podríamos aislar los efectos del gasto en desarrollo de otros factores influyentes en el PIB de África. Pero nos encontramos con un problema bastante insoslayable. Solo existe un África. No podemos juntar varias Áfricas diferentes, dividirlas aleatoriamente en dos grupos, dar ayuda a unas y a otras no, y luego observar los resultados.

Tal vez parezca una cuestión trivial, pero tiene implicaciones profundas. Cuando se trata de cuestiones de gran magnitud, es muy difícil experimentar con ellas de forma controlada. Para hacer una PCA necesitas un grupo de control, lo cual no es fácil cuando aquello que se analiza es muy grande. Lo mismo ocurre en muchos otros ámbitos, como en el cambio climático (solo hay un planeta), cuestiones de guerra y paz, y similares.

Y esto nos lleva directamente al concepto de las ganancias marginales. Si la respuesta a una gran pregunta es difícil de obtener, ¿por qué no descomponerla en varias preguntas más pequeñas? Al fin y al cabo el gasto en ayudas tiene muchos subcomponentes. Existen programas para la malaria, la alfabetización, la construcción de carreteras, la educación y las infraestructuras que se rigen por normas diferentes, con distintos tipos de incentivos y organizaciones muy dispares.

A esta escala, analizando programa por programa, es perfectamente posible hacer experimentos controlados: aplicar un programa a algunas comunidades y a otras no, y luego compararlas para saber si funciona. En lugar de discutir si la ayuda funciona en su conjunto (un debate muy difícil solo con los datos que provienen de la observación), podemos obtener respuestas definitivas en un nivel menor y construir conclusiones a partir de ahí.

Un ejemplo concreto: supón que están intentando mejorar los resultados educativos en África. Una forma de ver si el gasto en ayudas funciona sería analizar la correlación entre la cantidad del gasto y la puntuación educativa media del continente. El problema es que no sabrías nada del elemento contrafactual (cómo hubieran ido las puntuaciones sin la inversión).

Pero ahora supón que en lugar de examinar el panorama general te centras en un programa individual. Es precisamente lo que hicieron un grupo de economistas pioneros en las empobrecidas regiones de Busia y Teso al oeste de Kenia. Como señala Tim Harford en su libro *Adáptate*, los economistas querían saber si regalar libros de texto en las escuelas mejoraría las notas de los alumnos. Intuitivamente, estaban bastante seguros de que así sería. En el pasado, los resultados basados en la observación habían sido buenos. Las escuelas que recibían libros solían tener alumnos con mejores notas.

No obstante, los economistas querían estar seguros, así que llevaron a cabo una PCA. En lugar de entregar los libros de texto a las escuelas que más los necesitaban, que es la práctica habitual, separaron aleatoriamente un conjunto de escuelas en dos grupos: uno recibió los libros de texto gratis y el otro, no. Ahora tenían un grupo de tratamiento y otro de control. Era el momento de saber si los libros servían para algo.

Cuando llegaron los resultados fueron a la vez contundentes y sorprendentes. Los estudiantes que recibían libros gratis no tenían un rendimiento mejor que los otros. Los resultados de la prueba en los dos grupos de escuelas fueron casi idénticos. Esta respuesta contradecía la intuición y los datos basados en la observación. Pero es precisamente lo que suelen hacer las pruebas aleatorizadas.

El problema no eran los libros, sino la lengua en la que estaban escritos. El inglés es la tercera lengua para la mayoría de los niños que viven en las tierras remotas de Busia y Teso. Tenían que esforzarse mucho para comprender algo. Y los investigadores no se habrían dado cuenta de ello si no hubieran hecho una prueba. Desbarataba una de las suposiciones no probadas de su estrategia.

Al ver que habían fracasado, los economistas intentaron otra táctica. Elaboraron otra prueba aleatorizada, pero en lugar de utilizar libros de texto, usaron ayudas visuales. Se trataba de rotafolios con gráficos atractivos sobre geografía, matemáticas y otras disciplinas. De nuevo, esperaban una mejora en los resultados de los alumnos. Y, de nuevo, al comparar los resultados del grupo de control con el de tratamiento, se dieron cuenta de que los rotafolios eran un fracaso. No se apreciaba ninguna mejora significativa en el aprendizaje.

Sin perder los ánimos, los economistas empezaron a enfocar el problema de una forma diferente. Se les ocurrió algo totalmente nuevo: una medicación antiparasitaria. Puede que parezca una forma curiosa de mejorar la educación, pero los investigadores sabían que los parásitos impedían el crecimiento, causaban somnolencia a los niños y favorecían el absentismo. Afectaban de forma desproporcionada a los niños que vivían en comunidades remotas, precisamente como los de Busia y Teso.

Aquella vez los resultados fueron excelentes. Excedieron por completo las expectativas de los investigadores. En palabras de Tim Harford: «El programa fue un éxito rotundo, los niños aumentaron de estatura, disminuyeron los índices de reinfección y se redujo un cuarto el absentismo escolar. Y salió barato».[204]

Es un ejemplo de ganancia marginal. Se trataba de un programa en una región pequeña. Pero, al observar la educación a esta escala, se podía comprobar qué funcionaba y qué no. Los economistas hicieron pruebas, fracasaron y aprendieron. Podían extrapolarlo a otras áreas mientras seguían haciendo pruebas, las repetían y generaban más ganancias marginales.

Quizá parezca una forma lenta de mejorar, pero considera cuál es la alternativa, es decir, que los economistas hubieran seguido confiando en la intuición y en los datos basados en la observación. Seguirían entregando libros de texto, diciéndose a sí mismos que sirve para algo cuando, en realidad, no sirve para nada en absoluto.

Ahora la forma de trabajar de estos economistas pioneros ha transformado el desarrollo internacional de la última década. No propone grandes planes globales, sino que buscan pequeñas mejoras. En palabras de Esther Duflo, la economista francesa que es la cara visible de esta estrategia: «Si no sabemos si nuestra labor sirve para algo, somos como los médicos medievales con sus sanguijuelas. A veces, el paciente mejora; a veces, muere. ¿A causa de las sanguijuelas o por otra causa? No lo sabemos».[205]

A los críticos de las pruebas aleatorizadas les preocupa la moralidad de «experimentar con personas». ¿Por qué un grupo tiene X mientras que otro tiene Y? ¿No deberían tener el derecho al mejor tratamiento posible? Desde esta óptica, las PCAs podrían ser poco éticas. Pero pensémoslo desde otro punto de vista. Si de verdad no sabes qué política es la adecuada, la única forma de saberlo es haciendo una prueba. La alternativa no es moralmente neutral: solo significa que nunca aprendes y que, a largo plazo, no ayudas a nadie.

Duflo, una mujer menuda y dinámica, no cree que su obra carezca de ambición. Más bien considera que estas mejoras graduales son pioneras. Tal y como me explicó:

> Es muy fácil recostarse en el sillón y elaborar grandes teorías para cambiar el mundo. Pero a menudo nuestras intuiciones están equivocadas. El mundo es demasiado complejo para poder comprenderlo desde el sillón. La única forma de estar seguros es probando en la realidad tus ideas y programas y dándote cuenta de que, frecuentemente, estás equivocado. Pero eso no es algo malo. Es imprescindible para el progreso.

Esto nos devuelve a la obra de Toby Ord, de quien hemos hablado en el Capítulo 7. Aprovecha los datos de economistas como Duflo para aconsejar a individuos a quién donar su dinero. Se dio cuenta de que confiar en las intuiciones y en la narrativa puede significar malgastar millones de dólares en programas ineficientes. Y esta es la razón por la que cientos de experimentos controlados se están llevando a cabo en los países en desarrollo. Cada prueba demuestra si una política o un programa funciona o no funciona.

Cada prueba genera una ganancia pequeña de uno u otro tipo (recuerda que el fracaso no es inherentemente malo, sino que abre el camino a nuevas ideas). Al descomponer un gran problema en partes más pequeñas, es más fácil identificar las falacias narrativas. Fracasas más, pero aprendes más.

En palabras de Duflo: «Es posible lograr un progreso significativo en el problema más grande del mundo gracias a la acumulación de varios pasos pequeños, cada uno de los cuales está bien pensado, cuidadosamente probado y aplicado sensatamente».[206]

--- III ---

Y esto nos lleva de nuevo a David Brailsford y el ciclismo británico. Fíjate en lo parecidas que son esta última cita de Duflo y la que anteriormente ha aparecido de Brailsford. «La estrategia surge de la idea de que, si descompones un gran objetivo en partes pequeñas, y mejoras cada una de ellas, lograrás un progreso impresionante cuando las juntes todas.»

El ciclismo es una disciplina muy diferente del desarrollo internacional, pero el éxito del entrenador más innovador de esta disciplina se basa en el mismo concepto. En palabras de Brailsford: «Pronto me di cuenta de que tener una gran estrategia era fútil por sí mismo. Se debe prestar atención a los niveles inferiores, saber qué funciona y qué no. Cada paso es un pequeño paso, pero, si los juntas, es un gran avance».

Dirigir pruebas controladas en ciclismo es mucho más fácil que hacerlo en la ayuda al desarrollo, en gran parte porque el objetivo de este deporte es relativamente simple: ir de A a B lo más rápido posible. Para crear el diseño de bicicleta más eficiente, por ejemplo, la federación británica adquirió un túnel de viento. Con este aparato pudieron aislar el efecto de la aerodinámica, cambiar el diseño de la bici y probarla en condiciones idénticas. Para conocer cuáles eran los métodos de entrenamiento más efectivos, Brailsford confeccionó unas tablas de datos para registrar todos los subcomponentes del rendimiento fisiológico.

«Cada mejora era pequeña —dijo Brailsford—. Pero eso no era lo importante porque cada vez comprendíamos mejor todos los aspectos del rendimiento. Supuso la diferencia entre seguir los pasos de todos los demás o ir abriendo camino.»

En *Corporate Creativity* [*Creatividad corporativa*], Alan Robinson y Sam Stern escriben que Bob Crandall, expresidente de American Airlines, eliminó una aceituna de las ensaladas y, al hacerlo, ahorró a la compañía 500.000 dólares anuales.[207] Muchos lo consideraron una ganancia marginal. Pero ¿realmente lo era? Después de todo, si quitar una aceituna es una buena idea, ¿por qué no hacer lo mismo con la lechuga? ¿En qué punto empieza a afectar al producto o la actividad un recorte de gastos?

Ahora podemos tener una respuesta clara. Las ganancias marginales no consisten en hacer pequeños cambios y esperar que funcionen. Más bien, consisten en descomponer un problema grande en partes pequeñas para verificar de forma rigurosa qué funciona y qué no. En última instancia, se basa en una propiedad de las pruebas empíricas: para saber si algo funciona, debemos aislar su efecto. Los experimentos controlados son de carácter inherentemente «marginal».

Brailsford lo expresa del siguiente modo: «Si descompones una actuación en distintas partes, luego puedes reconstruirla con más solidez. Una información clara es la base de las mejoras. Las ganancias marginales, como estrategia, consisten en tener la suficiente honestidad intelectual para ver dónde te equivocas y, por lo tanto, cómo puedes mejorar».

La mentalidad de las ganancias marginales impregnó todas las formas de hacer del Team Sky. Los ciclistas dormían en el mismo tipo de colchón para obtener una ganancia marginal en la calidad del descanso, limpiaban minuciosamente sus habitaciones antes de llegar a un nuevo hotel para lograr una ganancia marginal al reducir las infecciones, y lavaban la ropa con un detergente respetuoso con la piel para obtener una ganancia marginal en comodidad.

«Algunos creen que es agotador pensar en un nivel de detalle tan alto —asegura Brailsford—. Pero, al menos para mí, sería mucho más agotador no analizar todos estos aspectos. Prefiero tener respuestas claras que engañarme a mí mismo creyendo que tengo las respuestas "correctas".»

Pero puede que el resultado más impactante de las ganancias marginales no se encuentre en el ciclismo, sino en la Fórmula 1. Durante las últimas semanas de la temporada de 2014 visité la sede de Mercedes en Brackley, pocos kilómetros al norte de Oxford. Es una zona industrial repleta de edificios grises cruzada por un riachuelo. Allí viven profesionales brillantes, apasionados por el deporte cuya atención por los detalles es asombrosa.

«Cuando empecé en la Fórmula 1 registrábamos ocho canales de datos. Ahora registramos 16.000 para cada uno de los parámetros del coche. Y de estos obtenemos otros 50.000 canales secundarios —me dijo Paddy Lowe, un ingeniero formado en Cambridge que actualmente es el director técnico de Mercedes F1—. Cada canal nos proporciona información de un aspecto del rendimiento. Es muy detallado y además nos permite aislar mediciones clave que nos ayudan a mejorar.»

La manera más intuitiva de comprender la relación entre las ganancias marginales y las mejoras significativas es analizar la parada en boxes. Es una de las miles de facetas diferentes que, en conjunto, determinan si un equipo de F1 tiene éxito o no. Aunque se trata de un aspecto marginal, es uno de los más esenciales. Para entenderlo mejor viajé a Abu Dhabi, donde se corría el último Gran Premio, y no perdí detalle del funcionamiento de la escudería.

En el cuartel general del equipo, una casa de tres pisos del circuito de Yas Marina, conversé con James Vowles, el director de estrategia de Mercedes F1. Le pregunté cómo desarrollaban una parada en boxes óptima. Esto es lo que me respondió:

> Utilizamos el mismo método para todo, no solo para la parada en boxes. En primer lugar, debes comprender profundamente los problemas de ingeniería. Así que, en la parada en boxes, aplicamos algunas de nuestras mejores ideas. Pero el problema en su conjunto es complejo, de modo que nuestra estrategia nunca llegaba a ser óptima. Decidimos crear varios sensores para medir exactamente lo que estaba ocurriendo y verificar si nuestras suposiciones eran ciertas o no.
>
> Lo esencial, sin embargo, sucedió luego. Después de pasar por un ciclo de prácticas con la estrategia inicial, enseguida te das cuenta de que existen diversos datos que no estás midiendo. Practicar las paradas en boxes pone de relieve aspectos esenciales que no teníamos en cuenta en el proyecto inicial. Así que la segunda etapa del ciclo es mejorar las estadísticas de medición, incluso antes de empezar a mejorar el proceso de la parada en boxes.

Piensa en esto un momento. Hemos hablado del concepto del ciclo abierto. Es cuando una estrategia se pone en práctica y se comprueba si funciona. Al ver los errores, mejoras la estrategia. Pero

Mercedes lo lleva un paso más allá. Aprovechan la primera prueba para poder obtener mejor información, no para mejorar la estrategia. Solo cuando comprenden profundamente los datos relevantes, empiezan a repetir las pruebas.

En palabras de Vowles:

> Colocamos ocho sensores en cada una de las llaves neumáticas para obtener los datos más sistemáticos que podemos. Solo observando estos datos puedo saber con seguridad qué ha ocurrido en cada parada en boxes. Cuando el técnico de neumáticos coloca la llave, por ejemplo, puedo saber que se ha desfasado veinte grados del ángulo óptimo. Cuando empiezan a rotar la llave, podemos saber el tiempo que le ha llevado a la tuerca para aflojar los torques y que la rueda empiece a separarse del eje.
>
> Puedo saber lo rápido que se ha apartado el técnico, lo rápido que vuelve a conectar la llave, cuánto tiempo requiere quitar la rueda y colocar otra en el eje, con qué precisión se ha hecho la segunda conexión y cuánto tiempo ha debido utilizar la llave. La precisión de toda esta información nos ayuda a crear un ciclo óptimo. Nos ayuda a mejorar cualquier aspecto en el que el tiempo sea esencial.

Son ganancias marginales en modo turbo. «Debes mejorar la obtención de datos antes de mejorar la función final. Lo que haces es asegurarte de que comprendes lo que inicialmente no comprendías —afirma Vowles—. Es importante porque necesitas tener la información adecuada en el momento adecuado para conseguir un progreso óptimo que, más adelante, mejorará y dirigirá el ciclo.»

Aquella tarde bajé a la pista para ver cómo trabajaba el equipo. Era una demostración impresionante de un esfuerzo colectivo. Tres técnicos colocaron en su posición el coche de Lewis Hamilton, el primer conductor de Mercedes, y enseguida un equipo de dieciséis personas se abalanzó sobre el vehículo, todos con tareas específicas y procedimientos minuciosamente coordinados. Practicaban una y otra vez, imaginando cualquier contingencia que pudiera ocurrir en la carrera del día siguiente. Cada una de estas prácticas se medía con ocho sensores y se grababa en vídeo para poder mejorar el proceso. Una de las paradas de las que fui testigo se completó en unos increíbles 1,95 segundos.*

Según Vowles:

> El secreto de la F1 moderna no son los grandes factores, sino los cientos de miles de factores marginales que se optimizan hasta el enésimo grado. A veces se piensa que, por ejemplo, los motores se basan en decisiones estratégicas de primer nivel, pero no es así. ¿Qué es un motor sino las miles de pruebas que se hacen a los componentes más pequeños? Empezamos con un diseño inteligente, pero solo el proceso de repetición nos da la mejor solución. El éxito consiste en crear el ciclo de optimización más efectivo.

También conversé con Andy Cowell, el jefe del equipo que diseñó el motor. Su actitud no se alejaba ni un ápice de la de Vowles:

> Acabamos de diseñar el motor para que pudiera funcionar a finales de diciembre [de 2012]. No lo diseñamos para adaptarse perfectamente al coche. No tratamos de construirlo con un peso

---

* Algunos médicos del hospital infantil Great Ormond Street fueron a ver un equipo de Fómula 1 para aprender de las paradas en boxes. Querían mejorar el traslado de los pacientes desde el quirófano a la unidad de cuidados intensivos. Después de la visita, el número de errores cayó espectacularmente. Véase http://asq.org/healthcare-use/why-quality/great-ormond-street-hospital.html

y un diseño aerodinámico perfecto. Más bien diseñamos rápidamente un modelo que funcionase para poder probarlo y mejorarlo. Fue el proceso de aprendizaje en el módulo de pruebas lo que nos ayudó a crear el motor más térmicamente eficiente del mundo.

La estrategia de las ganancias marginales no consiste solo en repeticiones mecánicas. Se necesita inteligencia y creatividad para determinar qué decisiones tomar respecto a lo que nos dicen los datos. Pero aquello que se decida se pondrá a prueba a su vez en el siguiente ciclo de optimización. La creatividad, si no está fundamentada en un mecanismo que aporte información, es poco más que ruido blanco. El éxito es una interacción compleja entre la creatividad y las mediciones, complementándose, porque son las dos caras del ciclo de optimización.

Analizaremos con más detalle el proceso creativo en el siguiente capítulo, pero Vowles y Cowell han descrito un modelo muy atractivo. Es el modelo que usó Brailsford y la última generación de economistas del desarrollo. Mercedes registra, literalmente, miles de errores mínimos. En palabras de Toto Wolff, el carismático director ejecutivo del equipo: «Nos aseguramos de saber dónde nos equivocamos para poder hacerlo bien».

La idea básica de este libro es que tenemos una actitud alérgica hacia los fracasos. Queremos evitarlos, ocultarlos y eliminarlos de nuestras vidas. Hemos examinado la disonancia cognitiva, el uso de los eufemismos y cualquier cosa que alivie el dolor cuando nos damos cuenta de que nos hemos equivocado.

Brailsford, Duflo y Vowles consideran las debilidades desde otra óptica. Cada error, cada defecto, sin importar lo pequeño que sea, es una ganancia marginal disfrazada. La información que proporcionan no es una amenaza, sino una oportunidad. En cierto sentido, son como los expertos de seguridad de la aviación, que consideran cada incidencia como una oportunidad preciosa para evitar un accidente antes de que suceda.*

El día anterior al Gran Premio del circuito de Yas Marina, se hizo la ronda de clasificación. Es cuando los pilotos corren para ver quién hace la vuelta más rápida y, por lo tanto, ocupa la *pole position* (el primer lugar en la parrilla de salida). Nico Rosberg, el piloto alemán de la escudería Mercedes, obtuvo la primera posición y Lewis Hamilton, su compañero de equipo, la segunda.

Después me permitieron asistir a la altamente secreta reunión informativa del equipo. Hamilton y Rosberg se sentaron a una mesa cara a cara en el garaje de Mercedes, a pocos metros de la pista. Estaban flanqueados por sus respectivos ingenieros de carrera. A la izquierda, se encontraba Paddy Lowe, el jefe técnico, y en las otras mesas había los expertos en otros aspectos.

Todos llevaban cascos con micrófonos y escrutaban los datos en las pantallas. En una esquina, una gran pantalla mostraba al resto del equipo que se había quedado en el Reino Unido para que pudieran participar en la conversación. Gran parte de la reunión era confidencial, pero el proceso me pareció fascinante. Repasaron con Hamilton y Rosberg cada aspecto de la carrera: los neumáticos, el motor, el casco, si las bebidas que consumían durante la clasificación estaban a la temperatura adecuada.

Cada observación de los pilotos se contrastaba con los datos y se anotaban las posibles mejoras. Después de la reunión, empezaba inmediatamente la siguiente etapa del ciclo de optimización, con

---

* Al principio de este libro hemos analizado cómo la aviación aprende de los errores al estudiar los accidentes o los incidentes menores. Estos hechos sirven para producir hipótesis sobre lo que fue mal y cómo se puede mejorar el sistema. Pero el proceso no acaba aquí. Después de todo, los cambios que se propongan, por muy intuitivos que sean, pueden provocar peligros imprevistos. En lugar de esto, los cambios propuestos se ponen a prueba en simuladores, bajo condiciones diferentes y con distintos pilotos, antes de incorporarlos al sistema real. En otras palabras, la aviación aprende de los errores en múltiples niveles para progresar.

análisis que creaban nuevas ganancias marginales. No podía evitar sorprenderme por el contraste entre esta forma de hacer las cosas y otros ámbitos de la actividad humana.

Al día siguiente seguí la carrera desde el garaje de Mercedes. Hamilton, desde la segunda posición, hizo una salida impresionante y acabó ganando la carrera. Los puntos de esta victoria le permitieron ponerse al frente de la clasificación de pilotos y Rosberg quedó segundo. Mercedes, por lo tanto, ganó el campeonato de constructores y se convirtió en el mejor equipo de la F1.

Después, los mecánicos, ingenieros, técnicos y los pilotos descorcharon botellas de champán en el garaje. «Yo conduzco el coche, pero tengo un equipo impresionante respaldándome», declaró Hamilton. Vowles añadió: «Esta noche nos lo pasaremos bien. Pero mañana aplicaremos lo que hemos aprendido hoy en el ciclo de optimización».

Paddy Lowe, el responsable de las operaciones técnicas, habló desde el fondo del garaje: «La F1 es un entorno muy especial porque aúna a personas increíblemente inteligentes que tienen el mismo deseo de ganar. La ambición impulsa la innovación. Aquello que inventamos hace dos años, ahora ya es viejo. Quedarse quieto equivale a extinguirse».

---IV---

Google debía tomar una decisión. Jamie Divine, uno de los diseñadores más importantes de la empresa, había creado un nuevo tono de azul para la barra de herramientas de Google. Creía que iba a aumentar considerablemente el número de «clics».

La narrativa del nuevo tono era muy buena. El nuevo color era seductor: encajaba con lo que se sabía de la psicología de los consumidores. Después de todo, Divine era uno de los mejores diseñadores. Pero ¿cómo podía saber Google que estaba en lo cierto?

La forma convencional de hacerlo habría sido cambiar el tono y ver qué pasaba. El problema de esta estrategia, a estas alturas, debería ser evidente para ti. Aunque aumentaran los clics, Google no podría saber si estaban motivados por el cambio de color o por otra cosa. Quizá el número de clics aumentaría más si mantenían el mismo color.

Y esta fue la razón de que, mientras los directivos debatían la propuesta de Divine, el director de producción decidió hacer una prueba. Tomó un tono de azul ligeramente diferente (con un poco de verde) y comparó su comportamiento con el tono de azul de Divine. Los usuarios de la web de Google fueron separados aleatoriamente en los dos tonos y se estudió su comportamiento. Era una PCA. El resultado del experimento fue claro: había más usuarios que pulsaban en el tono azul con un poco de verde.

No hubo discusión o enfrentamiento alguno, como suele ocurrir con algunas decisiones empresariales. Lanzaron una moneda al aire, aleatoriamente, y registraron los datos.* El hecho de que el tono de Divine no fuera más efectivo no significaba que él fuera un mal diseñador. Más bien demostraba que sus considerables conocimientos no eran suficientes para predecir cómo una leve alteración en el color impactaba en la conducta de los consumidores. Pero en realidad nadie podía saberlo con seguridad. El mundo es demasiado complejo.

Sin embargo, era solo el principio. Los directivos de Google sabían que el éxito del azul-verdoso no era definitivo. Al fin y al cabo, ¿quién podía asegurar que ese tono en particular era mejor que cualquier otro posible? Marissa Mayer, de Yahoo!, que por entonces era vicepresidenta de Google, propuso una prueba más sistemática.

---

* Para llevar a cabo una PCA de forma efectiva es importante ceñirse a una metodología precisa con una cantidad de muestras suficientes. Véase http://www.evanmiller.org/how-not-to-run-an-ab-test-html

Dividió las partes más importantes del espectro en cuarenta tonos e hizo otra prueba.

Se agrupó aleatoriamente a los usuarios de Google Mail en cuarenta grupos del 2,5 por ciento y, cuando visitaban la web en momentos diferentes del día, les mostraban un tono distinto cada vez. Google registró los datos y pudo determinar el tono más idóneo gracias a las pruebas, en lugar de guiarse por ideas brillantes o una narrativa atrayente. Decidieron cuál era el mejor tono a través del ensayo y error.

Este procedimiento es ahora una parte esencial del funcionamiento de Google. En 2010 la empresa llevaba a cabo 12.000 PCAs cada año. Es una cantidad de experimentos asombrosa y significa que Google comete miles de pequeños errores. Aunque cada una de las PCAs pueda parecer demasiado específica, el efecto acumulativo es muy diferente. Según Dan Cobley, el responsable de Google en el Reino Unido, el cambio de color generó unos ingresos extras anuales de 200 millones de dólares.*

Aunque tal vez la empresa que más se asocia con las pruebas aleatorizadas sea Capital One, el proveedor de tarjetas de crédito. Fue creada por Rich Fairbank y Nigel Morris, dos consultores con experiencia en la investigación basada en las pruebas. Crearon la compañía con una idea en la cabeza: hacer tantas pruebas inteligentes como pudieran.

Cuando mandan cartas para captar nuevos clientes, por ejemplo, podían haber acudido a un montón de expertos para que les aconsejaran plantillas y colores. ¿Debían ser rojas o azules? ¿La fuente debía ser Times New Roman o Calibri?

Pero, en lugar de debatirse entre estas opciones, Fairbank y Morris las pusieron a prueba. Enviaron 50.000 cartas de un color y

---

* Se debe considerar más una estimación que una cantidad definitiva, puesto que muchas otras variables han afectado a los ingresos desde que cambiaran de color.

50.000 de otro a hogares seleccionados aleatoriamente, y luego calcularon la rentabilidad de cada grupo. Después, en todos sus centros, probaron con diferentes fuentes, diferentes redacciones y diferentes textos.[208]

Desde que fundaron Capital One han hecho experimentos similares cada año. Han convertido la empresa en un «laboratorio científico en el que cada decisión sobre el diseño del producto, el marketing, los canales de comunicación, las líneas de crédito, la selección de clientes, los criterios de selección y las decisiones de las ventas cruzadas se someten a pruebas sistemáticas gracias a miles de experimentos».[209]

En 2015 Capital One estaba valorada en cerca de 45.000 millones de libras.

Jim Manzi, un empresario estadounidense que asesora a las empresas para que hagan pruebas aleatorizadas, estima que el 20 por ciento de todos los datos de ventas al por menor pasa ahora por plataformas de *software*. Es una muestra más de hasta qué punto la estrategia de las ganancias marginales se ha adoptado en el mundo corporativo. «Las empresas llevan a cabo más PCAs que todas las demás instituciones juntas —me aseguró—. Es uno de los mayores cambios en las prácticas empresariales de la última generación.»[210]

El Harrah's Casino Group es un símbolo de la revolución silenciosa que está teniendo lugar. La empresa, propietaria de casinos y centros de descanso y esparcimiento en Estados Unidos, tiene tres reglas de oro para su personal: «No acoses a las mujeres, no robes y dispón siempre de un grupo de control».

Las PCAs, ya sea en el mundo empresarial o en otro ámbito, a menudo dependen del contexto. Una prueba de ello es que, por ejemplo, mejorar los resultados educativos de Kenia no tiene por qué obtener el mismo resultado en Londres.* Es a la vez la belleza y el problema del mundo social. Se deben hacer muchas pruebas y muchas repeticiones para saber hasta qué punto las conclusiones se pueden extrapolar de un contexto a otro. Para hacerlo, debemos tener la capacidad para hacer experimentos a mayor escala y con menos costes por unidad.

Pero esto no significa que no podamos llegar a conclusiones importantes gracias a las PCAs. Quizá la aplicación más ambiciosa de las pruebas aleatorizadas en el ámbito público tuvo lugar en las políticas laborales. Durante la década de 1980 una de las cuestiones más acuciantes en Estados Unidos era que aquellos que recibían prestaciones sociales se pusieran a trabajar. Convencionalmente, se habría decidido cómo hacerlo a través de un típico esquema de arriba abajo, con los presidentes y los congresistas asesorados por consejeros y grupos de presión.

No obstante, en este caso se optó por la experimentación. Como detalla Jim Manzi en su magnífico libro *Uncontrolled* [*Sin control*], los estados podían implementar políticas diferentes de las federales siempre y cuando utilizaran pruebas aleatorizadas para evaluar los cambios. Los resultados fueron espectaculares. Las pruebas demostraron que los incentivos económicos no funcionan, ni tampoco los límites temporales.

¿Qué funcionó? La exigencia de trabajo obligatorio. Fue lo que abrió el camino al muy efectivo programa para desempleados de Bill Clinton, que respaldó un congreso con mayoría republicana.

---

* A veces se llama a esto «validez externa»: se trata de saber hasta qué punto los resultados de una PCA se pueden aplicar en otros contextos. La farmacogenética es un campo que en gran medida se basa en esto: la eficacia de muchos fármacos depende del genotipo (y, por lo tanto, del origen étnico) de los pacientes. Consecuentemente, la mayoría de fármacos en circulación funcionan bien para los europeos y los estadounidenses blancos, porque la mayoría de grupos de prueba estaba formado por personas de este tipo.

--- **V** ---

No creas que la estrategia de las ganancias marginales solo la pueden adoptar grandes corporaciones, gobiernos y equipos deportivos. Es cierto que para hacer experimentos controlados se necesitan expertos y, a menudo, presupuestos considerables. Pero la predisposición de poner a prueba las suposiciones es, a fin de cuentas, una mentalidad. Consiste en honestidad intelectual y en estar dispuesto a aprender cuando te equivocas. Desde esta perspectiva, es importante para cualquier negocio. De hecho, para cada casi cualquier problema.

Take Takeru Kobayashi. Hace tiempo era un pobre estudiante de economía al que le costaba pagar la factura de la electricidad del apartamento que compartía con su novia en Yokkaichi, en la costa este de Japón. Entonces le hablaron del concurso de comida que daban por la tele con un premio de 5.000 dólares. Se inscribió, se entrenó a conciencia y ganó.[211]

Después se dio cuenta de que comer rápido era un deporte global con el que podía ganar mucho dinero. Era una posible forma de salir de la pobreza. Así que, como se relata en el libro *Think Like a Freak* [*Piensa como un friki*], Kobayashi se puso como objetivo la competición más importante del mundo: la Nathan's Hot Dog Eating Contest, en la que comen perritos calientes y que tiene lugar cada 4 de julio en Coney Island, Nueva York.

Las reglas son claras: comer tantos perritos calientes como puedas en doce minutos. Está permitido beber sin límite, pero no se puede vomitar de forma significativa (un problema que en este deporte se conoce como «reverso de la fortuna»).

Kobayashi afrontó la competición con una mentalidad de ganancias marginales. Primero, en lugar de comerse el perrito caliente entero (como habían hecho todos los campeones hasta ese momento), probó partiéndolo en dos. Descubrió que tenía más tiempo para masticar y le dejaba las manos libres para seguir colocándose comida en la boca. Era una ganancia marginal. Luego hizo el experimento de comerse el perrito y el bollo por separado, en lugar de hacerlo a la vez. Se dio cuenta de que tragaba los perritos con facilidad mientras que con el bollo, al ser pastoso, le costaba más.

Así que empezó a mojar los bollos en agua, y después experimentó con las temperaturas. Finalmente optó por agua con gas con aceite vegetal, luego grabó sus sesiones de entrenamiento, registró los datos en una hoja de cálculo, probó con estrategias ligeramente diferentes (a toda máquina, poco a poco, haciendo un *sprint* al final), ensayó diferentes formas de masticar y tragar, adoptó distintas poses corporales para manipular el espacio de su estómago y no vomitar. Puso a prueba hasta la más mínima suposición.

Cuando llegó a Coney Island estaba fuera de la clasificación. Nadie apostaba un duro por él. Era delgado y bajo, al contrario que la mayoría de sus adversarios. El récord mundial eran 25,124 perritos calientes en doce minutos, una marca impresionante. Muchos observadores pensaban que el límite humano no estaba lejos. Pero Kobayashi tenía otras ideas y puso patas arriba la competición. Se comió la exorbitante cantidad de 50 perritos calientes, casi doblando la anterior marca. «La gente piensa que si tienes mucho apetito, lo harás mejor —declaró—. Pero, de hecho, todo consiste en cómo te enfrentas a la comida que te ponen delante.»

Kobayashi había comido más que cualquier otro concursante en la historia no porque se hubiera agrandado quirúrgicamente el estómago o porque tuviera un esófago extra (como insinuaron otros concursantes), sino porque fue mejorando gracias a las ganancias marginales. Al sufrir todo tipo de fracasos mínimos, pero bien medidos y rigurosamente probados, encontró el camino al éxito. Una estrategia de abajo arriba, si se me permite la expresión en este tema.

Y si esta estrategia se puede aplicar a la deglución de barras saladas de carne embutida, se puede aplicar a casi todo.

---**VI**---

Para acabar este capítulo, analicemos el concepto de las ganancias marginales de forma visual. El proceso de optimización se puede comparar con llegar a una cima. Supongamos que te encuentras justo debajo de la cima más baja de dos montículos, en el Punto A, y das un paso en cualquier dirección. Luego determinas si has ido hacia arriba y, si es así, das otro paso más y vuelves a comprobar la dirección.

De esta manera, dando muchos pasos, asegurándote rigurosamente de que vas en la buena dirección, acabarás llegando a la cima de la ondulación más baja. El método es tan fiable que funciona incluso aunque vayas con los ojos vendados, como el experto en empresas, Eric Ries, ha escrito en su excelente libro sobre el arte de la optimización.[212]

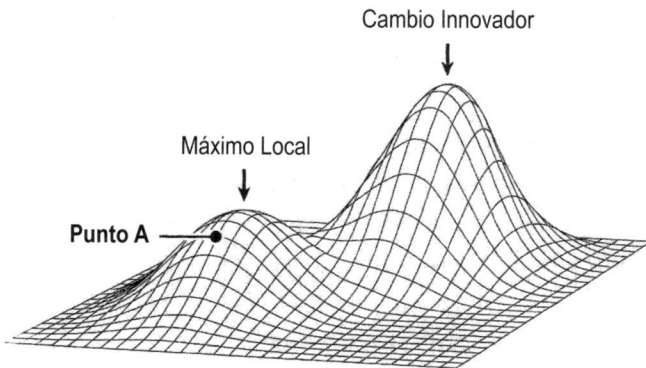

Este es el poder de las ganancias marginales. Al descomponer un gran objetivo en partes más pequeñas puedes llevar a cabo pruebas rigurosas y, consecuentemente, lograr mejoras. Puede que cada una de ellas, por sí mismas, parezcan mínimas o, como dice Brailsford, «literalmente insignificantes», pero con tiempo y disciplina se acumulan. Al final llegas al punto óptimo, la cima del montículo pequeño. Es el Máximo Local.[213] Suele ser la diferencia entre ganar y perder, ya sea en el deporte, en los negocios o comiendo perritos calientes.

Pero esta visualización también evidencia las limitaciones inherentes de las ganancias marginales. A menudo, en los negocios, en la tecnología y en la vida, no logramos progresar gracias a pequeños pasos bien dados, sino gracias a saltos creativos. Se trata de actos imaginativos que pueden cambiar por completo el panorama de un problema. Sin duda, a veces son los grandes impulsores del cambio en el mundo contemporáneo.

Para ver la diferencia, fijémonos en Blockbuster. Era un negocio de alquiler primero de vídeo y, más tarde, de DVDs. Como idea tuvo un gran éxito durante más de dos décadas, con unos ingresos altísimos. Nos podemos imaginar a un directivo de la empresa aplicando el concepto de las ganancias marginales: cambia el logo de la empresa, modifica ligeramente el diseño de los estantes y las tiendas, prueba con diferentes descuentos como dos por uno, etc.

Todas estas pruebas habrían tenido sentido. Con el tiempo, las mejoras se habrían acumulado y habrían llevado a la empresa a lo alto de la cima de la optimización local. Pero el problema también habría sido evidente: el modelo de negocio fue finalmente superado por Netflix y plataformas similares, haciendo que los vídeos y los DVDs acabaran siendo, en gran medida, obsoletos.* Las circunstancias cambiaron por completo. Y ninguna cantidad de ganancias marginales (al menos en un periodo de tiempo realista) le habría

---

* Blockbuster dejó pasar la oportunidad de comprar en 2000 la por entonces novata Netflix por 50 millones de dólares.

servido a Blockbuster para sobrevivir. La empresa desapareció en 2013.*

En el diagrama el nuevo panorama está representado por el montículo más alto. Las ganancias marginales es una estrategia que nos sirve para la optimización local: te ayuda a llegar a la cima del primer montículo. Pero, una vez allí, dar pequeños pasos, por muy seguros que sean, ya no sirve. Para seguir a la cabeza del negocio Blockbuster debería haberse desplazado a un espacio totalmente diferente, con nueva tecnología y conocimientos innovadores.

Existe un ferviente debate en el mundo político, científico y empresarial sobre si deben centrarse en saltos atrevidos hacia nuevos terrenos conceptuales o en ganancias marginales que optimizan las suposiciones fundamentales ya existentes. ¿Debemos poner a prueba las grandes suposiciones o las pequeñas? ¿Transformar el mundo o modificarlo? ¿Considerar el panorama general (el llamado *gestalt*) o los detalles (marginales)?

La respuesta más sencilla, sin embargo, es que es global. En los sistemas, y cada vez más en las organizaciones, el éxito depende de desarrollar la capacidad de pensar en grande y en pequeño, de ser imaginativo y disciplinado, de sumergirse en las minucias de un problema y en ser capaz de ver el panorama general.

En este capítulo hemos analizado los pequeños pasos que podemos dar al detectar fracasos mínimos. Las ganancias marginales, como filosofía, dependen de nuestra capacidad para aprender de lo pequeño, a menudo de debilidades latentes. Ahora nos vamos a centrar en los saltos de gigante, las audaces innovaciones de la tecnología, el diseño y la ciencia que han cambiado el mundo.

---

* En muchos casos, la evolución genética es una estrategia para la optimización local. Muchos algoritmos de optimización —programas informáticos que imitan a grandes rasgos el proceso evolutivo— tienen pasos que logran grandes cambios en intervalos regulares para explorar partes distantes del espacio de los parámetros y, por lo tanto, superan el óptimo local y se dirigen hacia la cima más alta.

Y comprobaremos que, bajo los inspiradores relatos de estos cambios, la verdad más profunda y desdeñada es que no pueden tener lugar sin el fracaso. Sin duda la aversión al fracaso es el obstáculo más importante del cambio creativo, no solo en los negocios, sino en cualquier ámbito.

10
CÓMO EL FRACASO
GENERA INNOVACIÓN

--- | ---

Las oficinas centrales de Dyson se encuentran en un edificio futurista a unos sesenta kilómetros al oeste de Oxford. Frente a la entrada hay un avión Harrier —y no es una réplica, sino que es auténtico— y una lancha de desembarco de alta velocidad. Los dos vehículos dan una idea del trabajo poco convencional que se lleva a cabo en el interior.

James Dyson, presidente y director de ingeniería de la empresa, tiene un despacho con una enorme cristalera sobre la entrada. En la pared posterior están expuestos todos los productos inteligentemente ideados que lo han convertido en un icono de la innovación británica: aspiradoras supereficientes, secadores de mano futuristas y otros dispositivos que aún deben salir de la cadena de producción. En conjunto, ha presentado más de cuatro mil patentes.[214]

A veces no se progresa gracias a pequeños pasos sino a grandes saltos. La televisión no fue una repetición de un producto anterior: fue una tecnología completamente nueva. La Teoría General de la Relatividad de Einstein no fue una modificación de la Ley de Gravitación Universal de Newton, sino que la reemplazó en casi cada uno de sus aspectos. De la misma manera, la aspiradora de doble ciclón de Dyson no fue el resultado de una mejora marginal de la aspiradora que existía en aquel momento, sino que representó un cambio total en la forma de pensar cómo limpiar el polvo y los pelos de los suelos de los hogares.

Dyson es un evangelista del proceso de cambio creativo en gran medida porque cree que no se comprende bien en el mundo actual. Mientras hablamos en su despacho, baraja todo tipo de ensayos, patentes, libros de texto y sus propios diseños para defender sus argumentos. Es un hombre alto, con ojos brillantes y muy inquieto. La entrevista, que debía durar una media hora, se nos alarga hasta última hora de la tarde, cuando el sol ya se ha puesto, y su rostro solo está iluminado por una lámpara de mesa (diseñada, casualmente, por su hijo: dispone de una bombilla LED que dura 160.000 horas en lugar de las habituales 2.000).

Dyson afirma:

> La gente cree que la creatividad es como un proceso místico. Se cree que las ideas emergen del éter gracias a la contemplación pura. Según este modelo, la innovación es algo que sencillamente ocurre, y normalmente les ocurre a los genios. Pero nada más lejos de la realidad. La creatividad es algo que debe trabajarse y tiene unas características específicas. A menos que comprendamos cómo funciona, no mejoraremos nuestra creatividad ni en la sociedad ni en el mundo.

El viaje de Dyson a la naturaleza de la creatividad empezó a los veintitantos años mientras pasaba el aspirador por su pequeña casa de campo al oeste de Inglaterra un sábado por la mañana. Como todo el mundo, no comprendía por qué su aspirador perdía capacidad de succión con tanta rapidez. «Era uno de los mejores modelos de Hoover —dice—. Tenía uno de los motores más potentes del mundo. Pero perdía poder de succión a cada minuto. Empezó a emitir un pitido agudo. Ya conocía este problema. De joven, una de mis tareas familiares era pasar el aspirador y la capacidad de succión era una pesadilla constante. Pero aquel día me tocó la moral.»

Dyson salió al jardín y abrió el aparato. En el interior vio la estructura de ingeniería básica de un aspirador convencional: el motor, la bolsa (que también hacía de filtro) y el tubo. El funcionamiento era simple: el polvo y el aire iban a parar a la bolsa, el aire salía por unos pequeños agujeros del revestimiento de la bolsa y el motor, mientras que el polvo, más grueso que el aire, permanecía en la bolsa.

La bolsa estaba llena de polvo, así que supuse que esa era la razón de que perdiera succión. Por lo tanto abrí la bolsa, vacié el polvo y la cerré con cinta adhesiva. Pero al volver a aspirar en el salón, la eficiencia seguía igual. El pitido empezó de inmediato y no succionaba nada.

Entonces me di cuenta de que el problema no era que la bolsa estuviera llena, sino la pátina de polvo que había en su interior y que obstruía la salida. Las partículas más finas de polvo saturaban el filtro. Y esta es la razón de por qué el rendimiento de una aspiradora normal baja tan rápidamente. Son las primeras motas de polvo las que bloquean el filtro.

En ese momento se le ocurrió una idea: ¿y si no hubiera bolsa? ¿Y si se pudiera fabricar un aspirador sin bolsa? «Si hallaba otra forma de separar el polvo del aire, sin usar una bolsa convencional, no se perdería capacidad de succión a causa del filtro saturado —me contó—. Sería una revolución en las aspiradoras.»

Durante tres años, Dyson no pudo sacarse esta idea de la cabeza. Licenciado en el Royal College of Art, era un ingeniero cualificado que trabajaba en una empresa de Bath. Le gustaba desmontar las cosas y ver cómo funcionaban. Era curioso, inquisitivo y prefería enfrentarse a una dificultad que aceptarla sin más. Y aquel era un problema real que le intrigaba.

Pero solo cuando visitó a un comerciante de madera se le ocurrió la solución como si fuera un relámpago.

Hoy en día te limitas a comprarle la madera e irte. Antiguamente debían cortarla y lijarla. Había que esperar un buen rato, así que observando el lugar me di cuenta de que había un tubo que salía de las máquinas y ascendía a una especie de artilugio que estaba en el techo, unos diez metros por encima de nuestras cabezas.

Era un ciclón [un aparato con forma de cono que cambia la dinámica del flujo de aire y separa el polvo del aire gracias a una fuerza centrífuga]. Estaba hecho de acero galvanizado. Y aunque las máquinas debían de producir una tonelada de polvo al cortar la madera, no salía nada de polvo del conducto. Me picó la curiosidad. Recogía polvo durante todo el día y no parecía que se atascara.

Dyson se fue corriendo a casa. Fue su momento «eureka». «Tenía unas ideas muy vagas de los ciclones mecánicos, nada muy específico. Pero me fascinaba la idea de que pudiera funcionar a una escala más pequeña. Tenía una caja de cartón e hice una réplica de lo que había visto con cinta americana y más cartón. Y luego lo uní a un aspirador. Ya tenía mi ciclón de cartón.»

El corazón le latía a mil por hora cuando empezó a pasarlo por su casa. ¿Iba a funcionar? «Parecía funcionar perfectamente bien —aseguró—. Aspiraba el polvo y este no salía por el conducto superior. Fui a hablar con mi jefe y le dije: "Creo que tengo una idea interesante".»

Esta sencilla idea, este momento revelador, le generaría a Dyson una fortuna personal de más de 3.000 millones de libras.

--- **||** ---

La historia de Dyson nos sugiere varias cosas. La primera es que la solución, en retrospectiva, parece bastante obvia. Es lo que suele ocurrir con las innovaciones, y volveremos sobre este aspecto más tarde.

Pero ahora fíjate en un par de cuestiones de la historia. La primera es que el proceso creativo comenzó con un *problema*, que incluso se podría llamar fracaso, de la tecnología existente. La aspiradora se atascaba. Soltaba un pitido. Dyson tenía que agacharse continuamente para recoger con la mano restos de suciedad del suelo.

Si todo hubiera ido a pedir de boca, Dyson no habría encontrado motivación alguna para cambiar las cosas. Además, no habría habido ningún reto intelectual que resolver. Fue la misma naturaleza del problema de ingeniería lo que suscitó la posible solución (un aspirador sin bolsa).

Y esto resulta ser casi una metáfora perfecta del proceso creativo, ya sea respecto a las aspiradoras, a la búsqueda de un nombre nuevo para un producto o a una nueva teoría científica. La creatividad, en muchos aspectos, es una *reacción*.

La Relatividad fue una reacción al fracaso de la mecánica newtoniana para hacer predicciones precisas cuando los objetos se mueven a grandes velocidades.

La cinta carrocera fue una reacción a la cinta adhesiva, que desconchaba la pintura al retirarla de las paredes o los coches.

El cochecito plegable fue una reacción a los modelos existentes tan difíciles de manejar (a Owen Maclaren, el diseñador, se le ocurrió la idea al ver cómo su hija se peleaba con un cochecito mientras paseaba con sus nietas).

La radio de cuerda fue la reacción a la falta de pilas en África, algo que estaba dificultando la divulgación educativa (a Trevor Baylis se le ocurrió la idea después de ver un programa televisivo sobre el sida).

Los cajeros automáticos fueron la reacción a la imposibilidad de conseguir dinero en efectivo fuera de los horarios de apertura. Fueron inventados por John Shepherd-Barron mientras se tomaba un baño una noche y sin dejar de preocuparse porque no había podido ir al banco.

Dropbox, como hemos visto, se debió a que su inventor se había olvidado la llave de memoria y no pudo acceder a sus archivos.

Este aspecto del proceso creativo, el hecho de que responda a una dificultad particular, ha generado su propia terminología. Se llama la «fase del problema» de la innovación. «Ese maldito aparato me había estado incordiando desde hacía años —afirmó Dyson de la aspiradora convencional—. No soportaba la ineficacia de la tecnología. Para mí no era tanto la "fase del problema", sino más bien la "fase del odio".»

Frecuentemente, no tenemos en cuenta este aspecto del proceso creativo. Nos centramos en el momento de la epifanía, la detonación que tuvo lugar cuando la manzana golpeó la cabeza de Newton o cuando Arquímedes se dio un baño. Quizá por esta razón la creatividad parece tan etérea. La idea es que estas revelaciones pueden ocurrir en cualquier momento y en cualquier lugar. Se trata de esperar sentado y dejar que fluyan.

Pero de este modo pasamos por alto un rasgo indispensable de la creatividad. Sin el problema, sin el fracaso, sin el defecto, sin la frustración, la innovación no tiene nada a lo que agarrarse. No tiene dónde pivotar. En palabras de Dyson: «Deberíamos pensar en la creatividad como en un diálogo. No se puede crear nada innovador si no existe antes un problema».

Una forma gráfica de comprender la naturaleza reactiva de la creatividad es analizar el experimento que, junto con sus colegas, hizo Charlan Nemeth, psicóloga de la Universidad de California, Berkeley.[215] Reunió a 265 estudiantes universitarias y las separó aleatoriamente en grupos de cinco. A cada grupo se le asignó la misma tarea (pensar ideas para reducir la congestión de tráfico en la bahía de San Francisco) y una forma de trabajar juntas.

La primera era la tormenta de ideas. Es una de las técnicas creativas más influyentes de la historia, y se basa en la concepción mística de la creatividad: a través de la contemplación y el libre flujo de ideas. La estrategia de la tormenta de ideas consiste en *suprimir* obstáculos y en minimizar las exigencias. Es importante no criticar a los demás ni resaltar las dificultades que pueda haber en sus ideas. No se permite el veto y la crítica negativa es un pecado.

En palabras de Alex Faickney Osborn, un directivo de publicidad que escribió varios superventas sobre las tormentas de ideas durante las décadas de 1940 y 1950: «La creatividad es una flor tan delicada que el elogio la hace florecer y el desaliento la marchita».[216]

La segunda forma de trabajar consistía en la libertad: los grupos podían generar ideas de la mejor manera que les pareciera.

Pero, en la tercera forma, se animó a los miembros de los grupos que señalaran los defectos de las ideas de los demás. Sus instrucciones fueron las siguientes: «Muchas investigaciones demuestran que la mejor forma de obtener una buena solución es teniendo muchas soluciones. No temáis decir cualquier cosa que se os ocurra, la espontaneidad es positiva. No obstante, la mayoría de los estudios apuntan a que *deberíais debatir e incluso criticar las ideas de los demás* [la cursiva es mía]».

Los resultados fueron notables. Los grupos que disentían y criticaban generaron un 25 por ciento más de ideas que los que hicieron tormentas de ideas o los que no tenían instrucciones específicas. Igual de sorprendente fue que, cuando después se pidió individualmente que propusieran más soluciones al problema del tráfico, aquellas que habían disentido y criticado produjeron el doble de ideas que los demás.

Estudios posteriores han demostrado que los que disienten, en lugar de hacer tormentas de ideas, no solo tienen más ideas, sino que son más productivas e imaginativas. En palabras de Nemeth: «El hallazgo básico es que animar la discusión —e incluso la crítica— parece estimular la creación de más ideas. Y aquellas organizaciones que faciliten la expresión de puntos de vista divergentes serán más innovadoras».

No es difícil saber la razón. El problema con la tormenta de ideas no es que sea espontánea o que haga asociaciones rápidas, sino que cuando no se ponen a prueba con las críticas no tienen nada a lo que reaccionar. La crítica pone de relieve problemas, nos obliga a pensar desde cero. Cuando nuestras suposiciones son falsas debemos relacionarnos con la realidad de forma diferente. Prescindir del fracaso en la innovación es como prescindir del oxígeno en el fuego.

Volvamos de nuevo a Dyson y su aspiradora. Fueron los defectos de la tecnología existente los que le obligaron a pensar en aquellos aparatos de una forma diferente. No podía fingir que el filtro no se atascaba, era algo evidente. Y este fracaso era la invitación a re-imaginar las aspiradoras.

La imaginación no es frágil. Se alimenta de defectos, dificultades y problemas. Aislarnos del fracaso —ya sea con una tormenta de ideas, el muy común tabú cultural de las críticas o a través de la disonancia cognitiva—* es privarnos de una de nuestras facultades mentales más valiosas para crear.

«Siempre se empieza con un problema —me aseguró Dyson—. Yo odié las aspiradoras durante veinte años, pero odié los secadores de mano incluso durante más tiempo. Si hubieran funcionado perfectamente, no habría tenido razón alguna para pensar en una nueva solución. Y, sobre todo, no habría tenido el contexto para proponer una solución creativa. Los fracasos alimentan la imaginación, están intrínsecamente relacionados.»

Quizá el testimonio más claro del poder creativo del error provenga de otro experimento de Nemeth y sus colegas.[217] En un estu-

---

* Piensa, por ejemplo, en los economistas que reformulan sus predicciones de modo que nunca se equivocan. Es una actitud que socava sistemáticamente el proceso creativo. Porque sin el fracaso, sin el defecto, sin la frustración, no solo pierden la motivación, sino también el combustible conceptual para reimaginar los modelos. Sus mentes brillantes están al servicio de defender sus ideas en lugar de revolucionarlas.

dio típico de libre asociación, nos dan una palabra y nosotros debemos responder con la primera que se nos ocurra.

El problema es que cuando la mayoría de nosotros hacemos asociaciones libres, se nos ocurren asociaciones bastante predecibles. Si alguien dice «azul», la mayoría respondemos «cielo». Si dicen «verde», «hierba». No se puede considerar que de esto provenga la inspiración. En el experimento de Nemeth se les mostraban diapositivas a los voluntarios. Como era de esperar hicieron asociaciones convencionales y banales.

Pero luego le pidió a la asistente de laboratorio que dijera un color erróneo como parte del experimento. Cuando mostraba una diapositiva azul, la asistenta decía «verde». Y fue entonces cuando ocurrió algo que no se esperaban. Cuando Nemeth pidió a los voluntarios que hicieran asociaciones libres con los colores que se habían identificado mal, de repente se volvieron mucho más creativos. Hicieron asociaciones que iban mucho más allá de las convencionales. Azul se convirtió en «tejanos», o «soledad», o «Miles Davis».

¿Qué había ocurrido? En este punto tendríamos que poder entrever una respuesta. La información contradictoria *nos perturba*, de la misma forma que el error nos choca. Nos impulsa a considerar la cuestión bajo una nueva luz. Empezamos a buscar más allá de nuestro razonamiento habitual (¿por qué deberíamos pensar de forma diferente cuando todo es como esperábamos?). Cuando alguien pronuncia un color equivocado, nuestras operaciones mentales se interrumpen. Es entonces cuando encontramos asociaciones y conexiones que nunca se nos habrían ocurrido.

Y esto nos lleva al segundo aspecto crucial de la historia de Dyson. Recordarás que su momento revelador fue cuando juntó dos ideas dispares: la aspiradora con el aserradero. Eran dos cosas diferentes, que operaban en ámbitos distintos y a una escala totalmente desigual: en el hogar y en el aserradero. Casi se podría decir que pertenecían a dos categorías conceptuales separadas.

La innovación de Dyson, si se reduce a la esencia, consistió en mezclarlas. Fue el *agente conector*. El acto de creatividad, por encima de todo, fue un acto de síntesis. «Creo que el hecho de que llevara tantos años frustrado con la aspiradora me convirtió en la persona perfecta para idear una posible solución —aseveró—. Pero la solución realmente consistió en combinar dos tecnologías ya existentes.»

Y resulta que este acto de conexión es otro rasgo central de la innovación. Johannes Gutenberg inventó la imprenta al aplicar el prensado del vino (que, como tecnología, tenía siglos de antigüedad) al prensado de páginas.[218]

Los hermanos Wright aplicaron sus conocimientos sobre la fabricación de bicicletas al problema de los vuelos propulsados.

El algoritmo de clasificación en el que se basa el éxito de Google lo desarrollaron Sergey Brin y Larry Page a partir de un método ya existente de clasificación de artículos académicos.

El celo, una exitosa innovación comercial, es una mezcla de pegamento y celofán.

El cochecito plegable es la unión de los trenes de aterrizaje plegables de los Spitfire de la Segunda Guerra Mundial con la tecnología existente para transportar niños.

No es extraño que Steve Jobs, un maestro en el arte de aunar conceptos, dijera una vez: «La creatividad consiste en conectar cosas».

Si el fracaso es el responsable de la creatividad, el momento revelador siempre surge de un intento de solucionar un problema con ideas o tecnologías que anteriormente no estaban conectadas. Se trata de encontrar una conexión oculta para acabar con un problema. Pero la cuestión crucial es que estos procesos están íntimamente relacionados. Es precisamente la información chocante la que nos fuerza a buscar conexiones poco comunes, como hemos visto en el experimento de la asociación libre.

Digámoslo con claridad: el fracaso y la epifanía son indisociables. Cuando se nos ocurre una idea brillante, cuando aparece en nuestra mente, ha habido antes un periodo de gestación. Es la consecuencia de querer resolver un problema que, a veces, como en el caso de Dyson, hemos arrastrado durante años.

Como explica el neurocientífico David Eagleman en su libro *Incógnito: la vida secreta del cerebro*: «Cuando por fin damos a luz una idea, el circuito neuronal ha trabajado en ella durante horas, días o años, asimilando la información y probando nuevas combinaciones. Pero te apuntas el tanto sin apenas darle importancia a la vasta y oculta maquinaria política que ha tenido lugar entre bastidores».[219]

Gran parte de la bibliografía sobre la creatividad se centra en cómo desencadenar estos momentos de síntesis innovadora: cómo impulsar la fase del problema hacia su resolución. Y resulta que las epifanías tienen lugar cuando nos encontramos en dos tipos de entornos.

El primero es cuando desconectamos nuestra mente: al tomar una ducha, cuando salimos a dar un paseo, cuando bebemos una cerveza, cuando soñamos despiertos... Cuando estamos demasiado concentrados, cuando pensamos con demasiado ahínco, no percibimos las asociaciones ocultas que son tan importantes para la creatividad. Debemos dar un paso atrás para que surja el «estado asociativo». En palabras de la poetisa Julia Cameron: «He aprendido a echarme a un lado para que la fuerza creativa trabaje en mí».[220]

El otro entorno creativo es cuando nos impulsa la opinión diferente de los demás. Cuando Kevin Dunbar, psicólogo de la Universidad McGill, quiso saber cómo aparecen las innovaciones científicas, por ejemplo (grabó prácticamente todo lo que pasaba en cuatro laboratorios de biología molecular), pensó que serían el producto de la contemplación aislada de un científico devanándose los sesos.

Pero, de hecho, las innovaciones surgían en las reuniones de los laboratorios, en las que un grupo de investigadores alrededor de una mesa analizaba su trabajo. ¿Por qué ahí? Porque estaban obligados a responder a las críticas y disensiones de sus compañeros investigadores. Entre la espada y la pared encontraban asociaciones nuevas.

En palabras del escritor Steven Johnson: «Las preguntas de los compañeros forzaban a los investigadores a pensar en sus experimentos desde otro nivel o punto de vista. Las reuniones en grupo cuestionaban sus ideas preconcebidas sobre los hallazgos más sorprendentes […]. El foco de la innovación no era el microscopio, sino la mesa de reuniones».[221]

Y esto nos sirve para explicar por qué las ciudades son tan creativas, por qué los claustros son importantes. De hecho, cualquier entorno en el que haya personas y, por lo tanto, ideas dispares que se confrontan, impulsa la innovación. Facilitan la asociación de ideas diversas y obliga a las personas a enfrentarse a la crítica y al desacuerdo.

Este breve recorrido por la bibliografía de la creatividad pone de manifiesto un aspecto por encima de otros: la innovación *depende en gran medida del contexto*. Es una respuesta a un problema particular en un tiempo y lugar determinados. Si eliminamos el contexto, eliminamos tanto la chispa de la innovación como su material en bruto.

La mejor manera de comprenderlo es a través del fenómeno de *lo múltiple*. Steven Johnson recorre una lista de descubrimientos que fueron hechos por diferentes personas, que trabajaban independientemente, casi en el mismo momento.[222]

Las manchas solares, por ejemplo, fueron descritas por cuatro científicos de cuatro países diferentes en 1611. Sir Isaac Newton y Gottfried Leibniz, por separado, desarrollaron el cálculo matemático en la década de 1670. El prototipo de la primera batería eléctrica fue inventado por Ewald Georg von Kleist en 1745 y por Andreas Cuneus, de Leyden, en 1746.

Cuatro personas por separado propusieron la ley de la conservación de la energía en la década de 1840. La teoría de la evolución y de la selección natural fue elaborada por Charles Darwin y Alfred Russel Wallace (un extraordinario y olvidado erudito) a mediados del siglo XIX.[223] S. Korschinsky en 1889 y Hugo de Vries en 1901, cada uno por su lado, señalaron la importancia de la mutación genética.

Incluso la teoría pionera de Einstein se puede vislumbrar en la obra de sus contemporáneos. El matemático francés Henri Poincaré escribió sobre el «Principio de la Relatividad» en 1904, un año antes de que Einstein publicara su emblemático ensayo sobre la Teoría de la Relatividad Especial.

En la década de 1920 William Ogburn y Dorothy Thomas, dos profesores de la Universidad de Columbia, hallaron 148 ejemplos de innovaciones concebidas independientemente. Lo múltiple es la norma, no la excepción. Titularon su ensayo «¿Son inevitables los inventos?»*

La razón reside en la naturaleza «reaccionaria» de la creatividad. La inadecuación de las Leyes de Newton creó un problema específico que propiciaba soluciones particulares. No solo eran Einstein y Poincaré, sino también Hendrik Lorentz y David Hilbert quienes estaban conjeturando una solución posible.[224] De hecho, la llamada «disputa sobre la prioridad de la relatividad» trata de dilucidar quién inventó qué y cuándo.[225]

---

* Contamos con una tradición de libros fascinantes que explican las historias de los inventores que lucharon para ver reconocidos sus méritos. Algunas de estas pugnas han sido feroces, como la que enfrentó a Newton con Leibniz para ver quién había descubierto antes el cálculo matemático. Lo excepcional es que estas disputas se resuelvan de forma amistosa, como en efecto fue el caso de Darwin y Wallace. En palabras de Tori Reeve: Wallace, «carente de envidia o celos», se contentó admirablemente con permanecer a la sombra de Darwin (*Down House: The Home of Charles Darwin*).

Por esta razón la seductora idea de que si Einstein hubiera nacido trescientos años antes podríamos habernos beneficiado ya de la Teoría de la Relatividad es totalmente errónea. La Teoría de la Relatividad no podía haberse concebido porque los problemas a los que respondía aún no existían.

Seguramente Einstein tenía una capacidad de comprensión más profunda que sus contemporáneos (dado que el individuo todavía desempeña un papel determinante: Einstein sin duda era un genio creativo), pero no empezó de cero. Como escribe Johnson: «Las buenas ideas no provienen de la nada».

Dyson es muy consciente de este aspecto de la creatividad: «Siempre que he ido a patentar una idea, alguien ya lo había hecho primero —se lamenta—. No recuerdo ni una sola vez, de todas las miles de patentes que hemos querido registrar, que fuéramos los primeros. De la aspiradora ciclón ya había un montón de patentes registradas».

Y esto suscita una pregunta bastante obvia. ¿Por qué la primera persona que tuvo la idea de la aspiradora ciclón no se ha hecho rica (la primera patente data de 1928)?[226] ¿Por qué fue Dyson, y no uno de sus precursores, quien cambió el mundo de la limpieza doméstica?

Anteriormente ya hemos advertido que solemos minimizar lo que ocurre *antes* del momento de epifanía. Pero, en todo caso, tenemos mucha menos idea de lo que ocurre *después*. Y esta es una omisión grave porque oculta la razón de por qué unas personas cambian el mundo mientras que otras son notas al pie de página de los catálogos de patentes.

El momento eureka no es el final de la innovación, sino el inicio de la que quizá es la etapa más fascinante de todas.

--- III ---

Dyson entró en su taller. Había tenido una gran idea: una aspiradora sin bolsa que no separaba el polvo del aire con un filtro, sino gracias a la geometría del flujo de aire. Pero en gran medida estaba solo. Los directores de su empresa no respaldaron su idea (esta fue la respuesta: «Si la idea es tan buena, ¿cómo es que ni Hoover ni Electrolux la han aplicado?»), así que fundó su propia empresa con un socio que aportó la mitad del capital.

El taller de Dyson era una antigua cochera diminuta, sin ventanas ni calefacción. Al principio no tenía herramientas y disponía de muy poco dinero. Además, tenía deudas importantes porque hipotecó su casa para poder empezar la empresa. Pero lo que estaba claro, es que aquel joven de treinta y tres años (con tres niños y una mujer muy comprensiva) era un hombre decidido.

Su primer prototipo, como hemos explicado, fue el ciclón hecho de cartón y cinta adhesiva que diseñó al volver del aserradero. Parecía funcionar bien. Pero, aunque a simple vista no salía polvo del complemento que había confeccionado, tenía que asegurarse de si estaba eliminando *todo* el polvo.

Esta fue una de las primeras tareas que debió hacer después de la epifanía. Compró tela negra y un poco de polvo fino y blanco. Luego colocó una tela negra sobre el ciclón provisional, aspiró el polvo y se dio cuenta de que, en efecto, estaba saliendo algo de polvo como constataban los restos blancos en la tela.

Así que modificó las dimensiones del ciclón para ver si mejoraba su eficiencia. Probó con nuevos tamaños, con nuevas formas, y cada vez comprobaba cómo cada pequeño cambio en un aspecto tenía un efecto en el conjunto general. El reto clave era lograr el equilibrio entre el flujo de aire y la separación de este y el polvo.

Con cada nuevo intento aprendía cosas nuevas. Veía qué funcionaba, a pesar de que casi todo el tiempo fracasara. «Un ciclón tiene muchas variables: el tamaño de la entrada, de la salida, el ángulo, el diámetro, la longitud. Y la cuestión es que, si cambias una de ellas, afecta a todas las demás.»

Su disciplina fue impresionante. «No podía permitirme un ordenador, así que apuntaba los resultados a mano en una libreta —recordó—. Solo el primer año, llevé a cabo cientos de experimentos. Era una libreta realmente gruesa.»

Pero cuando el proceso de iteración intensivo resolvió gradualmente el problema de separar el polvo ultrafino, entonces se encontró con otro problema: los pelos largos o los trozos considerables de pelusa. La dinámica del ciclón no podía separarlos del flujo de aire. «Salían por arriba, junto con el aire —señaló—. Era un problema enorme y no parecía que un ciclón convencional pudiera solucionarlo.»

La dimensión del problema exigía un segundo momento eureka: el ciclón dual. «El primer ciclón se deshace del algodón y del pelo, antes de que el aire pase por el segundo ciclón, que lo separa del polvo más fino —prosiguió—. Necesitas ambos para que el aparato funcione a la perfección.»

En total debió de hacer 5.127 prototipos antes de que la tecnología estuviera lista para introducirla en una aspiradora. El salto creativo fue un paso crucial, pero solo fue el inicio del proceso creativo. La parte más dura del camino es evolucionar pacientemente el diseño con repeticiones de abajo arriba. En otras palabras: la epifanía le había llevado a una montaña más alta en un paraje nuevo. A partir de ahí debía trabajar sistemáticamente para alcanzar la nueva cima.

Según Dyson:

Cuando vas a registrar una patente, casi siempre alguien lo ha hecho antes que tú. Pero ante el examinador de patentes debes argumentar: «Mire, puede que tuvieran el momento eureka cuando volvieron del aserradero. Puede incluso que montaran un prototipo. Pero ninguno de ellos lo ha hecho funcionar. El mío es estadísticamente diferente». Esa fue mi ventaja decisiva.

Por lo tanto, la creatividad tiene un aspecto dual. Avanzar a menudo implica dar un paso atrás para ver el panorama general. Se trata de combinar ideas dispares. Es el arte de la *conexión*. Pero también requiere una concentración disciplinada. En palabras de Dyson: «Si la epifanía tiene que ver con el panorama general, el desarrollo tiene que ver con los detalles. El truco consiste en conjugar ambas visiones a la vez».

Y este es el pilar para comprender el funcionamiento del proceso creativo en el mundo actual, la cuestión a la que hemos aludido al final del capítulo anterior. Se suele decir que en un mundo que cambia tan rápido las empresas innovadoras prevalecerán. Pero, en el mejor de los casos, esto es solo una parte de la verdad. En su libro *Great by Choice*, Jim Collins y Morten Hansen demuestran que, en efecto, la innovación es una condición *necesaria* para el éxito, pero no es suficiente en absoluto.[227]

Genentech, la corporación de biotecnología con sede en Estados Unidos, superó por más del doble a Amgen, su mayor competidor, en la producción de patentes entre 1983 y 2002 (y también los superaron respecto al impacto de las patentes, medido este por el número de citas de sus trabajos), pero el rendimiento económico de Amgen fue treinta veces superior al de Genentech.

Esta situación no es inusual. En su libro *Will and Vision* [*Voluntad y visión*], Gerard J. Tellis y Peter N. Golder estudiaron la relación entre liderazgo de mercado a largo plazo e innovaciones pioneras en sesenta y seis sectores comerciales distintos. Descubrieron que solo el 9 por ciento de los pioneros acabaron como líderes finales. También revelaron que el 64 por ciento de los pioneros fracasaba rotundamente.[228]

Jim Collins escribe: «Gillette no fue la primera en fabricar una hoja de afeitar segura. Fue Star. Polaroid no inventó la primera cámara instantánea, fue Dubroni. La primera hoja de cálculo para ordenador no la creó Microsoft, sino VisiCorp. Amazon no fue el primer servicio de venta de libros por Internet, como tampoco AOL fue el primer proveedor de Internet».[229]

¿Cuál fue el factor clave que caracterizó a los líderes, a las empresas que quizá no tuvieron la idea original, pero que sí la hicieron funcionar? La respuesta se puede resumir en una sola palabra: *disciplina*. No es solo la disciplina para replicar una idea creativa hasta lograr una solución satisfactoria, sino también la disciplina para que el proceso de fabricación sea perfecto, las vías de suministro, efectivas, y la distribución, impecable.*

Dyson no fue el primero al que se le ocurrió la idea de una aspiradora con tecnología ciclón. Ni siquiera fue el segundo, ni el tercero. Pero fue el único con la resistencia suficiente para hacer «fracasar» la idea hasta lograr una solución factible. Y tuvo el rigor para crear un proceso de fabricación eficiente para poder vender un producto consistente.

Sus competidores se enfrentaban al mismo problema y habían tenido la misma idea. Pero no tuvieron la misma resistencia para conseguir que su idea funcionara, y no hablemos ya de adaptarla a una cadena de producción.

Collins toma la pugna entre Intel y Advanced Memory Systems como símbolo de esta diferencia crucial. Intel llevaba meses de retraso respecto a su feroz competidor en la carrera para lograr un chip de memoria de 1.000 bits. Con las prisas para lanzar el chip 1103, se encontraron con obstáculos importantes, entre ellos uno que podía suponer la eliminación de los datos del chip. Iban tan atrasados que el resultado de la pugna parecía obvio.

---

* Para que el proceso de fabricación sea perfecto hay que evitar cualquier anomalía no deseada. Hay que poner en práctica procesos de control para reducir las alteraciones. El proceso creativo, en cambio, suele consistir en la experimentación, es decir, en aumentar las alteraciones. Para saber más sobre estas diferencias, y cómo convergerlas, véase: http://www.forbes.com/sites/ricksmith/2014/06/11/is-six-sigma-killing-your-companys-future/

Pero, aun así, Intel superó con creces a Advanced Memory Systems en el mercado. Trabajaron contra reloj, creando nuevos prototipos, replicando el chip hasta lograr una solución con la que podían trabajar. Pero también resolvieron todas las cuestiones relacionadas con el suministro que son esenciales para tener éxito. En palabras de Collins: «Intel se obsesionó con la fabricación, la distribución y la escala».

En 1973 todo el mundo usaba Intel. Su eslogan no es: «Intel crea», sino «Intel soluciona».

Dyson afirma:

> No tiene sentido crear un producto excelente si luego lo fabricas con mala calidad. No sirve de nada tener la solución más innovadora si los consumidores no pueden estar seguros de si le entregarán el producto a tiempo. Es nefasto que una producción deficiente convierta una buena idea en un producto defectuoso. La idea original es solo el 2 por ciento del viaje. No debes despreciar el resto.

Collins escribe:

> Llegamos a la conclusión de que cada entorno tiene un «umbral de innovación» al que debes llegar si quieres competir en el mercado [...]. Las empresas que no llegan a él no pueden ser líderes. Pero —y esto nos sorprendió— una vez que has superado el umbral, sobre todo en un entorno muy turbulento, ser más innovador no parece importar mucho.[230]

Los líderes necesitan innovación y disciplina, la imaginación para ver el panorama general y la concentración para percibir los detalles. «El gran objetivo, que pocas veces se consigue, es aunar la intensidad creativa con la disciplina implacable para amplificar la creatividad en lugar de destruirla —asegura Collins—. Cuando juntas la excelencia operativa con la innovación, multiplicas el valor de tu creatividad.»[231]

---**IV**---

Acabemos de analizar el proceso de creación fijándonos en Pixar, la empresa de animación que aúna varios de los puntos que hemos tratado. Como institución no tiene parangón en lo que respecta a su reputación por ser innovadora. Cuando Ed Catmull, presidente de la empresa desde hace muchos años, escribió su autobiografía la tituló *Creativity Inc.*

Entre los éxitos de Pixar encontramos *Toy Story*, *Monsters, Inc.* y *Buscando a Nemo*. Sus películas han generado de media unos ingresos brutos de 600 millones de dólares. También han tenido éxito entre los críticos y han ganado premios Oscar en varias categorías. *Toy Story* y *Toy Story 2* obtuvieron una puntuación del cien por cien en Rotten Tomatoes.

Como es natural, muchas personas inteligentes y creativas trabajan en Pixar. Escritores prominentes redactan guiones magníficos para la película que tengan entre manos. Después, en una reunión, los presentan a un grupo más amplio de personas. A menudo los aplauden. Un buen guion es un acto de síntesis creativa: juntar diferentes hilos narrativos de una forma novedosa. Es una parte esencial del proceso de Pixar.

Pero ¿qué ocurre luego? Se deja el guion a un lado. Cuando comienza el proceso de animación, cada fotograma, hilo narrativo o escena se debate, se critica y se prueba. Si se cuenta con todo esto, para hacer una película de noventa minutos se necesitan unos doce mil bocetos de guion y, debido al proceso iterativo, los equipos de guionistas llegan a crear más de 125.000 guiones antes de que se dé la película por terminada.

Monsters, Inc. es un ejemplo perfecto de una idea creativa que se adapta gracias a la crítica. En principio comenzaba con una historia centrada en un contable de mediana edad que odiaba su trabajo y que se ponía a dibujar en un cuaderno que le regala su madre. De niño había dibujado monstruos y estos cobraban vida, aunque solo él podía verlos. Estos monstruos se convertían en los miedos a los que no se había enfrentado nunca y, con el tiempo, aprendía a comprenderlos y, por lo tanto, a superarlos.

La versión final, que asombraría al mundo (y recaudaría 560 millones de dólares en taquilla), es bastante diferente. Cuenta la historia de Sulley, un monstruo despeinado, y su amistad inverosímil con una niñita que se llama Boo. Lo modificaron todo gracias a las críticas y a poner a prueba las ideas. Incluso después de que el protagonista principal cambiara del contable a la niña, el guion siguió evolucionando. Como recuerda Catmull:

> La protagonista humana era una niña de seis años llamada Mary. Luego tuvo siete años, la llamamos Boo, y era bastante mandona, incluso tiránica. Por último, Boo fue una niña temeraria que todavía no hablaba. La idea del amigo de Sulley —el redondo Mike de un solo ojo, con la voz de Billy Crystal— no se nos ocurrió hasta más de un año después de que escribiéramos el primer tratamiento. El proceso para determinar las reglas del mundo increíblemente intrincado que creó Pete [el director de la película] también le llevó a varios callejones sin salida, hasta que todas estas direcciones convergieron en el camino más adecuado de la historia.[232]

Toy Story 2 es otro arquetipo del proceso creativo de Pixar. Solo un año antes de que lanzaran la película, se dieron cuenta de que había un problema narrativo. La historia consistía en si Woody, un vaquero de juguete, dejaría la vida acomodada de la estantería de un coleccionista o volvería con Andy, a quien amaba. El problema es que era demasiado parecido a una película de Disney y, por lo tanto, desde el principio el público sabría que habría un final feliz. Woody se reuniría con Andy.

«Lo que necesitaba la película eran razones reales para creer que Woody se estaba enfrentando a un dilema, un dilema con el que se pudieran identificar los espectadores. Lo que necesitaba, en otras palabras, era drama», escribe Catmull en su libro. Con el tiempo en contra, el proceso de repetición devino urgente: trabajaron horas extra, hasta altas horas de la noche, probando ideas nuevas.

Un día uno de los creadores llegó en coche a la oficina con su hijo pequeño que debía llevar a la guardería. Después de estar trabajando un par de horas llamó su mujer y le preguntó si había dejado al niño en la guardería sin problemas. De repente se dio cuenta de que no había dejado a su hijo en la guardería, sino en el aparcamiento, donde a esas horas hacía un calor abrasador. Fueron corriendo a refrescar al niño inconsciente. Gracias a Dios estaba bien, pero es un episodio que revela hasta qué punto estaban estresados los trabajadores.

Hicieron cientos de pequeños cambios en la película, y docenas de grandes cambios. También hubo una modificación mayor en el guion: la historia siempre había empezado con Woody quejándose de una rotura en el brazo, que significaba que Andy le había dejado tirado de camino al campamento de vaqueros. En este punto decidieron incorporar un nuevo personaje.

«Añadimos un nuevo personaje llamado Wheezy el pingüino, que le dice a Woody que lleva meses en esa misma estantería porque se le rompió el silbato —señala Catmull—. Aporta la idea de que, sin importar lo apreciado que sea un juguete, cuando se rompe lo más probable es que lo pongan en la estantería, o que lo aparten. Wheezy añade la carga emocional a la historia.»

Ahora la trama tenía una verdadera tensión. ¿Se quedará Woody con quien ama, sabiendo que al final lo desecharán, u optará por un mundo en el que vivir a su aire? Es una cuestión que puede llegar a mucha gente y que tiene seriedad moral. Al final, Woody escoge quedarse con Andy pero sabiendo que esta decisión, en última instancia, le deparará infelicidad. «No puedo evitar que Andy siga creciendo —le dice a Oloroso Pete—. Pero no lo cambiaría por el mundo entero.»

Catmull afirma:

Al principio todas nuestras películas son un tostón. Sé que no es la mejor forma de expresarse, pero [...] prefiero decirlo así porque, de otra forma, no transmitiría lo malas que en realidad son las primeras versiones de nuestras películas. No quiero ser modesto, o restarme importancia, al decir esto. Las películas de Pixar no son muy buenas al principio, y nuestro trabajo es transformarlas [...] de un tostón a un no-tostón [...].

Creemos firmemente en el poder de las críticas positivas y el proceso iterativo: rehacer, rehacer y rehacer de nuevo hasta que una historia encuentra su forma o un personaje vacío adquiere alma.

¿Te suena? Es casi una descripción perfecta de las líneas maestras del experimento de Nemeth.

A veces se afirma que las pruebas son importantes para la ingeniería u objetos complejos como una aspiradora, filtros o rieles de cortinas, pero que no sirven de nada en problemas más intangibles como escribir novelas o películas de dibujos animados para niños. Pero, de hecho, la iteración es vital para ambos casos. No es un extra opcional, sino un aspecto indispensable del proceso creativo.

Piensa en lo que le ocurrió a Pixar cuando se planteó abandonar su disciplina de hierro, cuando trataron de saltar directamente de la epifanía al producto final. «Se convirtió en nuestro objetivo: acabar el guion *antes* de empezar a rodar la película —escribe Catmull sobre *Buscando a Nemo*—. Creíamos que cerrando la historia antes no solo tendríamos una película fenomenal, sino también una producción más económica.»

Pero no funcionó. La idea original de Andrew Stanton, uno de los directores de Pixar más respetados, era sobre un pez payaso sobreprotector llamado Marlin que buscaba a su hijo. La presentación que hizo a su equipo fue formidable. «La narración, como explicó, se entrecortaría con una serie de *flashbacks* que contarían lo que le había ocurrido al padre de Nemo para convertirse en un paranoico protector de su hijo —escribe Catmull—. Se hilvanaban a la perfección dos historias: lo que ocurría en el mundo de Marlin durante la búsqueda épica después de que Nemo fuera cazado por un buceador, y lo que sucedía en el acuario de Sídney, donde Nemo acaba con un grupo de peces tropicales llamado "La Banda del Tanque".»

La reacción de todos fue de admiración. Pero cuando se llevó el proyecto al proceso de producción, empezaron a aparecer los defectos. Los *flashbacks* resultaron ser confusos para el público que acudió a los preestrenos. El personaje de Marlin no era creíble porque se tardaba mucho en explicar por qué era sobreprotector. Michael Eisner, de Disney, no se impresionó lo más mínimo cuando vio la primera versión. «Ayer vimos por segunda vez la próxima película de Pixar, *Buscando a Nemo*. Está bien, pero ni de lejos tan buena como las películas anteriores.»

Entonces Pixar decidió volver a la disciplina de la repetición. Primero adaptaron la narración para que fuera más cronológica, y empezó a cobrar más sentido. La historia de La Banda del Tanque se convirtió en una subtrama. Se añadieron otros cambios más pequeños pero significativos en conjunto. Al final, la película logró pasar de tostón a no-tostón. Catmull escribe:

A pesar de que teníamos la esperanza de que *Buscando a Nemo* cambiara nuestra forma de rodar películas, acabamos haciendo muchos ajustes durante la producción, igual que con las otras que habíamos rodado. Por descontado, estamos muy orgullosos del resultado y fue una de las películas más rentables de la historia.

Lo único que no consiguió fue cambiar nuestro proceso de producción.[233]

--- **V** ---

Dyson, Catmull y el resto de innovadores de los que hemos hablado proponen un cambio sustancial en la percepción convencional que tenemos de la creatividad. Para incitar la imaginación y sacar el mejor partido de nuestras ideas, no debemos desterrar el fracaso, sino abrazarlo.

Esta perspectiva no solo tiene implicaciones importantes para la innovación, sino también en la forma que tenemos de enseñar. Hoy en día pensamos que la educación tiene que proporcionar unos conocimientos a los jóvenes. Se les recompensa cuando aplican correctamente estos conocimientos y se les castiga si fracasan.

Pero, sin duda, este solo es un aspecto del aprendizaje. No aprendemos solo haciéndolo bien, sino también haciéndolo mal. Cuando nos equivocamos, aprendemos cosas nuevas, cruzamos límites y nos volvemos más creativos. Nadie ha tenido una idea nueva limitándose a regurgitar conocimientos de otros, por muy complejos que sean.

En palabras de Dyson:

Vivimos en un mundo de expertos. No hay nada de malo en ello. Estos conocimientos son esenciales para todos nosotros. Pero cuando queremos resolver problemas nuevos, en la empresa o en la tecnología, debemos ir más allá de estos conocimientos. No queremos saber cómo *aplicar* las normas, sino que queremos *romperlas*. Y lo conseguimos equivocándonos y aprendiendo de ello.

Dyson aboga por que les demos herramientas a los niños no solo para que respondan preguntas, sino también para que las hagan. «El problema con el sistema educativo es que enfatiza recordar conocimientos como las fórmulas y teorías químicas porque es lo que se puede regurgitar. Pero no permitimos que los niños aprendan a partir de la experimentación y de la experiencia. Y es una lástima, porque se necesitan ambas.»

Uno de los aspectos más importantes de la historia de Dyson es que pone de relieve una cuestión que hemos abordado en el Capítulo 7, esto es, que el cambio tecnológico es un producto de la sinergia entre el conocimiento práctico y el teórico. Una de las primeras cosas que hizo él al tener la idea de la aspiradora con tecnología ciclón fue comprarse dos libros sobre la teoría matemática que explica cómo funcionan los ciclones. También fue a visitar al autor de uno de los libros, el profesor R. G. Dorman.[234]

Fue de gran ayuda para Dyson porque le permitió entender la dinámica de los ciclones con mayor profundidad. Fue un punto clave de su investigación y supuso un sólido respaldo matemático para la eficacia en la separación del polvo y el aire. Pero no fue suficiente en absoluto. La teoría era demasiado abstracta para delimitar los factores precisos que necesita una aspiradora funcional.

Además, a medida que Dyson fue mejorando el aparato, se dio cuenta de que la teoría tenía deficiencias. La ecuación de Dorman predecía que los ciclones solo podrían separar el polvo fino hasta un límite de 20 micras. Pero Dyson sobrepasó este límite teórico. Al final de la producción, pudo separar motas de polvo inferiores a 0,3 micras (aproximadamente, el tamaño de las partículas del humo del tabaco). La labor práctica de Dyson obligó a hacer un cambio teórico.

Y así es como se progresa. Consiste en una interacción entre la teoría y la práctica, entre la estrategia arriba abajo y la de abajo arriba, entre la creatividad y la disciplina, entre los detalles y el panorama general. El punto esencial —y que se pasa espectacularmente por alto en nuestra cultura— es que en toda esta cuestión el fracaso es una bendición, no una maldición. Es el impulso que inspira la creatividad y las pruebas de selección que facilitan la evolución.

El fracaso tiene muchas dimensiones, muchos significados sutiles, pero a menos que lo veamos bajo una nueva luz, como amigo en lugar de como enemigo, nunca le sacaremos el máximo provecho. Andrew Stanton, director de *Buscando a Nemo* y *WALL-E*, aseguró:

> Mi estrategia siempre ha sido: equivoquémonos cuanto antes… que básicamente significa: ya que vamos a fracasar, admitámoslo. No tengamos miedo. Pero fracasemos rápidamente para obtener la respuesta correcta cuanto antes. No se puede llegar a la madurez sin pasar por la pubertad. No lo haremos bien la primera vez, pero nos equivocaremos rápidamente, de inmediato.

Cuando la conversación llega al final, me pregunto por qué Dyson sigue yendo a su despacho cada día en lugar de disfrutar de su fortuna. «Muchos me lo preguntan. Parece que dan por supuesto que me he pasado la vida tumbado a la bartola», dice riendo.

> Pero la respuesta es simple: me encanta el proceso creativo. Me encanta venir aquí cada día y probar nuevas ideas. Tenemos planificados nuevos productos para los próximos años.
>
> Y seguimos desarrollando la aspiradora. No nos paramos con el prototipo número 5.127, claro que no. A día de hoy tene-

mos 48 tecnologías de ciclón diferentes que hacen girar el polvo a 200.000 Gs. Ejerce una fuerza centrífuga impresionante que le permite separar las partículas más diminutas. Pero tampoco esto es el final. Lo que más me emociona es que es solo el principio.

QUINTA PARTE

EL JUEGO DE LA CULPA

11

EL VUELO 114 DE LIBYAN ARAB AIRLINES

--- **I** ---

Estamos en febrero de 1973, en Oriente Próximo, y se tiene la sensación de estar en un polvorín. Más de cinco años antes, durante la Guerra de los Seis Días que enfrentó a Israel contra Egipto, Jordania y Siria, hubo más de 20.000 bajas, la mayoría árabes. En solo ocho meses empezará la Guerra de Yom Kippur que provocará 15.000 muertes más. La tensión se puede cortar con un cuchillo.

Pocas semanas antes, los servicios secretos de Israel han sido alertados de que terroristas árabes estaban planeando secuestrar un avión comercial para estrellarlo contra un área densamente poblada, probablemente Tel Aviv, o en la central nuclear de Dimona. Las fuerzas aéreas de Israel están en alerta máxima.

El 21 de febrero, a las 13.54, los radares israelís captan la señal de un avión comercial que sobrevuela el golfo de Suez y penetra en la zona de guerra israelí. Sigue una ruta «hostil», la misma que toman los aviones de combate egipcios. ¿Se ha salido de su ruta, sencillamente? Es posible, puesto que una tormenta de arena está recorriendo Egipto y la península del Sinaí y reduciendo la visibilidad externa. Pero los comandantes israelís quieren estar seguros. A las 13.56 despegan unos F-4 Phantom para interceptar el avión.[235]

Tres minutos después los Phantoms alcanzan el avión comercial y confirman que es un avión comercial libio. Al volar junto al avión, los pilotos israelís pueden ver a la tripulación libia por la ventanilla de la cabina de mando. Los comandantes en la base sospechan de inmediato. Si el avión tenía como destino El Cairo, se ha apartado más de 150 kilómetros de su ruta. Además, el estado libio es un reconocido patrocinador del terrorismo internacional. ¿Se trataba de una amenaza real?

A los israelís también les preocupaba otra cosa. Al dirigirse hacia el Sinaí, el avión había tenido que cruzar algunas de las áreas más sensibles del espacio aéreo egipcio, pero no había sido interceptado por los cazas egipcios MiG. ¿Por qué? Egipto poseía uno de los sistemas de alerta aérea más eficientes. Igual que Israel, tenían mucho cuidado de que nadie violara su espacio aéreo. Apenas unos meses antes, un avión de pasajeros etíope se había adentrado en su zona de guerra sin querer y fue abatido y destruido. Entonces, ¿por qué los egipcios no habían reaccionado?

Los comandantes israelís cada vez están más convencidos de que no es un avión de pasajeros ordinario, sino que cumple una misión militar con el consentimiento explícito de sus enemigos de El Cairo. La tensión en el centro de comandancia estaba empezando a desbordarse.

Los pilotos israelís ordenan al avión libio que aterrice en la base aérea de Rephidim (hoy llamado aeródromo Bir Gifgafa) antes de que pueda llegar al centro de Israel, y lo hacen balanceando el avión y transmitiendo las señales por radio. La tripulación libia debía hacer acuse de recibo balanceando su avión y abriendo los canales de comunicación. Pero no hacen ninguna de las dos cosas, sino que siguen en dirección a Israel.

Los Phantoms no saben si han recibido las instrucciones. Uno de ellos se acerca a pocos metros del avión comercial y mira directamente a los ojos del copiloto. Le hace gestos con las manos para que aterrice el avión, y el copiloto responde que ha comprendido las instrucciones. Pero el avión libio continúa volando hacia Israel.

No tiene sentido, a menos que…

A las 14.01 los Phantoms reciben órdenes de disparar trazadores, un tipo de proyectil luminoso, por delante del morro del avión para obligarlo a aterrizar. Finalmente, el avión libio reacciona. Vira hacia la base aérea de Rephidim, desciende a 5.000 pies y despliega el tren de aterrizaje. Pero, sin previo aviso, de repente vira de nuevo hacia el oeste, como si tratara de escapar. Acelera y empieza a ascender.

Los israelís están estupefactos. El primer deber de un comandante es garantizar la seguridad de sus pasajeros. Sin duda, si este es su objetivo, *tiene que* aterrizar el avión.

En ese momento los israelís sospechan que intenta escapar a cualquier precio. Empiezan a dudar de que realmente haya pasajeros a bordo. A las 14.05 ordenan a los pilotos de los Phantoms que miren por las ventanas de la cabina de pasajeros, pero todas las pantallas de las ventanas estaban bajadas. Es muy extraño. Incluso cuando proyectan una película, las pantallas suelen estar subidas.

Los israelís estaban casi seguros de que era un avión hostil, probablemente sin pasajeros a bordo. Deben obligarlo a aterrizar, más que nada para impedir otras incursiones del mismo tipo.

A las 14.08 disparan a los alerones del avión, pero sigue desafiando las instrucciones de aterrizar. Finalmente, a las 14.10, los Phantoms disparan a la base de las alas, forzándolo a descender. El piloto casi consigue hacer un aterrizaje de emergencia en el desierto, pero después de deslizarse durante 600 metros impacta contra una duna y estalla.

El vuelo 114 de Lybian Arab Airlines era, de hecho, un vuelo de pasajeros perfectamente ordinario que iba de Bengasi a El Cairo. Involuntariamente se había desviado de la ruta y estaba sobrevolando la zona de guerra de Israel. De las 113 personas que formaban parte de los pasajeros y la tripulación, murieron 108 en el accidente.

Al día siguiente se expande una compresible ola de indignación por el mundo. ¿Cómo habían podido los israelís (quienes al principio negaron cualquier responsabilidad) disparar a un avión civil desarmado? ¿Cómo se habían atrevido a masacrar a decenas de inocentes? ¿En qué diablos estaban pensando? Se culpa a la comandancia militar israelí de una tragedia terrible.

Los israelís, por su parte, se quedan de piedra cuando descubren que el vuelo 114 de Lybian Arab Airlines era un avión ordinario de Bengasi a El Cairo sin ninguna intención terrorista. El Estado egipcio no estaba implicado. Era un avión lleno de pasajeros inocentes que se iban de vacaciones. La Fuerza Aérea Israelí era la responsable de una tragedia devastadora.

Pero desde su perspectiva, a la que el resto del mundo aún no había podido acceder, hubo una reacción igual pero opuesta: culparon a la tripulación del avión. Después de todo, ¿por qué no aterrizaron? Llegaron a estar a pocos miles de pies de la pista de Rephidim. ¿Por qué viraron hacia el oeste? ¿Por qué continuaron en esa dirección incluso después de que les dispararan a los alerones?

¿Estaban locos? ¿O cometieron una negligencia criminal?

En este capítulo vamos a analizar la psicología de la culpa. Veremos que es una reacción muy común al fracaso y a acontecimientos adversos de cualquier tipo. Cuando algo va mal, tendemos a señalar a *otra persona*. Nos gustaría resumir un acontecimiento muy complejo en un solo titular: «Los asesinos israelís matan a 108 inocentes», o «Una tripulación negligente ignora conscientemente las órdenes de aterrizar».

En gran parte de este capítulo examinaremos cómo echar las culpas está íntimamente relacionado con los errores que ocurren en sectores en que la seguridad es clave, como la aviación y la sanidad, antes de extender el análisis a otras organizaciones y contextos. Comprobaremos que la culpa es, en muchos aspectos, una subversión de la falacia narrativa: una simplificación profunda generada por la parcialidad del cerebro humano. También veremos que tiene consecuencias sutiles pero mensurables que socavan nuestra capacidad de aprender.

Hagamos una recapitulación rápida. Hemos visto que logramos progresar cuando aprendemos del fracaso y, en los dos apartados anteriores, hemos estudiado la estructura evolutiva que fundamenta esta idea. También hemos analizado organizaciones que aprovechan el mecanismo evolutivo para progresar y que se inspiran en el fracaso para hacer saltos creativos. Pero también hemos comprobado que únicamente un sistema evolutivo no es suficiente. Cuando nos hemos ocupado del Sistema Sanitario de Virginia Mason en el Capítulo 3, nos hemos dado cuenta de que, inicialmente, el nuevo sistema creado para aprender de los errores no cambiaba nada porque los profesionales no informaban de ellos: suprimían esta información por miedo a que los culparan y por la disonancia cognitiva.

Si los dos apartados anteriores del libro trataban sobre sistemas que institucionalizaban el mecanismo evolutivo, los dos siguientes se ocuparán de las condiciones psicológicas y culturales que permiten que sea eficaz. En la Quinta Parte volvemos a estudiar la disonancia cognitiva, que se puede considerar las ansiedades internas que desdeñan la información que proporciona el fracaso. Y analizaremos cómo combatir esta tendencia para favorecer la sinceridad, la resistencia y el crecimiento. En este capítulo y en el siguiente, examinaremos las presiones externas que incitan a que las personas supriman una información vital para adaptarse: es decir, el miedo a que nos culpen. El instinto de culpar crea en las organizaciones y culturas poderosas dinámicas de autorreafirmación que, a menudo, se retroalimentan. Es algo que se debe resolver si queremos lograr una evolución significativa.

Considéralo de esta manera: si nuestra primera reacción es asumir que la persona más cercana al error ha sido negligente o dolosa, entonces la culpa fluirá libremente y la *anticipación* de la culpa hará que las personas oculten sus errores. Pero si nuestra primera reacción es pensar en el error como una oportunidad para aprender, entonces todas las personas implicadas estarán motivadas para investigar en lo que de verdad ha ocurrido.

Es posible que después de una investigación solvente descubramos que la persona que ha cometido el error ha sido incompetente o malintencionada, y en tal caso responsabilizarla del error estará justificado. Pero tal vez descubramos que el error no se debió a una negligencia, sino a un defecto del sistema, como en los bombarderos B-17 del Capítulo 1, cuyos interruptores idénticos en la cabina de mando (uno para los alerones y otro para el tren de aterrizaje) causaban los accidentes al aterrizar.

Una investigación concienzuda logra dos cosas: por un lado, es una oportunidad de aprender esencial, lo cual significa que el problema sistémico se puede arreglar y que se conseguirá una evolución significativa. Pero también tiene una consecuencia cultural: los profesionales se sentirán más seguros a la hora de reconocer sus errores, aparte de proporcionar otra información vital, porque saben que no les penalizarán injustamente. Y de esta forma la evolución es aún más importante.

En pocas palabras: tenemos que enfrentarnos a la complejidad del mundo si queremos aprender de él. Tenemos que resistirnos a la tendencia innata de echar las culpas instantáneamente, y analizar mejor los factores que intervienen en los errores si lo que queremos es saber qué ha ocurrido de verdad y, por lo tanto, crear una cultura basada en la sinceridad y la franqueza, en lugar de en las actitudes a la defensiva y de cubrirse las espaldas.

Con estos conceptos en la cabeza, volvamos al caso del vuelo 114 de Lybian Arab Airlines e intentemos saber qué pasó aquella tarde del 21 de febrero de 1973. Al examinar la tragedia, nos basaremos en la obra de Zvi Lanir, quien ha investigado el proceso de toma de decisiones y cuyo influyente artículo «The Reasonable Choice of Disaster» [La decisión razonable del desastre], publicado en el *Journal of Strategic Studies*, se puede considerar uno de los ensayos académicos más fascinantes de todos los tiempos.

¿Por qué, se pregunta, el avión siguió su rumbo cuando se encontró con los Phantoms israelís? ¿Por qué intentó escapar de vuelta a Egipto? Si era un avión de pasajeros, ¿por qué la tripulación puso en peligro sus vidas?

La razón de por qué tenemos estas respuestas es simple pero profunda: la caja negra que quedó intacta después de la explosión. Esto nos da la oportunidad de llevar a cabo una investigación solvente y, por lo tanto, hacer algo que el juego de echar las culpas, emocional y autojustificativo, con simplificaciones crudas, nunca puede lograr: reformar el sistema.

--- **||** ---

El vuelo 114 de Lybian Arab Airlines es un vuelo ordinario entre Bengasi y El Cairo. El comandante, en la parte izquierda de la cabina, es francés, igual que el ingeniero de vuelo que está sentado detrás de él. El copiloto, sentado a la derecha, es libio. Ha habido una tormenta de arena en Egipto y la visibilidad ha quedado reducida.

El piloto y el ingeniero de vuelo están charlando afablemente. El copiloto, que no domina el francés, no conversa con ellos. Ninguno de los tres es consciente de que el avión se ha desviado de su ruta más de noventa kilómetros y que ha estado sobrevolando instalaciones militares egipcias.

Esta desviación debía haber sido detectada por el sistema de alerta militar egipcio pero, debido a la tormenta de arena y a otros detalles relacionados con la configuración del sistema, no lo ha hecho. El avión comercial está a punto de penetrar en la zona de guerra israelí del Sinaí.

Solo a las 13.44 el piloto empieza a dudar de cuál es su posición. Se lo comenta al ingeniero, pero no le dice nada al copiloto. A las 13.52 el control del tráfico aéreo de El Cairo le da permiso para descender.

A las 13.56 el piloto intenta recibir la señal de radio del aeropuerto de El Cairo, pero está en una posición diferente a la que supuestamente debía estar. Su confusión aumenta. ¿Se han desviado de la ruta? ¿Es la señal correcta? Continúa volando «como estaba previsto», pero está perdiendo la noción de su situación. El control de aproximación a El Cairo aún no le ha informado de que está a más de 120 kilómetros fuera de su ruta.

A las 13.59, finalmente, les advierten de que el avión está lejos del aeropuerto. Les comunican que «sigan las BALIZAS e informen de su posición», pero el copiloto libio les responde que les cuesta recibir la señal de la radio baliza. Un par de minutos después el control de aproximación a El Cairo le pide al piloto que empiece a comunicarse directamente con la torre de control del aeropuerto, lo cual indicaba que creían que estaban cerca de su destino.

Pero en la cabina de mando la confusión cada vez es mayor. ¿Están cerca de El Cairo? ¿Por qué la señal de la baliza está tan al oeste? Pero mientras tratan de averiguar cuál es su posición, les asusta algo totalmente inesperado: el rugido de dos cazas. Les rodean varios aviones militares de alta velocidad.

El copiloto, en una equivocación crucial, identifica los F-4 Phantoms israelís como MiGs egipcios, a pesar de que llevan la estrella de David muy visible en el fuselaje. «Cuatro MiGs detrás nuestro», informa.

Puesto que Egipto y Libia tienen muy buena relación, la tripulación da por supuesto que los aviones vienen con intenciones amistosas. Creen que han aparecido para guiarlos, que deben haberse desviado de su ruta hacia El Cairo. El comandante informa a la torre de control de El Cairo: «Supongo que hemos tenido algunos problemas con la orientación y ahora tenemos a cuatro MiGs en la cola».

Uno de los MiGs se pone a la misma altura de la cabina y su piloto empieza a gesticular. Parece ordenarles que aterricen. ¿A qué se debe esta hostilidad? Son amistosos, ¿no? El piloto está totalmente confundido y reacciona vociferando: «¡Oh, no! No entiendo de qué habláis», dice (en otras palabras: «¡Así no se comportan unos MiGs!»), pero sigue hablando en francés y el copiloto no le entiende.

Empieza a cundir el pánico entre la tripulación. La percepción de la situación se reduce. ¿Qué diablos quieren estos cazas?

Entre las 14.06 y las 14.10 no reciben comunicación alguna de El Cairo, pero la tripulación ya no piensa en su posición. Los cazas disparan las trazadoras frente al morro del avión. La tripulación está muy nerviosa. ¿Por qué nos están disparando?

Saben que hay dos aeropuertos en la capital egipcia: El Cairo Oeste, un aeropuerto civil, y El Cairo Este, un aeropuerto militar. ¿Podría ser que hubieran sobrepasado El Cairo Oeste y fueran en dirección a El Cairo Este? Si era así, quizá los MiGs trataban de redirigir el avión comercial hacia el aeropuerto civil. Quizá era allí donde querían que aterrizara.

Así que se dirigen hacia el oeste y empiezan a descender. El comandante despliega el tren de aterrizaje, pero entonces se da cuenta de que no está en El Cairo Oeste. Ven aviones militares y hangares. No es el aeropuerto civil. ¿Dónde están? (De hecho, estaban descendiendo hacia la base aérea israelí de Rephidim, a 150 kilómetros de la capital egipcia.)

El desconcierto era absoluto. Toman la decisión lógica de ascender y virar hacia el oeste, en busca del aeropuerto civil, y es cuando comienza el desenlace fatal. Horrorizados, ven que los MiGs disparan a sus alerones. Cunde el pánico. ¿Por qué los egipcios atacan un avión libio? ¿Están locos?

A las 14.09 el piloto contacta por radio con la torre de control de El Cairo. «Nos está disparando *vuestro* caza» [la cursiva es mía].

El Cairo responde: «Vamos a informarles [a las autoridades militares] de que sois un vuelo no declarado... Y no sabemos cuál es vuestra posición». Pero la comunicación con las autoridades militares no hace más que aumentar el desconcierto: el ejército egipcio no tenía ningún MiG volando.

La tripulación se esfuerza por escrutar lo que ve por las ventanillas de la cabina de mando. Intentan comprender desesperadamente una situación que ha tomado proporciones kafkianas. Pero es demasiado tarde. Un disparo directo impacta en la base de las alas. El avión queda inutilizado y desciende sin control.

Demasiado tarde, el copiloto se da cuenta de que en el fuselaje de los cazas hay un símbolo que podía haber resuelto todo el misterio: la estrella de David. Resulta que no son aviones MiG, sino Phantoms israelís. No están en el espacio aéreo egipcio, sino sobre el Sinaí ocupado. Si lo hubieran sabido, habrían aterrizado en la base aérea de Rephidim y no se habría desencadenado esa situación.

La tripulación pierde el control mientras el avión cae sin remedio sobre el desierto.

Entonces, ¿quién tiene la culpa? ¿La comandancia de las fuerzas aéreas israelís que decidió abatir un avión comercial? ¿La tripulación del vuelo, que se desvió de la ruta y no fue capaz de comprender lo que querían comunicar los Phantoms? ¿El control aéreo egipcio que no avisó con tiempo al vuelo 114 de que se había desviado tanto? ¿Los tres?

Lo que debería ser evidente es que echar la culpa a alguien antes de tomarse el tiempo para comprender qué ha ocurrido de verdad no tiene sentido. Puede ser satisfactorio intelectualmente tener un culpable, alguien a quien atribuirle el desastre. Y sin lugar a dudas simplifica la vida. Después de todo, ¿por qué detenerse en minucias? *Claramente*, fue culpa de Israel/de la tripulación/de los egipcios. ¿Qué más se tiene que añadir?

Echar la culpa de manera instantánea suele generar lo que se ha llamado un «pelotón de fusilamiento circular». Es una situación en la que todas las partes implicadas se echan la culpa entre sí. Es común en el ámbito empresarial, en la política y entre los militares. A veces es un ejercicio mutuo para desentenderse de las responsabilidades. Pero, normalmente, quienes se encuentran en un pelotón de fusilamiento circular son sinceros. De verdad piensan que es culpa de otro.

Solo cuando consideras la situación en su conjunto comprendes que estas perspectivas contradictorias se pueden integrar y hacer algo que nunca lograrás si echas la culpa de forma instantánea: una reforma del sistema. Porque, si no sabes qué ha ido mal, ¿cómo vas a arreglarlo?

Una de las consecuencias del accidente del vuelo 114 de Lybian Arab Airlines fue que se mejoraron las leyes y los protocolos para reducir el número de ataques involuntarios de las fuerzas aéreas a los aviones civiles. Se añadió una enmienda a la Convención de Chicago que regula el problema de las incursiones aéreas en escenarios de guerra y se ratificó en una sesión extraordinaria de la Organización Internacional de la Aviación Civil el 10 de mayo de 1984. El análisis de la caja negra ayudó a que una tragedia parecida fuera menos probable.[236]*

Fue un primer paso para evolucionar.

--- III ---

Ahora, dejemos a un lado los malentendidos a gran altura que causaron el accidente del vuelo 114 de Lybian Arab Airlines y, en cam-

---

* Una de las cuestiones que no se resolvió plenamente del vuelo 114 de Lybian Arab Airlines fue que, según el piloto de uno de los Phantoms, todas las pantallas de las ventanas estaban bajadas. Es casi seguro que, en una situación con mucha presión y un tiempo limitado, el piloto no se dio cuenta de que, de hecho, algunas pantallas estaban subidas.

bio, centrémonos en el tipo de errores que perjudican a las grandes organizaciones. Se cometen errores continuamente en las empresas, en los hospitales y en los departamentos del gobierno. Es una parte inevitable de la interacción con un mundo complejo.

Porque si los profesionales creen que les van a culpar por los errores que cometen de buena fe, ¿por qué deberían hacerlos públicos? Si no confían en que sus superiores se tomarán la molestia de comprobar qué ha ocurrido realmente, ¿por qué deberían informar de lo que no funciona? Y, ¿cómo se pueden adaptar los sistemas?

La realidad es que las empresas echan la culpa *siempre* a otros. Y no es solo que los directores sucumban instintivamente a la reacción de echarle la culpa a alguien. Hay también una razón más profunda: creen que lo correcto es echarle la culpa a alguien. Al fin y al cabo, si la empresa puede culpar a unas pocas «manzanas podridas» de un error garrafal, en términos de recursos humanos le saldrá a cuenta. «No fue nuestra culpa. ¡Fue de ellos!»

También existe una concepción bastante generalizada según la cual los castigos mejoran la disciplina. Todo el mundo se pone alerta y toma nota. Al estigmatizar los errores y ser implacables con ellos, los directores creen que sus trabajadores serán más diligentes y estarán más motivados.

Tal vez estas consideraciones expliquen por qué echar la culpa sea un comportamiento tan generalizado. Según un informe de la Harvard Business School, los directivos creen que alrededor del 2 al 5 por ciento de los errores de su empresa son «verdaderamente reprochables». Pero cuando se les pregunta qué proporción de estos errores se *trataron* como errores reprochables, admiten que la proporción estaba «entre el 70 y el 90 por ciento».

Es una de las cuestiones más acuciantes en el mundo corporativo y político de hoy en día.[237]

Amy Edmondson, profesora de la Harvard Business School, dirigió en 2004 junto con otros colegas un estudio muy influyente sobre las consecuencias de una cultura que se basa en echar la culpa. Se centró en la administración de fármacos de dos hospitales de Estados Unidos (los llama Hospital Universitario y Hospital Memorial para proteger su anonimato), pero las implicaciones iban mucho más allá.[238]

Los errores en la administración de fármacos son alarmantemente comunes. Edmondson cita el ejemplo del informe de una enfermera a las tres de la tarde según el cual el gotero de una Unidad de Cuidados Intensivos no contenía heparina, un anticoagulante que se administra para evitar coágulos después de la cirugía, sino lidocaína, un estabilizador del ritmo cardíaco. La falta de heparina podía haber sido fatal, pero en esta ocasión el error se corrigió antes de que el paciente padeciera efecto alguno.

Por desgracia, como hemos contado en la primera parte de este libro, los errores médicos pueden tener consecuencias mucho más serias. Según otro informe publicado por la Administración Estadounidense de Alimentos y Fármacos, los errores en la administración de fármacos, que son solo un tipo de error, dañan a 1,3 millones de pacientes cada año en Estados Unidos. Además, Edmondson ha probado que un paciente sufrirá entre uno y dos errores en la medicación durante *cada estancia en el hospital*.

En la investigación, que duró seis meses, Edmondson se centró en ocho unidades diferentes de los dos hospitales. Se dio cuenta de que algunas de estas unidades, en ambos hospitales, tenían un funcionamiento rígido y disciplinado. En una de ellas, la responsable de las enfermeras «llevaba un impecable vestido de ejecutiva» y tenía discusiones acaloradas con las enfermeras «a puerta cerrada». En otra, el director se describía como «una autoridad».

En estas unidades echar la culpa era algo común. Las enfermeras hacían afirmaciones como las siguientes: «Este ambiente es despiadado: rodarán cabezas», «Te van a someter a juicio» y «Si cometes un error, eres culpable». Los directores pensaban que llevaban a su personal con correa corta. Creían tener un funcionamiento muy disciplinado y eficiente. Penalizaban los errores y pensaban estar del lado de los pacientes al pedirles cuentas a los trabajadores clínicos.

Y, al principio, parecía que tuvieran razón. Echar la culpa parecía tener un impacto positivo en el rendimiento. A Edmondson le sorprendió descubrir que las enfermeras de estas unidades rara vez informaban de algún error. Llamaba especialmente la atención que en la unidad más dura de todas (como determinó un cuestionario y una encuesta subjetiva que llevó a cabo un investigador independiente), el número de errores declarados era menor al 10 por ciento de otra unidad.

Pero Edmondson investigó más a fondo con la ayuda de un antropólogo y encontró cuestiones curiosas. Quizá las enfermeras que trabajaban en las unidades supuestamente más disciplinadas declaraban menos errores, pero de hecho cometían más. Por el contrario, en las unidades donde se echaba menos la culpa, los datos eran inversos. Declaraban más errores, pero en conjunto cometían menos.*

¿Qué estaba ocurriendo? De hecho, era un misterio fácil de resolver. Precisamente porque las enfermeras de los equipos en los que se culpaba menos declaraban cometer errores, aprendían de ellos y no los repetían. Las que estaban en los equipos donde se culpaba más y no declaraban sus errores, por miedo a las consecuencias, no aprendían nada.

Es un caso análogo al del Sistema Sanitario del Virginia Mason. Solo cuando los profesionales se dieron cuenta de que los informes de errores o incidentes iban a ser tratados como oportunidades de apren-

---

* Tal como se estimó por la frecuencia con que las enfermeras detectaban errores antes de que tuvieran consecuencias, y otras variables clave concernientes a la autocorrección y el aprendizaje.

dizaje en lugar de como pretextos para culpar, la información empezó a fluir. Al principio, a los directores les preocupaba que, si reducían las reprimendas, aumentarían los errores. Pero de hecho ocurría lo contrario. Las demandas a las aseguradoras cayeron un espectacular 74 por ciento. Y los mismos resultados se repitieron en otros casos. Las quejas y las demandas contra el Sistema de Salud de la Universidad de Michigan cayeron de 262 en 2001 a 83 en 2007, después de implementar una política de apertura. Los mismo ocurrió en el Centro Médico de la Universidad de Illinois que en dos años redujo a la mitad las demandas después de crear un sistema de informes abiertos.

«Responsabilizar a las personas y culparlas [injustamente] son dos cosas bastante diferentes», afirmó Sidney Dekker, uno de los pensadores más importantes del mundo en lo que respecta a los sistemas complejos. «Culparles, de hecho, puede provocar que sean menos responsables: informarán menos de los errores, sentirán que no se escucha su opinión y no sumarán sus esfuerzos para mejorar el sistema.»[239]

En un mundo simple, culpar, como técnica de gestión, tiene sentido. Cuando estás en una cadena de producción de una sola dimensión, por ejemplo, los errores son obvios, transparentes y, a menudo, debidos a una falta de concentración. Los directores pueden reducirlos aumentando los castigos. También puede mejorar la motivación ponerse duro de vez en cuando. No sueles perder la concentración cuando tu trabajo está en juego.

Pero en un mundo complejo este análisis no sirve. En el mundo empresarial, en la política, en la aviación y en la sanidad los errores se cometen por razones sutiles y contextuales. A menudo el problema no es una falta de concentración, sino una consecuencia de la complejidad. Castigar más en estos entornos no reduce los errores, sino la sinceridad. Provoca que los errores queden enterrados. Cuanto más injusto es un entorno, más se castigan los errores de buena fe; cuanto más se esconde la información, con más celeridad se juzga a los demás. Esto significa que no se aprende nada y que se cometen los mismos errores una y otra vez, lo que provoca más castigos y, consecuentemente, más ocultamientos e intentos de cubrirse las espaldas.

Tomemos como ejemplo el caso de una gran institución financiera que sufrió pérdidas importantes después de que tuviera un problema con un programa de comercio automatizado (por razones legales no puedo dar el nombre del banco). El director tecnológico (CTO) admitió que nadie comprendía completamente el sistema informático que habían creado.[240] Es bastante común: este tipo de programas siempre es complejo e incluso los diseñadores no tienen un control absoluto de él.

Por lo tanto, recomendó a la junta de la empresa que *no* despidieran a los ingenieros. Consideraba que no era justo. Lo habían hecho lo mejor que habían sabido, el programa se había puesto a prueba y había funcionado a la perfección durante varios meses. No obstante, su petición fue rechazada. A la junta, que no llevó a cabo ningún intento sistemático de comprender lo que había ocurrido, le pareció «obvio» que los culpables eran los ingenieros. Al fin y al cabo eran los responsables directos del sistema.

Pero a la junta también le preocupaban otras cosas. El error había costado millones de dólares y fue ampliamente divulgado por la prensa. Temían que ese asunto «contaminara el resto de la empresa». Creyeron que una actuación decidida sería beneficiosa para sus relaciones públicas. También arguyeron que supondría un mensaje claro para los empleados sobre su actitud implacable contra el fracaso.

Todo esto suena plausible, pero consideremos las consecuencias. La junta pensó que así quedaría claro que tenían tolerancia cero con los errores, pero de hecho lo único que quedó claro fue que cundió el pánico entre sus trabajadores. Si te equivocas, vamos a culparte. Si metes la pata, serás el chivo expiatorio. Transmitieron un mensaje a los empleados que ninguna circular podía igualar:

«Ponte a la defensiva, cúbrete las espaldas y oculta la información preciosa que necesitamos para progresar».

El departamento de informática cambió bastante después de los despidos, según el CTO. Las reuniones fueron más tensas, se dejaron de proponer ideas, el flujo de información se estancó. La junta pensaba que había protegido a la empresa pero, en realidad, la habían envenenado. Habían destruido la mayor parte de los datos esenciales que necesitaban para adaptarse a la nueva situación. El resultado: después de aquel primer error tuvieron más de una docena de incidencias importantes.[241]

En los cursos de administración de empresas de hoy en día se contrasta la «cultura de la culpa» con la «cultura del todo vale». El reto consiste en encontrar un equilibrio inteligente entre estas dos culturas aparentemente opuestas. Si culpas mucho, las personas se cerrarán; si lo haces demasiado poco, serán más descuidadas.

Pero si se consideran desde un nivel más profundo, vemos que no hay conflicto alguno. Para aunar estos dos objetivos en principio contradictorios (la disciplina y la sinceridad) debemos emplear el Pensamiento Caja Negra. Un director que se toma el tiempo para contrastar los datos y que escucha todas las versiones tiene una ventaja esencial. No solo sabrá qué ha pasado realmente en un caso particular, sino que manda un mensaje de seguridad a sus empleados: si cometes un error de buena fe no voy a penalizarte.

Esto no significa que nunca esté justificado culpar a alguien. Si después de una investigación se descubre que alguien ha sido verdaderamente negligente, no solo es adecuado sancionarlo, sino que es imprescindible. Los propios profesionales lo piden. En la aviación, por ejemplo, los pilotos exigen castigos si un compañero se emborracha o comete una negligencia importante. No quieren que la reputación de su sector se vea afectada por una conducta irresponsable.

Pero la cuestión esencial es que culpar justificadamente no socava la sinceridad. ¿Por qué? Porque la dirección se ha esforzado por saber qué ha ocurrido en lugar de culpar de antemano. De esta forma los profesionales tienen la seguridad de que pueden hablar con franqueza de sus errores de buena fe sin que les castiguen. Es lo que a veces se ha llamado «cultura de la justicia».

Según Sidney Dekker, la cuestión no es: ¿a quién se debe culpar? Ni siquiera es: ¿dónde está, con precisión, la línea entre culpar justificadamente y el error de buena fe? Porque no se puede determinar de forma abstracta. La pregunta adecuada es la siguiente: ¿los empleados de la organización *confían* en quienes trazan esa línea? Solo cuando confiamos en aquellos que nos deben juzgar seremos sinceros y diligentes.[242]

Las enfermeras de la unidad en la que se culpaba mucho del Hospital Memorial no confiaban en su directora. Para los jefes del hospital la directora parecía una líder de lo más adecuado, que transmitía rigor y disciplina, alguien que se aseguraba de que las enfermeras fueran responsables de sus actos. En apariencia, estaba del lado de las personas más importantes de todas: los pacientes.

Sin embargo, la realidad es que ella era culpable de un tipo específico de pereza. Al no comprender la complejidad del sistema que dirigía, culpaba de antemano y, por lo tanto, socavaba la sinceridad y el aprendizaje. Debilitaba el tipo de responsabilidad más importante de todos: lo que la filósofa Virginia Sharpe denomina «la responsabilidad con visión de futuro». Consiste en aprender de los acontecimientos adversos para que los futuros pacientes no se vean perjudicados por errores evitables.

Las directoras de las enfermeras en las unidades donde se culpaba poco no carecían de rigor. En muchos aspectos eran las más rigurosas de todas. No llevaban trajes, sino batas. Se ensuciaban las manos. Entendían la presión diaria que soportaban sus trabajadoras. Eran íntimamente conscientes de la complejidad del sistema y, por lo tanto, estaban mucho más dispuestas a enfrentarse a la exigente labor de aprender de los errores. Eran «Pensadoras caja negra».

Este es un resumen de lo que descubrieron en la Unidad 3 del Hospital Memorial, que fue calificado como el menos sincero de todos. Actitud adoptada: culpar. Directora de enfermeras: actitud pasiva. Vestimenta de la directora: traje de negocios. Actitud de la directora respecto a los empleados: considera que los residentes son niños que necesitan disciplina, igual que las enfermeras, y presta una atención minuciosa a las estructuras de denuncia. Percepción de la directora por parte de los empleados: «Si cometes un error, te considera culpable». Percepción de los errores por parte de los empleados: «Te someten a juicio».

Y este es un resumen de lo que descubrieron en la Unidad 1 del Hospital Memorial, que fue calificado como el más sincero. Actitud adoptada: aprender. Directora de enfermeras: actitud activa. Vestimenta de la directora: bata. Actitud de la directora respecto a los empleados: «Son capaces y tienen experiencia». Percepción de la directora por parte de los empleados: «Una enfermera y directora excelente». Percepción de los errores por parte de los empleados: normales, naturales, es importante documentarlos.

No es algo que deba aplicarse solo a la sanidad, sino a cualquier cultura organizativa. Cuando nos enfrentamos a sistemas complejos, culpar sin analizar adecuadamente la situación es una de las cosas más comunes y peligrosas que puede hacer una organización. Y esta actitud radica, en parte, en la creencia errónea de que el rigor y la sinceridad no pueden conjugarse. Pero sí que pueden.

Este análisis no solo sirve para aprender de los errores que provocan los sistemas complejos, sino también para la experimentación y el riesgo que supone toda innovación. Recuerda a los biólogos de Unilever que pusieron a prueba todas sus suposiciones para fomentar el aprendizaje. Llegaron a cometer 449 «errores». Un proceso de este tipo no puede tener lugar si se considera que los errores son reprochables. Cuando ponemos a prueba nuestras suposiciones estamos expandiendo los límites de nuestro conocimiento para saber qué funciona y qué no. Penalizar estos errores genera un resultado simple: destruye la innovación y evita asumir riesgos que nos hacen progresar.

En pocas palabras: culpar destruye la información vital que necesitamos para adaptarnos eficazmente. Diluye la complejidad de nuestro mundo y nos lleva a pensar que comprendemos el entorno en el que estamos cuando, de hecho, no lo comprendemos en absoluto y deberíamos estar aprendiendo de él.

Según Amy Edmondson, de la Harvard Business School:

> Los directivos que he entrevistado en organizaciones tan diferentes como hospitales y fondos de inversión admiten que están divididos. ¿Cómo deben reaccionar a los errores de forma constructiva sin dar pie a una actitud de «todo vale»? Si no se culpa a los trabajadores por sus errores, ¿cómo pueden asegurarse de que lo hagan lo mejor posible? Pero esta preocupación se basa en una dicotomía falsa. En la práctica, una cultura en la que es seguro admitir errores e informar de ellos puede —y en algunas organizaciones debe— coexistir con unos altos niveles de rendimiento.[243]

Merece la pena señalar, aunque sea de manera breve, la relación que existe entre culpar y la disonancia cognitiva. En una cultura donde se culpa por los errores es muy posible que estos sean disonantes. Cuando la cultura externa estigmatiza los errores, los profesionales interiorizan estas actitudes. En efecto, echar las culpas y la disonancia se basan en la misma actitud equivocada hacia el error, algo a lo que volveremos en la Sexta Parte.

---**IV**---

La reacción de echar la culpa se puede observar en el laboratorio. Cuando a unos voluntarios se les proyectó el vídeo de un conductor que invadía los carriles de otros coches, estos le echaron la culpa casi de forma unánime. Concluyeron que era un conductor egoísta, impaciente y fuera de control. Y esta conclusión puede que resultara ser cierta. Pero las situaciones no son siempre tan claras como pueden parecer a primera vista.

Después de todo, quizá al conductor le cegaba la luz del sol. Quizá trataba de evitar a otro coche que había invadido su carril. De hecho, hay muchos posibles factores atenuantes, pero la mayoría de los observadores externos no los tienen en cuenta. No es porque piensen que estas posibilidades sean irrelevantes, sino que a menudo ni siquiera las tienen en consideración. El cerebro se aferra a la narrativa más simple e intuitiva: «¡Es un loco homicida!» Es lo que se suele llamar sesgo de correspondencia.

Solo cuando se invierte la pregunta —«¿Qué te ocurrió la última vez que tú invadiste otro carril?»—, los voluntarios empiezan a considerar los factores situacionales. «Ah sí, fue porque pensé que un niño iba a cruzar la calle.» A veces estas excusas son una justificación, pero no siempre. En ocasiones hay factores externos que provocan errores, pero no podremos detectarlos si ni siquiera los tenemos en cuenta, y menos si no los investigamos.

Incluso en un caso tan absurdamente simple como este, debemos pararnos a pensar, escrutar lo que hay bajo la superficie, poner en cuestión la narrativa más obvia y reduccionista. No se trata de ser «blando», sino de saber realmente qué ha ido mal. Y esto es todavía más importante en sistemas complejos e interdependientes como un hospital o una empresa.

Cabe señalar que incluso los investigadores veteranos de la aviación son presa del sesgo de correspondencia. Cuando tiene lugar un accidente, la parte del cerebro que busca sentido a la realidad crea explicaciones antes de que se analice la caja negra. Varios estudios han demostrado que casi siempre el primer instinto (en el 90 por ciento de los casos) es atribuirlo a un «error humano».

Así me lo contó el investigador de una aerolínea: «Cuando ves un accidente tu cerebro parece gritar: "¡Pero en qué diablos estaría pensando el piloto!" Es una reacción visceral. Se requiere una férrea disciplina para analizar la caja negra sin prejuicios».*

En cierto sentido, culpar es una subversión de la falacia narrativa. Es una manera de resumir un hecho complejo con una explicación simple e intuitiva: «¡Fue culpa suya!»

Por descontado, culpar a veces no tiene que ver con el sesgo cognitivo sino con la pura conveniencia. Si la culpa es de otro, nosotros dejamos de tener presión. Y es algo que ocurre tanto a nivel colectivo como individual.

Tomemos como ejemplo la crisis de crédito de 2007. Fue un desastre en el que estuvieron implicados los bancos de inversión, los reguladores, los políticos, los agentes de hipotecas, los bancos centrales y los pequeños acreedores. Pero los ciudadanos (y la mayoría de los políticos) decidieron centrar la culpa casi exclusivamente en los banqueros.

Y sin duda muchos banqueros se comportaron de forma imprudente. Algunos dirán que deberíamos haberlos castigado con más severidad. Pero centrarse solo en los banqueros ocultó otra verdad. Muchas personas pidieron préstamos que no podían permitirse. Otros exprimieron sin medida sus tarjetas de crédito. Es decir: los ciudadanos también contribuyeron a la crisis.

---

* El «sesgo retrospectivo», otro fenómeno bien estudiado por los psicólogos, también desempeña un papel aquí. Cuando sabemos el resultado de una situación —la muerte de un paciente, el accidente de un avión, un error en el sistema informático— es especialmente difícil liberar nuestra percepción de ese resultado concreto. Es complicado ponerse en la piel de una persona que actúa bajo mucha presión, intentando reconciliar varias contingencias y sin saber qué consecuencias va a tener una decisión particular.

En palabras de Anthony Hidden QC, el hombre que investigó el accidente en el empalme ferroviario de Clapham, en el que murieron treinta y cinco personas en 1988: «Prácticamente no existe acción o decisión humana que no pueda parecer errónea y poco inteligente si se mira en retrospectiva».

Pero si no podemos aceptar nuestros propios fracasos, ¿cómo vamos a aprender de ellos?

Superar la tendencia a culpar es una cuestión impostergable del mundo corporativo. Ben Dattner, psicólogo y asesor de empresas, nos explica su experiencia mientras estuvo trabajando en el Banco Nacional Republicano de Nueva York. Se dio cuenta de que otro trabajador había colgado un papel en la pared de su cubículo. Se leía lo siguiente: «Las seis fases de un proyecto: 1. Entusiasmo 2. Desilusión 3. Pánico 4. Buscar a los culpables 5. Castigar a los inocentes 6. Recompensar a todos aquellos no implicados».

Dattner escribe: «Desde entonces, no he encontrado una descripción más exacta de cómo se gestionan los proyectos en la vida empresarial».[244]

La idea que propone es que no es necesario examinar un fracaso de grandes dimensiones para darse cuenta de los peligros de echar las culpas, ya que se pueden observar en los entornos empresariales más convencionales.

Y este es el auténtico problema. El proceso evolutivo no puede existir sin la información de lo que funciona y de lo que no funciona. Esta información puede provenir de varias fuentes, dependiendo del contexto (pacientes, consumidores, experimentos, informantes, etc.). Pero los profesionales que trabajan sobre el terreno tienen datos esenciales para compartir en casi cualquier contexto. En sanidad, por ejemplo, no podrán empezar a reformar los procedimientos si los médicos no informan de sus errores. Y las teorías científicas no evolucionarán si los científicos ocultan los datos que ponen de manifiesto las debilidades de una determinada hipótesis.

Por esta razón, la sinceridad no es una opción extra ni un útil complemento cultural. Sino, más bien, un requisito para cualquier adaptación digna de este nombre. En un mundo complejo, que no podemos comprender completamente desde una visión superficial, y por lo tanto tenemos que adentrarnos en él para entenderlo, este requisito cultural es más importante que cualquier otra cuestión empresarial.

Una cultura de la transparencia no debería ser lo único que determinara la reacción al fracaso, sino que debería marcar también las decisiones sobre la estrategia y la promoción. La meritocracia es un sinónimo de la responsabilidad.

La alternativa no solo consiste en que los trabajadores perderán su tiempo escudándose y echando la culpa a los demás, sino que además tratarán de ponerse las medallas por el trabajo de otros. Cuando una cultura es injusta y opaca genera muchos incentivos perversos. En cambio, cuando una cultura es justa y transparente favorece el proceso adaptativo.

Nuestra cultura pública, en cualquier caso, es la que más sujeta está a echar las culpas. Denigramos a los políticos, a veces con razón y a menudo sin ella. No se comprende que los errores que cometen las instituciones públicas son magníficas oportunidades para aprender. Pero únicamente las tomamos como pruebas de que los líderes políticos son incompetentes, negligentes o ambas cosas. Esto se suma a la fobia general al error y aumenta la disonancia de las equivocaciones, lo cual provoca inexorablemente una cultura del ocultamiento y el subterfugio.

Podría parecer sensato condenar a los periódicos que suelen culpar a los políticos, pero esta no es la cuestión de fondo. La razón por la que los diarios rentables publican historias en las que se echa la culpa a alguien es que ya hay un mercado predispuesto para ellos. Al fin y al cabo, preferimos historias fáciles porque tenemos un sesgo inherente que nos predispone más a la simplicidad que a la complejidad. Son historias de masas que se derivan de la falacia narrativa.

En una cultura más progresista este mercado no existiría porque el público no se lo creería. Los periódicos estarían obligados a elaborar análisis más profundos antes de atribuir la culpa a alguien. Puede que suene ilusorio, pero marca la dirección que hay que seguir.

El impulso de aprender de los errores es el mismo que anhela una cultura de la justicia. La responsabilidad con visión de futuro no es nada más ni nada menos que aprender de los fracasos. Para favorecer la sinceridad, debemos evitar culpar de forma preventiva. Todas estas cuestiones se entretejen en un sistema verdaderamente adaptativo.

En palabras del filósofo Karl Popper: «La auténtica ignorancia no es la ausencia de conocimiento, sino negarse a adquirirlo».

12
LA SEGUNDA VÍCTIMA

--- I ---

Para comprender en toda su amplitud las consecuencias de una cultura de la culpa, analicemos una de las tragedias británicas más punzantes de los últimos años: la muerte de Peter Connelly, un bebé de diecisiete meses de Haringey, al norte de Londres, en 2007. Durante el juicio, para proteger su anonimato, la prensa británica se refirió a él como «Bebé P».[245]

El pequeño Peter murió a manos de su madre, Tracy, el novio de esta, Steven Barker, y su hermano, Jason Owen. Durante su corta vida, el bebé careció de cuidados y fue maltratado. Quince meses después de la tragedia, los tres agresores fueron declarados culpables por «causar o permitir la muerte de un niño». Los condenaron a prisión.

Pero al día siguiente los medios de información focalizaron sus calumnias en un grupo de personas muy diferente. El diario *Sun* publicó el siguiente titular en portada: «Sus manos están manchadas de sangre». Y otros medios de información publicaron acusaciones similares. ¿Dirigían su ira contra cómplices del asesinato que no habían sido procesados? ¿Había otras personas en la sombra implicadas en la trágica muerte de Peter?

En realidad, la ira iba dirigida contra quienes eran responsables de proteger a Peter: principalmente la trabajadora social, Maria Ward, y Sharon Shoesmith, la directora de los servicios infantiles de la zona. El *Sun* creó una petición para que las despidieran y publicó sus fotos con un número de teléfono y una pregunta: «¿Las conoces?».[246] 1,6 millones de personas la firmaron.[247]

Casi de inmediato una multitud con pancartas rodeó a estas dos trabajadoras. Amenazaron de muerte a Shoesmith. Ward tuvo que abandonar su casa porque temía por su vida. La hija de Shoesmith también fue amenazada de muerte y tuvo que esconderse.[248]

Las víctimas de esta campaña se sintieron como en los juicios a las brujas de Salem. Le había ocurrido algo terrible al niño, y el instinto general fue asegurarse de que también le ocurriera algo terrible a otras personas. Fue el juego de la culpa en su versión más viva y destructiva.

Muchos estaban convencidos de que el sector de los trabajadores sociales debía mejorar después de la tragedia. Así es como se suele pensar que funciona la responsabilidad: como una reacción potente al fracaso. La idea consiste en que, aunque el castigo sea excesivo en un caso específico, hará que todos los demás se pongan firmes y se responsabilicen. En palabras de un comentarista: «Hará que se pongan las pilas».

Pero ¿qué había ocurrido en realidad? ¿Los trabajadores sociales fueron a partir de entonces más responsables? ¿Los niños estuvieron mejor protegidos?

De hecho, los trabajadores sociales dejaron su profesión en masa. Los nuevos ingresos en la profesión cayeron en picado. En una zona se tuvieron que gastar 1,5 millones de libras en equipos de trabajadores sociales externos porque no tenían suficiente personal fijo para atender a los niños.[249] En 2011 todavía había 1.350 cargos vacantes relacionados con la protección de los niños.[250]

Los que se quedaron en la profesión tuvieron que soportar enormes cargas de trabajo, lo cual significó que hubo menos tiempo para dedicarle a cada niño. También empezaron a actuar de manera más agresiva porque les aterrorizaban las consecuencias de que un niño bajo su supervisión sufriera algún daño. El número de niños apartados de sus familias se desbordó. El coste de no advertir las señales de peligro fue demasiado alto. El sistema judicial sucumbió bajo el peso de los nuevos casos y se estima que necesitaron 100 millones de libras más para cumplir las órdenes de protección de los menores.

Pero también hubo consecuencias no económicas. Los niños a los que se apartó de sus familias fueron internados en centros de atención o entregados a familias de acogida, lo cual significó que el Estado se vio obligado a aceptar un nivel cualitativo menor de estas familias para hacer frente a la demanda. Y los niños también sufren cuando los apartan de sus familias. A los medios de información les faltó tiempo para aprovechar la coyuntura y empezaron a publicar noticias sobre el sufrimiento de familias adorables a las que les quitaban los hijos. Uno de los titulares fue: «Quieren mantenerlo en secreto: una madre acusada de abusar de su hijo por abrazarlo».[251]

En Haringey, al norte de Londres, la situación fue todavía peor. El número de asistentes sanitarios se redujo a la mitad. La carga de trabajo para aquellos que permanecieron en sus puestos, que ya era alta, aumentó aún más. El número de peticiones de protección se elevó un increíble 211 por ciento entre 2008 y 2009.[252] La Asociación Británica de Adopción y Acogida alertó de que el aumento continuado de las solicitudes de las autoridades locales después del caso de Bebé P «podía causar una catástrofe en los servicios infantiles».[253]

Un hecho determinante fue que estar a la defensiva empezó a ser común en todos los aspectos del trabajo social. Los empleados eran muy cuidadosos con lo que documentaban, no fuera que les pudiera perjudicar. Las pruebas documentales burocráticas se hicieron más largas, pero esto no implicó que se transmitiera más información, sino que se ocultaba más, una información preciosa que no se compartía por miedo a las consecuencias. La cantidad de trabajo que dedicaban a protegerse a sí mismos de futuras represalias desbarató el análisis de la labor real de los trabajadores sociales.*

---

* Es una situación bastante análoga con lo que a veces se ha llamado «medicina defensiva» donde los investigadores utilizan un gran número de pruebas innecesarias para cubrirse las espaldas, aunque aumenten desproporcionadamente los costes sanitarios.

Casi todos los expertos estiman que el perjuicio a los niños, después del intento de los medios de comunicación para «aumentar la responsabilidad», fue alto.[254] La responsabilidad con visión de futuro se derrumbó. El número de niños que murieron a manos de sus padres aumentó más de un 25 por ciento un año después del escándalo y permaneció en esa cota durante los tres años siguientes.[255]

Cuando una investigación oficial informó finalmente de la muerte de Bebé Peter, muchos alegaron que sus hallazgos se habían determinado de antemano y que estaban sujetos a la manipulación política. Incluso los autores del informe pensaron que no podían oponerse a la ira pública. Les preocupaba qué podía ocurrirles si no satisfacían el deseo de un chivo expiatorio. Esto es lo que sucede en una cultura de la culpa.[256]

Esto no significa que la atribución de culpas no estuviera justificada en el caso de Bebé P. Como muchas instituciones públicas del Reino Unido, el sector del trabajo social se habría beneficiado de un cambio cultural para convertirlo en una organización verdaderamente adaptativa, con una responsabilidad de cara al futuro. Este libro ha tratado de investigar cómo sería un sistema de estas características y cómo se puede lograr. Una vez que se tiene una cultura con un alto rendimiento, aumentar la disciplina y la responsabilidad es positivo y, de hecho, muy bien aceptado por la mayoría de los profesionales.

Pero intentar aumentar la disciplina y la responsabilidad cuando no existe una cultura de la justicia tiene precisamente el efecto contrario. Mina la moral, promueve actitudes a la defensiva y oculta información vital. Es como intentar revivir a un paciente que ha sufrido una conmoción golpeándole la cabeza con un martillo.

Además, echar la culpa también tiene otras consecuencias más personales, sobre todo en aquellos sectores en que la seguridad es primordial. Muchos profesionales implicados en una tragedia, como los médicos o los trabajadores sociales, sufren trastornos por estrés postraumático, incluso cuando nadie los ha culpado de nada. Están emocionalmente asustados por haber desempeñado un papel en una tragedia. Es una reacción muy humana que requiere un tratamiento cuidadoso.

Sin embargo, cuando a los sentimientos de culpa se les suma una acusación injustificada de criminalidad, se puede llevar a las personas al extremo. Este fenómeno es ahora tan común que se ha acuñado un término para describirlo: la «segunda víctima». Varios estudios demuestran que los profesionales padecen estrés, agonía, angustia, miedo, culpa y depresión.[257] Otros estudios resaltan la aparición de pensamientos suicidas.[258]

Sharon Shoesmith estaba tan aterrorizada por el efecto del caso de Bebé P en sus hijas que no solo contempló acabar con su vida, sino también con la de toda su familia. Era una mujer que los demás describían como fuerte y decidida antes de caer en la emboscada del juego de la culpa. «Por un momento comprendes que alguien quiera borrar a toda su familia de la faz de la Tierra —declaró—. Tu dolor es su dolor y su dolor es el tuyo. Y lo único que quieres es que acabe todo.»[259]

Sidney Dekker escribe en su magnífico libro *Just Culture* [*Cultura justa*]: «La cuestión es si queremos seguir engañándonos al querer mejorar la responsabilidad de los profesionales médicos por medio de la culpa, las demandas o los juicios. Hasta el momento no hay ni una sola prueba que lo demuestre».[260]

Ha llegado, pues, el momento de dejar de engañarse.

--- **||** ---

Para acabar con nuestro estudio sobre la culpa, tomemos un último incidente que casi acaba en tragedia, quizá el más conocido de la historia de la aviación. Como hemos visto en la Primera Parte, la aviación no suele penalizar los errores. El sector dispone de una cultura en la que no se los estigmatiza, sino que se consideran oportunidades para aprender. De hecho, se suele considerar el sector de la aviación como líder en este aspecto.

Pero en este caso el sector se volvió en contra de los profesionales. El incidente llamado «November Oscar» fue la primera vez en la historia en que un piloto británico fue juzgado por hacer lo que creía que era su deber en unas circunstancias con mucha presión.

Lo fascinante de este caso es que pone de relieve la tentación del juego de la culpa, incluso en un sector que es muy consciente de sus peligros. Y revela, una vez más, que un incidente simple puede ser muy diferente cuando no nos quedamos en las explicaciones superficiales.

William Glen Stewart, que con diecinueve años había pilotado un Tiger Moth en la base de la RAF en Leuchars, en la costa este de Escocia,[261] era uno de los pilotos más experimentados de la flota aérea británica. El 21 de noviembre de 1989 era el comandante de un vuelo rutinario entre Baréin y Londres. En la cabina de mando también estaban Brian Leversha, ingeniero de vuelo, y Timothy Luffingham, un copiloto de veintinueve años.

La versión breve de la acusación contra Stewart es simple. El vuelo B747-136 G-AWNO (nombre en clave: November Oscar) había despegado de Baréin y, al llegar al espacio aéreo europeo, la tripulación supo que el tiempo en el aeropuerto de Londres, Heathrow, era espantoso. Una espesa niebla había reducido la visibilidad a unos pocos metros más allá.

Stewart estaba obligado a hacer lo que se llama un «aterrizaje instrumental», porque la falta de visibilidad obligaba a la tripulación a utilizar varios indicadores en el interior del avión para aterrizar en la pista con seguridad. El procedimiento, que precisa usar el piloto automático y otros sistemas internos, no es en absoluto fácil, pero Stewart estaba plenamente capacitado para llevarlo a cabo.

Sin embargo, a causa de esta dificultad, hay una serie de protocolos de seguridad que deben seguirse, reglas y regulaciones que garantizan que el capitán no asuma riesgos innecesarios debido a la presión por la dificultad del aterrizaje. La acusación era directa: Stewart se había negado a seguir estas reglas.

A medida que se acercaban a tierra, el piloto automático no recibía las dos señales de radio que se emitían desde el final de la pista de Heathrow, las cuales son imprescindibles para que el aterrizaje instrumental sea un éxito. Las balizas guían el avión para que su trayectoria lateral y vertical sea la correcta. Sin ellas, el aparato puede ir torcido, muy alto, o muy bajo, demasiado a la izquierda, o demasiado a la derecha.

Si el avión no recibe estas señales, se debe abortar el aterrizaje antes de estar por debajo de los trescientos metros y volver al patrón de espera hasta que se solucione el problema o se proponga un destino alternativo con condiciones climatológicas más adecuadas. No obstante, Stewart incumplió las reglas y siguió descendiendo por debajo de los trescientos metros.

Cuando November Oscar, con 255 pasajeros a bordo, estuvo por debajo de los 225 metros, el avión se encontraba tan a la derecha de la pista que, de hecho, sobrevolaba la autopista A4. La tripulación, a causa de la niebla espesa, no era consciente de esta desviación, y si seguían esa trayectoria, iban a colisionar con una serie de hoteles que flanqueaban la autopista.

Únicamente cuando estuvieron a 40 metros de altura, Stewart ordenó abortar el aterrizaje, pero no reaccionó de inmediato. Aunque aceleró los motores y alzó el morro del avión, este siguió cayendo casi otros quince metros. Pasó tan cerca del terrado del hotel Penta que saltaron las alarmas de incendios en los pasillos, algo en lo que la prensa incidió más tarde. Los testigos presenciales pudieron ver el tren de aterrizaje cuando el aparato llegó a su punto más bajo antes de volver a alzarse con un sonido atronador.

También saltaron las alarmas de los coches del aparcamiento del hotel. Los huéspedes que dormitaban se despertaron sobresaltados. Las personas en las calles huyeron despavoridas cuando vieron el fuselaje del avión aparecer entre la niebla. En la cabina de mando, Luffingham vio que las luces de la pista estaban muy hacia a la izquierda mientras ganaban altitud de nuevo. Después de abortar este primer aterrizaje, el aparato tomó tierra en un segundo intento sin ningún problema y con el aplauso de los pasajeros.

Rápidamente se llevó a cabo una investigación. Un avión jumbo había estado a punto de protagonizar el que, sin duda, habría sido el accidente más devastador de la historia de la aviación británica. Si el aparato hubiera descendido otros 25 centímetros, habría tocado el hotel Penta y aquello habría sido una catástrofe.

Para la mayoría fue obvio que la culpa era de Stewart. Aunque en el último momento había evitado un desastre descomunal, *había* desobedecido el protocolo. Él estaba al mando cuando el avión sobrepasó el mínimo de altura.

Con esto presente, es evidente que es tentador echarle la culpa del incidente a Stewart. La patata caliente la tenían British Airways y la Autoridad de Aviación Civil, el regulador. Al pasársela al piloto esperaban escapar de la condena por una supervisión y un procedimiento negligente.

Dieciocho meses después, el 8 de mayo de 1991, la corte de Isleworth Crown, en el sudoeste de Londres, condenó a Stewart. El jurado decidió que era culpable por no seguir las regulaciones y casi provocar un desastre en el sudoeste de Londres. Un piloto experimentado se había convertido en un criminal.[262]

Pero ¿qué es lo que de verdad había ocurrido en ese vuelo? ¿Stewart era culpable? ¿Negligente? ¿O solo reaccionó a una serie de hechos imprevisibles que hubieran llevado a casi cualquiera a un desastre?

Al investigar el accidente en profundidad, nos fijaremos en un informe significativo del periodista Stephan Wilkinson[263] y en los documentos no publicados del juicio, así como en los documentos confidenciales de las investigaciones internas de British Airways y en las entrevistas con testigos presenciales.

Y es que la historia, en toda su extensión, no comienza con el aterrizaje del Boeing 747 en Heathrow, ni siquiera cuando despegó de Baréin. Sino que comienza dos días antes, mientras la tripulación compartía una comida china durante una escala en Mauricio.

--- **|||** ---

Había sido un viaje largo. La tripulación había participado en varios vuelos antes de aterrizar en Mauricio y pensó que estaría bien relajarse compartiendo una cena. William Stewart se sentó junto a Tim Luffingham, el copiloto. El ingeniero Brian Leversha y su mujer, Carol, que se había apuntado al viaje, también estaban allí. Fue una velada muy agradable.

Pero cuando la tripulación llegó a Baréin para el siguiente tramo del viaje, casi todos se habían visto afectados por una gastroenteritis. Carol Leversha era quien tenía los peores síntomas. Mientras estaban en Mauricio, Brian llamó al médico oficial de British Airways pero no estaba disponible. Este les recomendó a un colega que, aunque aún no trabajaba para la compañía, lo iba a hacer pronto. Le recetó unos analgésicos y le sugirió que los compartiera si alguien más se encontraba mal.

Dos días después se programó la salida del vuelo de Baréin a Londres a las 00.14. El llamado «tiempo de transbordo» (entre el aterrizaje del vuelo previo y el despegue del siguiente) no les ayudó mucho. Habían llegado a Baréin tarde la noche anterior y se habían ido a dormir. Pero habían tenido un día muy ocupado y, normalmente, deberían haber disfrutado de otro día de asueto. Sin embargo, tenían que volar por la noche a Heathrow. Además, seguían sufriendo las secuelas de la gastroenteritis. La situación no era en absoluto ideal.

No obstante, la tripulación era profesional. No iban a permitir que un virus intestinal o el cansancio dejara en tierra un vuelo con 255 personas. Tal y como me dijo Leversha (actualmente de setenta y cinco años) cuando me recibió en su casa en el campo de Hampshire: «Algunos lo habían pasado peor que otros, pero estábamos más o menos de acuerdo con que habíamos superado lo peor. Todos pensamos que no sería muy profesional pedir a la compañía que enviara una tripulación para sustituirnos, con los problemas que habría provocado. Queríamos hacer nuestro trabajo».

El vuelo fue extenuante desde el principio. Les azotaron unos fuertes vientos de cara que mermaron las reservas de combustible. Poco después del despegue, Luffingham, el copiloto, empezó a encontrarse mal. Parecía que la gastroenteritis había vuelto. Carol Leversha, en el asiento de la tripulación, le dio unos analgésicos y Luffingham pidió permiso para salir de la cabina de mando. Stewart aceptó y el copiloto se retiró a la cabina de Primera Clase para dormir un poco. Entonces Stewart y el ingeniero se hicieron cargo del vuelo.

En ese momento Stewart consideró aterrizar. Con Leversha pensaron en hacerlo en Teherán, uno de los pocos lugares disponibles, pero les preocupaba la tensa situación política de la capital iraní. Seguir volando pareció lo más prudente. Después de todo, no era una excepción que un piloto volara sin la ayuda del copiloto si este caía enfermo.

Cuando el November Oscar sobrevolaba Frankfurt, la situación se torció. Les informaron de que las condiciones meteorológicas en Heathrow eran nefastas. Una niebla baja mermaba la visibilidad externa hasta hacerla casi inexistente. Deberían aterrizar fiándose de los instrumentos de a bordo en lo que se llama «Condiciones de Categoría 3» (el tipo de aterrizaje más difícil).

Esto suponía un problema inmediato. Stewart estaba preparado, igual que Leversha, para ejecutar este tipo de aterrizaje. Pero Luffingham, que llevaba relativamente poco tiempo en la compañía, no. Mientras sobrevolaban Alemania, Stewart contactó por radio con la sede de British Airways en Frankfurt para pedir una exención de Luffingham: básicamente, una exoneración verbal que les permitiera aterrizar en Heathrow. Frankfurt llamó a Londres para ver si era posible.

De madrugada, en algún lugar del sudoeste de Inglaterra, un piloto de guardia de British Airways recibió una llamada. Aceptó la exención de Luffingham. No se consideraba un riesgo aceptarla, dado que Stewart estaba cualificado para realizar un aterrizaje de Categoría 3. De hecho, estas exenciones se dispensaban de forma rutinaria.

Cuando el November Oscar llegó al espacio aéreo británico, Luffingham ya estaba de nuevo en su puesto. Al avión se le adjudicó un patrón de espera sobre Lambourne, al noreste de Londres. Leversha, sentado detrás del comandante, estaba un poco nervioso. Stewart había estado volando literalmente a oscuras durante más de cinco horas, con un descanso de únicamente quince minutos. Las condiciones meteorológicas eran calamitosas y las reservas de combustible, bajas. Pensó que lo mejor sería redirigirse a Manchester, donde el tiempo era más favorable. «Venga, Glen —dijo—. Vayamos a Manchester.»

Stewart lo consideró. Preguntó qué tiempo hacía en Manchester, y también en el aeropuerto de Gatwick, Londres, y debatieron con la tripulación cuál era la mejor opción. Stewart estaba a punto de cambiar de destino cuando desde Heathrow les dieron vía libre para aterrizar.

Pero de repente surgió otra complicación. Al principio les habían comunicado que se acercaran a Heathrow desde el oeste, que sobrepasaran Windsor antes de dar la vuelta y aterrizaran en dirección este. Tenían los archivos con las cartas de navegación a mano en la cabina de mando. Pero, en aquel momento, el Control del Tráfico Aéreo les comunicó que la niebla se había disipado ligeramente, que las condiciones meteorológicas habían cambiado y que, por lo tanto, tenían que aterrizar en dirección oeste.

Era un contratiempo más, pero en ningún caso desastroso. A 2.700 metros los aviones suelen volar a unos 240 nudos. Cuando toman tierra reducen la velocidad hasta los 140 nudos porque, si no, los frenos no podrían parar el aparato antes del final de la pista. Se aminora la velocidad rebajando la propulsión de los motores y usando los alerones. Para ello se necesitan algunos kilómetros de trayecto.

Pero la distancia de la que disponían se había reducido en 30 kilómetros. En la cabina de mando se les acumulaba el trabajo significativamente. Debían cambiar de cartas de navegación y prepararse mentalmente para el nuevo aterrizaje. Además, tenían un viento de cola de 10 nudos, lo cual les reducía aún más el tiempo disponible. El ambiente en la cabina ya no era tranquilo, sino tenso.

Y luego apareció otro problema inesperado. En el aeropuerto de Heathrow hay un código de luces de colores con forma de árbol de Navidad en la pista, para que el piloto tenga una guía visual del terreno. Pero Control del Tráfico Aéreo les informó que algunas de las luces no funcionaban. Esto no tenía mucha importancia, puesto que la visibilidad externa era nula. Pero el protocolo exigía que Leversha comprobara la lista de verificación justo cuando no daba abasto con el resto de tareas.

Y aún quedaba otro problema: les dieron vía libre para aterrizar con mucho retraso, lo cual aumentó el peligro. La niebla espesa significaba que un número inusual de aviones estaban sobrevolando Heathrow, de modo que se reducía la distancia entre aquellos que debían aterrizar. El Control del Tráfico Aéreo estaba bajo presión y la situación no paraba de tensarse cada vez más. Con posterioridad se constató que dieron vía libre al November Oscar *más tarde* de lo que permitían las regulaciones. Un aterrizaje apresurado se estaba llevando al límite.

Seguramente todo esto no habría acarreado consecuencia alguna si no fuera por el último problema de una larga cadena de imprevistos. Stewart, exhausto y bajo una presión cada vez mayor, incapaz de ver por la ventanilla nada más que no fuera niebla blanca, se centró en los instrumentos de aterrizaje. Las dos radiobalizas al final de la pista de aterrizaje estaban mandando señales verticales y laterales, imprescindibles para que el November Oscar pudiera seguir la trayectoria correcta.

No obstante, el piloto automático no recibía la señal lateral. Se sabe casi con seguridad que un avión de Air France, que seguía en la pista debido a la poca distancia entre los aviones que aterrizaban, interfirió la señal. Stewart, cuya opinión sobre las funciones automáticas del Boeing 747 no era muy buena, se estaba fijando en los localizadores y en la Senda de Descenso, los instrumentos internos que debían recibir estas señales.

El avión estaba descendiendo por el cielo de Londres a 230 metros por minuto. Volaba a unos 320 km por hora. La tensión en la cabina de mando era patente. Pero el piloto automático no captaba la señal de radio. En palabras de Stephan Wilkinson, que escribió un informe sobre el incidente, el aparato estaba «husmeando la señal sin encontrarla, como un sabueso torpe incapaz de seguir el rastro».

En aquel momento, el avión ya había sobrepasado el mínimo legal de trescientos metros. Técnicamente, Stewart se estaba saltando la regulación. Nadie lo sabía en la cabina de mando, pero se habían desviado más allá del perímetro del aeropuerto y se estaban acercando rápidamente a la larga hilera de hoteles que flanqueaba la autopista A4. Según el protocolo, Stewart tenía que haber ordenado abortar el aterrizaje.

Pero estaba exhausto. Quedaba muy poco combustible. El copiloto seguía aturdido por la gastroenteritis y, además, no estaba cualificado para ayudar. Abortar el aterrizaje tampoco estaba exento de riesgos. Poco antes el Control de Tráfico Aéreo les había informado de que la niebla se estaba disipando, lo cual, como después declaró Leversha, daba razones a Stewart para esperar un poco más, ver si el avión traspasaba la niebla y la pista de aterrizaje se hacía visible.

Unos instantes después, el avión ya estaba a menos de cien metros de altura. En menos de seis segundos iban a chocar con el edificio del hotel Penta. Stewart escrutaba la ventanilla de la cabina para percibir las luces blancas de la pista a través de la niebla matinal. Los 255 pasajeros eran totalmente ajenos a la catástrofe que se les venía encima. Incluso Carol Leversha, que estaba leyendo una novela de Dean Koontz en la butaca del auxiliar de vuelo, no se dio cuenta del peligro ni de lo cerca que estaban del desastre.

A cuarenta metros sobre el suelo, Stewart finalmente ordenó que abortaran el aterrizaje. Los protocolos indican que tenía que haber ascendido de inmediato (los expertos lo llaman la «técnica para perder el mínimo de altura»), pero no fue tan rápido. El avión descendió otros 15 metros hasta que los motores volvieron a ponerse en marcha. Los investigadores constataron que el tren de aterrizaje del aparato de 200 toneladas, atravesando a 320 kilómetros por hora la niebla de Londres, estuvo a un metro y medio de distancia del terrado del hotel Penta.

Después de este aterrizaje frustrado, como ya sabemos, el avión pudo tomar tierra sin problemas. Los pasajeros, como ya hemos descrito, aplaudieron. Luffingham se dio cuenta de que las manos de Stewart temblaban. Solo habían llegado con unos minutos de retraso. El capitán, que sinceramente creía que había dado lo mejor de sí mismo en las condiciones más extremas que jamás había vivido, respiró hondo y cerró los ojos durante unos segundos como si estuviera rezando.

Entonces, ¿se debía culpar a Stewart? ¿Era realmente el culpable? ¿O estaba reaccionando a una serie de dificultades que nadie podía haber previsto?

En la versión resumida del incidente, Stewart *parecía* tener la culpa. A fin de cuentas, sobrepasó la altitud mínima que marcan las regulaciones. Pero si analizamos el contexto con algo más de profundidad, aparece una nueva perspectiva. Vemos otros factores sutiles de fondo. Podemos percibir la realidad sometida a presión a la que se enfrentó Stewart a medida que surgían los incidentes imprevistos. De repente, parece un piloto que lo hace lo mejor que puede en unas determinadas circunstancias. Tal vez no actuó a la perfección, pero tampoco parece que actuara como un criminal.

He discutido con docenas de pilotos, investigadores y reguladores los detalles del incidente del November Oscar y, aunque las perspectivas cambian, existe un amplio consenso en que es un error culpar a Stewart. No fue justo que British Airways lo reprobara y que los abogados de la Autoridad de Tráfico Aéreo le llevaran a juicio. ¿Por qué? Porque si los pilotos saben que van a culparlos injustamente, no harán informes de sus errores o incidentes, y por lo tanto se desperdiciará una información preciosa que ha permitido un historial de seguridad impresionante en la aviación. Por eso nunca se deben atribuir culpas por razones corporativas o de conveniencia política, sino solo a partir de una investigación hecha por expertos en la materia y que pueden comprender la complejidad a la que deben hacer frente los profesionales.

El jurado intentó hacerse una idea de los hechos, pero no es fácil, cuando uno está sentado en un tribunal, juzgar las decisiones que se toman en fracciones de segundo en la cabina de mando de un avión de 200 toneladas que atraviesa la niebla a 320 kilómetros por hora.

Pero lo que el incidente del November Oscar muestra sin lugar a dudas es lo fácil que es caer en el juego de la culpa. Casi ocurre una tragedia y, por lo tanto, se debe castigar a alguien. Normalmente la aviación es un sector en el que la actitud frente al error es constructiva y se considera acertadamente que es un ejemplo de cultura de la justicia. Pocas veces busca culpables y aprovecha los errores para aprender. Es importante enfatizar este aspecto para que el caso de William Glen Stewart no ensombrezca las lecciones que hemos aprendido de la aviación en la Primera Parte del libro.

No obstante, este incidente también demuestra que incluso un sector pionero como la aviación no está *totalmente* exento de la tendencia a buscar culpables. Debemos recorrer un largo camino para erradicar el instinto de buscar culpables de una vez por todas.

Una fría mañana de invierno visité a Brian Leversha, el ingeniero de vuelo, y a su mujer Carol. Leversha dejó su puesto en British Airways después de ver con tristeza cómo él y sus compañeros fueron tratados después del incidente. La pareja había vivido durante las últimas tres décadas en una casa rural, a sesenta kilómetros de Londres.

Leversha había tenido más de veinte años para reflexionar sobre uno de los incidentes más infames de la historia aeronáutica del Reino Unido. Gran parte del tiempo que estuve con él lo dedicamos a hablar de su amigo William Glen Stewart, el piloto al que habían criminalizado. «Un hombre tan encantador, tan decente e inteligente —afirmó Leversha—. En sus modales y en su sentido del deber era de la vieja escuela.»

El juez sentenció a Stewart a pagar 2.000 libras o a 45 días de prisión: escogió la primera opción. «La suavidad de la sentencia reflejaba el hecho de que el juez no creía que debiera haberse llevado el caso a juicio —me contó Leversha—. Pero a Glen le hirió mucho todo este asunto. Le humilló el juicio y la sentencia de prisión. Era un hombre tan amable. Tres días después del incidente nos escribió a mí y al copiloto asumiendo toda la responsabilidad.»

328   PENSAMIENTO CAJA NEGRA

Leversha me dio una caja de cartón llena de papeles, notas e informes del incidente. Durante las siguientes semanas los estudié; entre ellos había informes internos de British Airways, las comunicaciones de los equipos legales y datos técnicos relacionados con todo el asunto. Cuando ya me había leído unas tres cuartas partes, encontré la carta que Stewart escribió a Leversha. Desprendía el sentido del honor de un hombre que se había enfrentado a los fiscales en el juzgado de Isleworth Crown, en un estrado en el que normalmente se sientan los asesinos, los ladrones y los estafadores. Leí lo siguiente:

Estimado Brian,

Quiero declarar que en el último vuelo [...] cumpliste con tus obligaciones como se espera de un experimentado ingeniero de vuelo y que diste mucho más de lo que especifican los manuales oficiales. Mi trabajo fue más fácil con tu ayuda [...]. Respecto al incidente del aterrizaje, mi opinión es que te comportaste como debe hacerse y cumpliste con todas las obligaciones estipuladas y no estipuladas en los manuales, además de muchas otras cosas. Buen trabajo. No podía haber pedido un mejor compañero.

Leversha dijo:

Si cometió un error, fue no cooperar completamente con la investigación de la aerolínea, pero sentía que solo querían cargarle el muerto desde el principio. Era un hombre de familia, querido por su mujer, Samantha, y por sus hijos. Y le encantaba volar. Empezó de muy joven, observando los Tiger Months en la base de la RAF en Leuchars, justo encima de la bahía que se ve desde el club de golf St. Andrews. Aquel lugar debió significar mucho para él. Fue allí donde nació su pasión por volar.

El último viaje de Stewart tuvo lugar el 1 de diciembre de 1992, tres años y nueve días después de que el B747-136 provocara que saltaran las alarmas de incendios del hotel Penta. Lo cuenta con una delicadeza conmovedora el periodista Stephan Wilkinson:

> Salió de su pequeña casa en Wokingham sin decirle nada a su mujer. Condujo durante nueve horas hasta una playa a 15 kilómetros de donde nació, en Escocia, cerca de la base de Leuchars de la RAF.
>
> Conectó el extremo de una manguera al tubo de escape y el otro lo introdujo en el coche a través de la ranura de la ventana. Poco después se había asfixiado. No dejó ninguna explicación de por qué lo hizo.

SEXTA PARTE

CREAR UNA CULTURA DEL CRECIMIENTO

13
EL EFECTO BECKHAM

--- **|** ---

David Beckham es uno de los mejores futbolistas modernos de Inglaterra. Tiene el récord de participación en la selección nacional con 115 partidos, fue el capitán del equipo durante seis años y ha marcado goles en tres mundiales.

Con el Manchester United ganó seis Premier League, dos FA Cup y la Liga de Campeones. También ganó la Liga con el Real Madrid, la Major League Soccer Cup dos veces con LA Galaxy y ayudó al AC Milan durante los dos periodos en los que estuvo cedido.

Sus puntos fuertes eran chutar faltas y centrar al área. Durante una época fue el mejor especialista a pelota parada del mundo. Quizá su actuación más memorable fueron los dos minutos y medio de descuento en el partido que enfrentó a Inglaterra contra Grecia en 2001, un partido que, como mínimo, debían empatar para garantizar la clasificación en el mundial de 2002. Y en aquel momento el resultado era 2 a 1 a favor de los griegos.

Los griegos cometieron una falta a una treintena de metros de su área. Beckham colocó el balón en la hierba y luego dio unos pasos atrás para preparar el chut. Comenzó a correr y, con una gracia que nos sigue fascinando diez años después en YouTube, golpeó la pelota por encima de la barrera de cuatro hombres y metió un gol por la escuadra. La trayectoria fue una parábola digna del mejor artista. Y fue el último chut del partido.

En total, Beckham marcó unos increíbles 65 goles de falta durante su carrera: 29 con el Manchester United, 14 con el Real Madrid, 12 con LA Galaxy, 7 con la selección británica, 2 con el Preston North End y 1 con el AC Milan. Si a esto le añadimos sus contribuciones al juego, su fortaleza defensiva y su capacidad para crear oportunidades de gol para sus compañeros, tenemos una trayectoria envidiable.

Por lo tanto, es interesante retroceder a la juventud de Beckham para ver cómo perfeccionó estas habilidades. Con seis años no dejaba de dar toques al balón en el diminuto jardín de su casa al este de Londres, porque así es como la mayoría de chicos mejoran su capacidad para controlar la pelota: mantenerla en el aire dándole toques con el pie, la rodilla o la cabeza. Es una de las técnicas de entrenamiento más populares del fútbol.

Al principio, el pequeño David no destacaba mucho. Podía dar cinco o seis toques antes de que se cayera la pelota al suelo. Pero perseveró. Tarde tras tarde, equivocándose una y otra vez, pero aprendiendo de los errores para saber cómo golpear el balón, mantener la concentración y posicionar su cuerpo para que no cayera la pelota.

Sandra, su madre, que lo miraba desde la ventana de la cocina, me contó: «Me parecía increíble cómo se dedicaba a ello. Empezaba al volver del colegio y no paraba hasta que su padre llegaba a casa después de trabajar. Entonces se iban al parque a jugar más. Cuando se trataba de trabajar duro, David era un chico sin igual».

Poco a poco fue mejorando. Después de seis meses, ya podía dar 50 toques al balón. Seis meses más tarde, ya llegaba a 200. A los nueve años logró un nuevo récord: 2.003 toques que hizo en quince minutos. Tenía las piernas doloridas.

Para quien lo viera desde fuera, podía parecer milagroso. Considerarlo así, al menos, habría sido algo lógico. ¡Dos mil tres toques sin que la pelota cayera al suelo! Debía de parecer la revelación de un genio.

Pero para Sandra, que lo había estado viendo desde hacía tres años por la ventana de la cocina, no tenía nada de genio. Había sido testigo de los errores incontables que le habían llevado a ese nivel, de todas las frustraciones y decepciones que había sufrido. Y había visto cómo el joven David había aprendido de todas ellas.

Solo cuando alcanzó la marca de los 2.003 toques, Beckham llegó a la conclusión de que debía centrarse en algo nuevo. Lo has adivinado: los chuts a balón parado. Tarde tras tarde, con Ted, su padre, apuntaba a una red de alambre que estaba sobre la ventana de una caseta en el parque.

A menudo, su padre se colocaba entre Beckham y la red para que curvara la trayectoria del disparo. Con el tiempo, tomó más y más distancia, de manera que David cada vez chutaba con más potencia y velocidad. Del mismo modo que con los toques al balón, mejoró con cada intento.

«Un par de años después, la gente se paraba para mirarlo —me dijo Ted—. Debió de chutar más de 50.000 veces en aquel parque. Tenía una determinación increíble.»

En primavera de 2014 fui a París para entrevistar a Beckham. Era su último año en el Paris Saint-Germain y vivían en el hotel Le Bristol, cerca de los Campos Elíseos. «Cuando alguien habla de mis chuts de falta se centra en los goles —empezó—. Pero cuando yo pienso en ellos, lo que recuerdo son todos los errores que he cometido antes. Debía chutar mal miles de veces antes de chutar bien.»

Beckham, relajado con una gorra beige, unos tejanos gastados y una camiseta blanca, mantuvo esta ética de trabajo durante toda su carrera. Como capitán de la selección, era sabido que se quedaba después de los entrenamientos para mejorar sus chuts. El día anterior a la entrevista, se quedó dos horas más en el campo del Saint-Germain para mejorar su técnica y su precisión.

Seguía pensando cómo mejorar, cómo aprender de sus errores, cuando ya estaba en los últimos años de su carrera. «Tienes que seguir exigiéndote si quieres mejorar [...]. Sin todo este recorrido nunca habría tenido éxito.»

Es sorprendente comprobar que las personas que triunfan tienen una perspectiva del fracaso que va contra toda lógica. Se esfuerzan por hacerlo bien, como todo el mundo, pero también son íntimamente conscientes de lo indispensable que es el fracaso en todo el proceso. Y, en lugar de huir de él, lo aceptan con los brazos abiertos.

Michael Jordan, el gran jugador de baloncesto, también es un ejemplo. En un conocido anuncio de Nike afirmaba: «He fallado más de nueve mil tiros. He perdido casi trescientos partidos. En veintiséis ocasiones han confiado en mí para que meta el último tiro y ganemos el partido... y he fallado».

Para muchos el anuncio fue desconcertante. ¿Por qué poner sobre la palestra tus errores? Pero para Jordan era algo natural. «La fortaleza mental y emocional son mucho más importantes que cualquier ventaja física que puedas tener —aseguró—. Siempre he dicho que creo en esto.»

James Dyson piensa igual. Una vez lo llamaron el «evangelista del fracaso». «La cualidad más importante que busco en las personas que vienen a trabajar a Dyson es la voluntad de probar, de equivocarse, de aprender. Me encanta este ímpetu que es tan raro en el mundo actual», me dijo.

En el capítulo anterior hemos visto que echar las culpas impide que seamos sinceros y aprendamos, y cómo evitarlo. Pero en la Segunda Parte hemos señalado que existe una barrera diferente y, a la vez, más sutil, que no nos deja evolucionar: el miedo interior al fracaso. Es una amenaza a nuestro ego, un perjuicio a nuestra autoestima. Se trata del hecho de que no reconozcamos que cometemos un error ni siquiera a nosotros mismos, de forma que abandonamos cuando nos topamos con las primeras dificultades.

En este capítulo vamos a analizar cómo superar ambas tendencias que socavan nuestro aprendizaje, veremos por qué algunas personas y organizaciones pueden mirar al fracaso de cara, cómo aprenden de sus errores en lugar de ocultarlos y cómo evitan caer en la tentación de culpar a los demás. También examinaremos cómo mantienen la motivación y no desfallecen después de los reveses que sufren.

En pocas palabras: si aprender del fracaso es esencial para tener éxito, ¿cómo superamos las barreras internas y externas que nos impiden hacerlo?

--- **II** ---

En 2010 Jason Moser, psicólogo de la Universidad Estatal de Michigan, seleccionó a un grupo de voluntarios y lo sometió a una prueba.[264] Como parte del experimento, hicieron a cada participante un electroencefalograma (o EEG), que consiste en colocarles una serie de electrodos en la cabeza para medir las fluctuaciones eléctricas del cerebro.

Moser quería observar lo que ocurría a nivel neuronal cuando los voluntarios cometían errores. En particular, le interesaban dos señales cerebrales. Una se llama Negatividad Relacionada con el Error, o NRE. Dos equipos de investigación la descubrieron a la vez (lo cual es otro ejemplo de descubrimiento múltiple e independiente) en 1990, y se trata de una señal negativa que tiene lugar en el córtex del cíngulo anterior, una zona del cerebro que sirve para regular la atención. En gran medida es una reacción involuntaria y es la respuesta inevitable del cerebro cuando comete un error.

La segunda señal que investigaba era la Positividad Relacionada con el Error, o PRE. Se puede observar de 200 a 500 milisegundos después de la equivocación y coincide con una consciencia hipersensibilizada. Es una señal independiente del NRE, se emite desde una parte diferente del cerebro cuando nos centramos en nuestros errores.

Moser sabía por estudios anteriores que las personas tienden a aprender más rápido cuando el cerebro emite las dos señales. En primer lugar, un NRE más potente (es decir, una reacción más aguda al error) y, en segundo lugar, una señal PRE constante (es decir, la persona presta atención al error, piensa en él y, por lo tanto, es más probable que aprenda algo).

Antes de comenzar el experimento, separó a los voluntarios en dos grupos según sus respuestas a un cuestionario previo. Las preguntas estaban pensadas para poner de manifiesto un cierto tipo de «mentalidad». Las personas con una Mentalidad Fija suelen creer que sus cualidades básicas, como la inteligencia o el talento, son en gran parte rasgos fijos. Están muy de acuerdo con frases como: «Cada uno tiene un cierto nivel de inteligencia y no se puede hacer mucho para cambiarlo».

Las personas con una Mentalidad de Crecimiento, por otro lado, suelen creer que sus habilidades más básicas se pueden desarrollar con el esfuerzo. No piensan que la inteligencia innata sea irrelevante, pero consideran que pueden llegar a ser más inteligentes con persistencia y dedicación. En general, suelen *no estar de acuerdo* con frases como: «La inteligencia es algo que uno no puede modificar mucho».

No obstante, la mentalidad no es tan binaria como parece. A fin de cuentas, la mayoría de las personas creen que el éxito es una combinación de talento y práctica. Pero el cuestionario obligaba a los participantes a puntuar cada una de estas percepciones. De esta forma, profundizó en nuestras creencias y suposiciones, en los pensamientos que dirigen nuestro comportamiento cuando no tenemos tiempo de pensar.

Una vez divididos los grupos y los participantes con los electrodos en la cabeza, comenzó el experimento. La prueba era fácil, por no decir aburrida. Los voluntarios debían identificar la letra de en medio de una secuencia como BBBBB o BBGBB. A veces era la misma letra que el resto, a veces era otra, y, a medida que perdían la concentración, cometían errores.

Sin embargo, al observar la actividad eléctrica del cerebro, Moser se dio cuenta de que había una diferencia espectacular en la reacción de los dos grupos. Tanto en el grupo de Mentalidad Fija como en el de Crecimiento, había una señal NRE fuerte. Era lógico. Hablando metafóricamente, el cerebro se pone firme y presta atención cuando algo no funciona. A nadie le gusta meter la pata, sobre todo en una cosa tan simple como identificar una letra.

Pero, en lo que respecta a la señal PRE, la reacción de los dos grupos fue increíblemente diferente. Los del grupo de Mentalidad de Crecimiento registraron una señal muy superior a los del grupo de Mentalidad Fija. De hecho, si se comparaban los dos extremos, los del grupo de Crecimiento mostraban una señal PRE *tres veces mayor* (en términos numéricos, 15 contra 5). «Es una diferencia importantísima», afirmó Moser.

Parecía que el cerebro de las personas con Mentalidad Fija desconociera que cometía errores, no les prestaba atención. En cambio, para las personas con Mentalidad de Crecimiento, el error era muy interesante y pensaban en él. Y, lo más importante, el tamaño de la señal PRE estaba directamente relacionado con la mejora en el rendimiento después de cometer los errores.

El experimento de Moser es fascinante porque es una metáfora de muchas de las ideas de este libro. Cuando prestamos atención a los errores, mejoramos. Es verdad en el nivel de los sistemas, como hemos visto al comparar la aviación con la sanidad (o la ciencia con la pseudociencia), y también a nivel individual, si recordamos la actitud de los fiscales después de las absoluciones de ADN. Y, por último, también es verdad a nivel cerebral.

Pero también explica por qué unas personas aprenden de los errores y otras no. La diferencia, en última instancia, reside en cómo conceptualizamos nuestros fracasos. Quienes tienen la Mentalidad de Crecimiento, por definición, *piensan* en los errores de manera diferente a los que tienen la Mentalidad Fija. Dado que creen que se progresa, en gran medida gracias a la práctica, consideran de forma natural que el fracaso es un aspecto inevitable del aprendizaje.

¿A alguien le extraña entonces que presten atención a sus errores y aprovechen la oportunidad para aprender? ¿Que no sucumban después de fracasar? ¿Y que sean proclives a la repetición de abajo arriba?

Por otro lado, los que piensan que el éxito es una consecuencia del talento y de la inteligencia innata, se sienten más amenazados por sus errores. Los considerarán como pruebas de que no dan la talla y de que nunca lo harán: después de todo, no se puede cambiar algo innato. Se sentirán más intimidados cuando les juzguen, porque el error es disonante.

A día de hoy docenas de experimentos han confirmado las profundas consecuencias conductuales de esta dicotomía crucial. En un experimento de la psicóloga Carol Dweck, junto con un colega, se les entregó a niños de once y doce años ocho tareas sencillas, y luego cuatro más complicadas. A medida que las completaban, los dos grupos empezaron a reaccionar de manera muy distinta.[265]

Estos son los niños del grupo de Mentalidad Fija en palabras de Dweck: «Quizá lo más sorprendente de este grupo fue lo rápido que empezaron a menoscabar sus capacidades y culpar a su inteligencia por los errores, diciendo frases como: "Supongo que no soy muy listo", "Nunca he tenido buena memoria" y "No se me dan bien estas cosas". En dos tercios de ellos fue patente un deterioro de sus estrategias y más de la mitad se quedaron estancados en estrategias ineficientes».

¿Y respecto a los niños con Mentalidad de Crecimiento? De nuevo dice Dweck:

Ni siquiera consideraban que se estaban equivocando [...]. En la misma línea que su optimismo, más del 80 por ciento mantuvo o mejoró su estrategia al enfrentarse a los problemas difíciles. Una cuarta parte del grupo, de hecho, mejoró. Aprendieron estrategias nuevas y más sofisticadas para resolver los problemas más complicados. Algunos de ellos incluso resolvieron problemas que, en principio, no estaban a su alcance.

Estas diferencias son notables. Se había seleccionado a niños con una capacidad similar y Dweck se había asegurado de que estuvieran igualmente motivados al ofrecerles regalos que había escogido personalmente. Y, aun así, cuando las cosas se pusieron difíciles, unos perseveraron y otros abandonaron.

¿A qué se deben estas diferencias tan marcadas? A la mentalidad. Para los niños con Mentalidad Fija, con una actitud estática hacia la inteligencia, el fracaso debilitaba. No solo implicaba que no daban la talla, sino que también podían tirar la toalla porque, a fin de cuentas, no se puede cambiar el talento que uno tiene.

Pero para los niños con Mentalidad de Crecimiento todo era diferente. Porque para ellos la inteligencia es dinámica, puede crecer, expandirse y mejorar. Los obstáculos no son razones para abandonar, sino para aprender. Los niños de este grupo decían frases como: «Me encantan los retos» o «Los errores son nuestros amigos».

No debemos pensar, sin embargo, que esto es solo una cuestión de niños, sino que afecta a los límites básicos de la psicología humana. Pasemos por un momento de la clase de los niños a una investigación de dos años sobre las 1.000 mejores compañías de la revista *Fortune*. Dos psicólogos hicieron varias entrevistas al personal de siete empresas de alto nivel para determinar sus mentalidades. Luego los resultados se utilizaron para especificar si la cultura general de la empresa tenía una orientación fija o de crecimiento.[266]

Después observaron la actitud de estas empresas. Había grandes diferencias. Los que estaban en las empresas de Mentalidad Fija se preocupaban por los errores, temían que les culparan y pensaban que lo mejor era ocultarlos. Solían estar de acuerdo con frases como «En esta empresa se hacen trampas, se toman atajos y se va por el camino más fácil», o «En esta empresa es frecuente que se oculte información y se tengan secretos».

Para las empresas con Mentalidad de Crecimiento, todo era diferente. Se percibía una cultura más sincera, más colaboradora y la actitud hacia el fracaso era mucho más sólida. Sus empleados solían estar de acuerdo con frases como «Esta empresa respalda a quien asume riesgos y me apoyará aunque me equivoque», o «Cuando alguien comete un error, la empresa considera que el aprendizaje resultante es un "valor añadido"», o «Se anima a que los empleados sean innovadores: la creatividad es bienvenida».

No hace falta decir que este es el tipo de conducta que promueve la adaptación y el crecimiento. Es un resumen casi perfecto de la forma de trabajar de las instituciones exitosas de las que hemos hablado en los capítulos precedentes. De hecho, cuando se les preguntaba si las conductas poco éticas o deshonestas eran frecuentes en la empresa, los que trabajaban en aquellas de Mentalidad de Crecimiento estaban un 41 por ciento más en desacuerdo que los de Mentalidad Fija.

Una vez más vemos la relación estrecha entre la disonancia cognitiva, la culpa y la sinceridad, como explicamos en el Capítulo 11. Solo cuando una organización tiene una actitud negativa respecto al fracaso, echar las culpas es algo frecuente, ocultar información es normal y los empleados tienen miedo de asumir riesgos. Al contrario, cuando la actitud es negativa, culpar es menos común, se fomenta la sinceridad y ocultar información se considera lo que es: un burdo autosabotaje.

En un correo electrónico del director de Recursos Humanos de una de las instituciones financieras más prestigiosas del mundo, me di cuenta de hasta qué extremos pueden llegar las personas más inteligentes para evitar el fracaso:

> Cuando a alguien le proponen un nuevo reto, como hacer una presentación importante delante de los clientes, es inevitable que no sea ni mucho menos perfecto la primera vez que lo haga. Se necesita tiempo para perfeccionar, incluso cuando se trata de personas excepcionales.
>
> Pero existen diferencias profundas en la forma de reaccionar de cada individuo. A algunos les encantan los retos. Aceptan las críticas, hablan con sus compañeros y buscan nuevas oportunidades para hacer presentaciones en el futuro. Siempre —y quiero decir siempre— mejoran. No obstante, a otros les abruma el «fracaso» inicial. De hecho, acaban adoptando estrategias sorprendentemente retorcidas para que nunca más se vean en una situación parecida. Boicotean su propio progreso por miedo a meter la pata.

--- **III** ---

West Point es la academia militar de Estados Unidos. Ubicada en una colina a setenta y cinco kilómetros al norte de Nueva York, está considerada una de las instituciones educativas más formidables del mundo. En 2009 la revista *Forbes* la consideró la mejor del país.[267]

El campus es legendario, con edificios neogóticos de granito negro y gris. Posee el museo más antiguo del ejército y el monumento Patton, una estatua de bronce del famoso general estadounidense. Cada año recibe 1.200 reclutas nuevos, conocidos como cadetes, y que esperan llegar al grado de oficial del ejército más poderoso del mundo.

De hecho, ingresar en la academia es muy difícil. Los aspirantes a cadete deben estar nominados personalmente por un congresista o por una figura prominente de la sociedad, y también deben destacar en una serie de pruebas físicas y cognitivas. Pero solo cuando los cadetes cruzan las puertas míticas de la academia empieza la verdadera lucha.

Tienen que pasar por una iniciación muy dura, un régimen de seis semanas y media que se conoce como el entrenamiento básico de los cadetes. Se trata de poner a prueba no solo las capacidades físicas y psíquicas de los nuevos reclutas, sino también su determinación. Según una de las hojas informativas, está «deliberadamente diseñado para llevar a los cadetes al límite mental, emocional y físico». Los alumnos de West Point lo llaman «Las Barracas de la Bestia» o, sencillamente, «La Bestia».

Los cadetes viven en condiciones espartanas y se levantan a las cinco de la mañana cada día. Entre las 5:30 y las 6:55 hacen ejercicios físicos, y luego reciben clases en turnos de mañana y tarde. A última hora de la tarde, organizan una competición atlética antes de que los cadetes hagan una sesión de entrenamiento más. Se acuestan a las 10 de la noche.

Entre las pruebas, había marchas en grupo de quince kilómetros, por pendientes, llevando a cuestas equipamientos que pesan entre 35 y 50 kilos. También está la llamada «cámara», una caseta llena de gases lacrimógenos a la que deben entrar con máscaras. Una vez dentro, deben quitárselas, leer en voz alta la información de un cartel colgado en la pared y luego hacer una inspiración antes de salir. Es algo muy desagradable.

Durante «Las Barracas de la Bestia», suelen abandonar West Point unos cincuenta cadetes. No es sorprendente. La iniciación es dura. En palabras del prospecto oficial: «Es la parte más exigente a nivel emocional y físico de los cuatro años que pasarás en West Point, y está confeccionada para ayudarte en la transición de cadete nuevo a soldado».[268]

Durante mucho tiempo los militares consideraron que Las Barracas de la Bestia era una buena forma de separar a los mejores del resto. De hecho, tenían una medición científica del talento que llamaban la Puntuación Total del Candidato, que cuantificaba los atributos necesarios para superar el proceso de iniciación. Mide la capacidad física con factores como el número máximo de flexiones. Mide la inteligencia con exámenes, la capacidad educativa con la Media de Puntos de Grado, mide el liderazgo potencial, etc. Estos datos, entre otros muchos, se factorizan para lograr una media consistente.

No hay duda de que estas cualidades son importantes. Es evidente que algunas de ellas son la manifestación de los atributos que se necesitan para superar Las Barracas de la Bestia. Pero también dejan algo de lado. ¿Y si el aspirante tiene unas capacidades maravillosas, unas reservas sin fondo de fuerza física, pero no posee resistencia? ¿Y si tira la toalla cuando las cosas se ponen difíciles, o cuando fracasa, a pesar de ser tremendamente inteligente y fuerte?

En 2004 Angela Lee Duckworth, una psicóloga estadounidense, propuso a los jefes militares medir la «determinación» de los aspirantes a candidato de West Point.[269] Su cuestionario no era tan complicado como la Puntuación Total del Candidato. Era una encuesta de cinco minutos en la que los estudiantes debían cualificarse a sí mismos del 1 al 5 en doce frases elementales que decían: «Los reveses no me desaniman» o «Acabo cualquier cosa que empiezo».

Duckworth quería saber si estos aspectos de la personalidad —en particular la voluntad de perseverar a pesar del fracaso— serían un indicador mejor de quién iba a superar Las Barracas de la Bestia. Cuando obtuvieron los resultados, la puntuación de la determinación fue significativamente más precisa que la Puntuación Total del Candidato. Duckworth siguió haciendo la prueba cinco años más. Y en cada uno de estos años fue un indicador mucho más fiable.

En 2005 Duckworth también le propuso al director estadounidense de la competición de deletreo hacer la prueba a los participantes. Son concursos en los que los jóvenes deben deletrear palabras cada vez más complicadas. En la final de 2003, por ejemplo, los concursantes debían deletrear palabras como «kaburi» (un cangrejo terrestre), «cipollino» (una variedad de mármol) y «envoûtement» (un ritual mágico).

De nuevo, los resultados fueron claros. Aquellos con la puntuación de determinación por encima de la media tenían un 40 por ciento más de posibilidades de pasar a las siguientes rondas que sus compañeros. De hecho, según Duckworth, la ventaja clave consistía en que «no estudiaban las palabras que ya sabían [...], sino que diferenciaban las que ignoraban para identificar sus debilidades, y trabajaban en ello».

Duckworth también descubrió que lo mismo se podía aplicar en otros contextos más amplios y menos selectivos. En un estudio que llevó a cabo con otros colegas, analizó los currículums de candidatos a profesor en la universidad para encontrar pruebas de determinación y luego los contrastó con su rendimiento como profesores en comunidades con pocos recursos. La determinación, de nuevo, era el factor clave que generaba un éxito a largo plazo.

No es difícil comprender la razón: si abandonamos al encontrar problemas, no avanzamos a pesar de que tengamos mucho talento. Si interpretamos los obstáculos como críticas personales, y no como vías para progresar, nos estaremos haciendo un flaco favor. La determinación, por lo tanto, está profundamente relacionada con la Mentalidad de Crecimiento. Consiste en la forma en que conceptualizamos el fracaso y el éxito.

Uno de los problemas de nuestra cultura es que se supone que el éxito es algo que ocurre de inmediato. La telerrealidad, por ejemplo, nos hace creer que el éxito únicamente precisa de un momento para impresionar a un jurado o a una audiencia caprichosa, que se llega al estrellato de la noche al día y que la gratificación es instantánea. Esta es una de las razones por las que este tipo de programas tienen tanta audiencia.

Pero en el mundo real el éxito no es instantáneo. Cuando debes crear una aspiradora con tecnología de ciclón dual, aprender a chutar faltas de forma excelente o convertirte en un jugador de ajedrez experto o en un líder militar, se necesita tiempo. Se requiere la voluntad de esforzarse y perseverar para superar las dificultades y los retos.

No obstante, si los jóvenes creen que el éxito es instantáneo para los que tienen talento, ¿por qué deberían perseverar? Si cogen un violín y no tocan como un virtuoso inmediatamente, darán por supuesto que les falta algo y lo dejarán. Sin duda, la idea de que el éxito es un fenómeno instantáneo mina la resistencia.

También cabe señalar que no siempre es una mala idea abandonar. Si dedicas tu vida a construir la Torre de Babel, habrás perdido el tiempo. En algún punto se deben comparar los costes de continuar con los beneficios de dejarlo y probar algo nuevo. Es una de las decisiones más importantes que debemos tomar.

Pero esto nos lleva a un equívoco persistente sobre esta cuestión. ¿Los que tienen una Mentalidad de Crecimiento no perseverarán durante demasiado tiempo en una actividad inútil? ¿No van a desperdiciar sus vidas en proyectos que nunca se cumplirán?

En realidad, es lo contrario. Son precisamente ellos los más capacitados para tomar la decisión racional de dejarlo. En palabras de Dweck: «En la Mentalidad de Crecimiento no hay nada que les impida ver que no tienen la capacidad para resolver un problema dado. De hecho, pueden dejarlo sin la vergüenza o el miedo de estar mostrando una deficiencia».

Recuerda el efecto del temperamento que hemos estudiado en el Capítulo 5. Un corredor de bolsa racional debería conservar las acciones con más probabilidades de revalorizarse en el futuro y vender aquellas que deberían depreciarse. Pero lo más probable, de hecho, es que conserve las que han perdido valor, sin tener en cuenta las perspectivas de futuro. ¿Por qué? Porque odia confirmar una pérdida. Por eso conserva acciones mucho más tiempo del recomendable, esperando que se revaloricen. Incluso los corredores profesionales caen en esta trampa, y conservan las acciones con pérdidas durante el doble de tiempo que las que tienen ganancias.

Volvamos a la Mentalidad de Crecimiento: se trata de ser capaz de considerar el fracaso de manera certera, no como una acusación personal sino como una oportunidad para aprender. Por esta razón las pruebas muestran que los corredores con esta mentalidad son *menos vulnerables* al efecto del temperamento, a conservar las acciones con pérdidas. Cuando consideramos que el fracaso está exento de la estigmatización, la cuestión no es que hagamos tareas inútiles, sino que somos más capaces de adaptarnos eficazmente: ya signifique esto abandonar y probar algo nuevo, o perseverar y crecer.[270]

Ahora supongamos que ya hemos tomado la decisión racional de perseverar: la Mentalidad de Crecimiento tendrá una importancia adicional. Nos ayuda a enfrentarnos a los obstáculos y los retos. No es positivo estar toda tu carrera temiendo críticas negativas, evitando situaciones en las que te puedan juzgar y, por ende, minando cualquier oportunidad de mejorar. No has abandonado; pero tampoco has mejorado.

Así es como James Dyson creó 5.127 prototipos mientras que sus competidores no llegaron a la centena. Y no se debió a que él fuera más inteligente, sino a que era más resistente. Del mismo modo, Beckham y Jordan nacieron con cualidades admirables para el deporte, pero no hubieran supuesto mucho sin una Mentalidad de Crecimiento.

Y esta es la cuestión de fondo. Una cultura orientada hacia el crecimiento no es una estrategia vital o empresarial en la que todos nos creemos ganadores y nos damos palmadas en la espalda. Y sin duda tampoco es un intento de igualar sensibilidades. Más bien es una estrategia innovadora de la psicología organizativa que se basa en el principio científico más básico de todos: progresamos más rápido si aceptamos el fracaso y aprendemos de él.

14

REDEFINIENDO EL FRACASO

--- | ---

Hemos llegado a una conclusión que ya se había apuntado en las primeras páginas del libro: si queremos desarrollar nuestro potencial como individuos y organizaciones, debemos redefinir el fracaso. En muchos aspectos, este ha sido el objetivo del libro que tienes en las manos. Hemos hecho un recorrido por la rica y diversa bibliografía del fracaso para aportar una nueva perspectiva sobre qué significa y cómo debe gestionarse.

A nivel cerebral, individual, organizativo y sistémico es un medio —y a veces el único medio— de aprender, progresar y ser más creativo. Esto es esencial en la ciencia, donde los errores señalan qué se debe reformar en las teorías; en el deporte, donde la práctica se podría definir como la voluntad de cometer errores bien calibrados; en la aviación, donde cada accidente es una forma de mejorar el sistema de seguridad.

Los errores tienen significados muy diferentes y requieren reacciones distintas según el contexto, pero en cualquier caso representan una ayuda increíble con un potencial enorme para permitirnos aprender.

¿Con esto podemos darle la vuelta al significado del error? ¿Cambiar la forma que tenemos de pensar sobre el fracaso puede constituir una nueva estrategia para tener éxito? La prueba de que la respuesta es afirmativa se encuentra en cada uno de los ejemplos que hemos analizado: el contraste entre ciencia y pseudociencia, entre sanidad y aviación, entre sistemas de mercado bien regulados o planificados. También es evidente entre la Mentalidad de Crecimiento y la Fija.

Cuando arrojamos una nueva luz sobre el fracaso, el éxito se convierte en un concepto nuevo y estimulante. La competencia no es un fenómeno estático, reservado solo para personas y organizaciones excepcionales puesto que se trata de una superioridad fija. Más bien debe considerarse que es de naturaleza dinámica: algo que crece a medida que nos esforzamos y agrandamos las fronteras de nuestro conocimiento. Estaremos motivados para no jactarnos de lo que sabemos y para no ponernos a la defensiva cuando los demás no señalen una equivocación.

Miramos maravillados el espacio infinito que se extiende más allá de las fronteras de nuestro conocimiento y nos atrevemos a adentrarnos en él para descubrir nuevos problemas a medida que adoptamos nuevas soluciones, como hacen los grandes científicos. En palabras del filósofo Karl Popper: «Es parte de la grandeza y de la belleza de la ciencia que podamos aprender, gracias a nuestras investigaciones, que el mundo es muy diferente de como imaginábamos, porque nuestra imaginación se disparó después de que se refutaran las teorías anteriores».[271]

Muchas instituciones progresistas han intentado precisamente promover este tipo de redefinición del fracaso. James Dyson dedica gran parte de su tiempo a reformar la cultura educativa. Quiere que los estudiantes tengan nuevas herramientas para pensar en la realidad. Se opone a la concepción predominante de que la educación consiste en hacer los exámenes perfectos y en evitar los errores. Cree que esto solo provoca estancamiento intelectual. La Fundación Dyson existe, sobre todo, para dar la importancia que se merece al fracaso. El objetivo es que los jóvenes experimenten, que prueben cosas nuevas y que asuman riesgos.

Los directores de escuela innovadores se esfuerzan en hacer lo mismo. Heather Hanbury, exdirectora de la escuela Wimbledon

High, al sudoeste de Londres, creó un evento anual llamado «la semana del fracaso». Sabía que sus alumnos sacaban buenas notas en los exámenes, pero también se daba cuenta de que se enfrentaban a retos no académicos y que no realizaban su potencial creativo, especialmente fuera de las clases.

Durante una semana se organizaban talleres y asambleas en los que se celebraba el fracaso. Preguntaba a padres, profesores y otras figuras modélicas en qué se habían equivocado y qué habían aprendido de ello. Proyectaba vídeos de YouTube en los que personas famosas practicaban una actividad: es decir, vídeos en los que aprendían de sus propios errores. Les explicaba a sus alumnos el recorrido de personas como David Beckham y James Dyson para que pudieran comprender de verdad cómo se llega al éxito.

Hanbury afirmó:

> No naces con miedo al fracaso, no es un instinto, es algo que crece y se desarrolla a medida que te haces mayor. Los niños pequeños no tienen miedo a fracasar. Se lo pasan en grande probando cosas nuevas y aprendiendo. Nos centramos en fracasar bien, en ser buenos fracasando. Me refiero a asumir riesgos y a aprender si te equivocas.
>
> No tiene sentido fracasar y luego simular que no ha ocurrido o culpar a otra persona. Sería una oportunidad perdida para aprender de uno mismo y, quizá, de identificar cómo puedes mejorar tus habilidades, tus experiencias y tus notas. Una vez que has aprendido, puedes pasar a la acción y hacerlo mejor.[272]

Otras organizaciones han emprendido procesos similares de redefinición. W. Leigh Thompson, el director científico del gigante farmacéutico Eli Lilly, comenzó las «fiestas del fracaso» en la década de 1990 para homenajear proyectos científicos excelentes que, no obstante, acabaron en fracaso. Se trataba de normalizar el fracaso y liberar a los trabajadores del peligro de la disonancia cognitiva y de echar las culpas.

Pero ¿tienen efectos reales estos eventos? ¿Cambian las conductas e impulsan el rendimiento y la adaptación?

Analicemos un experimento que se hizo a un grupo de estudiantes que tenían problemas para gestionar el fracaso. En este sentido, eran como muchos de nosotros. A la mitad les dieron un curso en el que tenían éxito. Las preguntas que les hacían durante las sesiones eran fáciles y los estudiantes estaban encantados de acertar. Como es de esperar, empezaron a desarrollar una confianza intelectual.

Al segundo grupo no les hicieron preguntas fáciles, sino que les enseñaron a reinterpretar sus fracasos. Les proponían problemas que a veces no podían resolver, pero les animaban a pensar que, si se esforzaban, mejorarían. Los fracasos no se consideraban una falta de inteligencia, sino una oportunidad para mejorar sus razonamientos y su comprensión.

Al acabar los cursos les propusieron a los dos grupos resolver un problema difícil. Los que habían estado resolviendo cuestiones fáciles se frustraron igual que antes de los cursos. Les afectó tanto el fracaso que su rendimiento bajó y les costó varios días recuperarse. Entre ellos había algunos a quienes les abrumaban aún más los obstáculos y no querían asumir ningún riesgo.

Pero el grupo de estudiantes al que habían enseñado a reinterpretar el fracaso reaccionó de manera muy diferente. Mejoraron significativamente su capacidad para enfrentarse a una tarea exigente. De hecho, muchos mejoraron su rendimiento después del fracaso y al volver a la escuela empezaron a pedirles a los profesores ejercicios más difíciles. En lugar de huir de situaciones en las que podían fracasar, las recibían con los brazos abiertos.

Esto pone de relieve una de las grandes paradojas de la escuela y de la vida. Suele ocurrir que los que tienen más éxito son también los más vulnerables. Les han aplaudido tanto, les han aclamado tanto por no cometer ningún error, que no han aprendido a gestionar los reveses que sufrimos todos. Y esto es especialmente cierto entre las chicas jóvenes. Las estudiantes que superan primaria con buenas notas y que para sus profesores son las más dotadas suelen ser las que quedan más devastadas después de fracasar.[273]

En un famoso experimento, midieron el coeficiente intelectual de un grupo de chicas y luego les propusieron resolver una cuestión que comenzaba con una serie de problemas complicados. Se podría pensar que las chicas con un coeficiente intelectual alto lo harían mejor pero, de hecho, fue lo contrario. Las que siempre habían tenido éxito se pusieron tan nerviosas con los primeros problemas que quedaron «indefensas». Ni siquiera prestaron atención a los últimos problemas. La relación entre el coeficiente intelectual y el resultado fue, a decir verdad, *negativa*.[274]

Por esta razón la «semana del fracaso» de la escuela Wimbledon High fue una idea tan acertada. Heather Hanbury intentaba dar una lección a sus estudiantes que no solo les ayudaría en la escuela y en la universidad, sino también en la vida. Los sacaba de la zona de confort y les ayudaba a desarrollar unas herramientas psicológicas que son vitales en el mundo real.

«Nuestros alumnos sacan muy buenas notas en los exámenes, pero cuando algo va mal se pueden bloquear —declaró—. Queremos que sean valientes. Puede sonar paradójico, pero les retamos a fracasar.»

--- **II** ---

Salgamos ahora de las clases y consideremos algunas de las actitudes respecto al fracaso que existen en el mundo real. Específicamente, ocupémonos de la iniciativa empresarial, generalmente aceptada como algo crucial para la economía global.

La cultura empresarial de Estados Unidos es aquella en la que los emprendedores asumen riesgos y pocas veces tiran la toalla si fracasan en el primer intento. Henry Ford, el fabricante de coches, es un caso paradigmático. Su primera empresa, Detroit Automobile Company, quebró, así como la segunda, Henry Ford Company. Pero estos fracasos le enseñaron lecciones vitales sobre los precios y la calidad. Ford Motor Company, su tercera empresa, cambió el mundo. «El fracaso solo es la oportunidad de empezar de nuevo, esta vez de manera más inteligente», afirmó.

En cambio, en Japón, la cultura empresarial es muy diferente. Por razones complejas tanto sociales como de economía histórica,[275] el fracaso se estigmatiza más. La actitud básica es que si te equivocas te deshonras a ti y a tu familia. El fracaso no es una oportunidad para aprender, sino una prueba de que no das la talla. Son las clásicas Mentalidades Fijas. La atribución de culpas después de un fracaso empresarial es común y, a menudo, intensa.

Ahora echemos un vistazo a los datos sobre la iniciativa empresarial. Según el Banco Mundial, Japón tiene el índice anual de creación de empresas más bajo de la OCDE. En 2013 había caído hasta solo un tercio del de Estados Unidos. En la clasificación de la OCDE sobre Ciencia, Tecnología e Industria de 2008, Japón tenía la cantidad más baja de inversiones de capital de riesgo: las inversiones en Estados Unidos eran veinte veces mayores en relación con el porcentaje del PIB.

Otros estudios muestran resultados similares. Según el Global Entrepreneurship Monitor, solo el 1,9 por ciento de los adultos entre los dieciocho y los sesenta y cuatro años están tratando de crear nuevas empresas en Japón. En Estados Unidos esta cifra es 250 veces más alta. Según la Fundación Kauffman, casi uno de cada ocho adultos estadounidenses (el 11,9 por ciento) tiene una «actividad empresarial». Es casi el porcentaje más alto del mundo desarrollado.

No hace falta decir que estas diferencias tienen efectos reales, y no solo entre los emprendedores, sino también en toda la economía. Según un ensayo de la Wharton Business School: «En Japón, la escasez relativa de las oportunidades que crean las iniciativas empresariales ha contribuido a los problemas económicos de la nación durante las dos últimas décadas». En lo que respecta a Estados Unidos, los emprendedores se consideran el pilar del éxito del país: «Las investigaciones empíricas han demostrado que las iniciativas empresariales que crean oportunidades son la fuente del crecimiento de la economía de mercado moderna».[276]

Pero estas diferencias en los datos puros y crudos ¿realmente dependen de algo tan intangible y difuso como una concepción diferente del fracaso? En 2009 el Global Entrepreneurship Monitor llevó a cabo un estudio profundo para averiguarlo. Observaron las actitudes hacia las iniciativas empresariales en veinte economías avanzadas que se basaban en la innovación. Los resultados fueron rotundos. Los ciudadanos japoneses fueron quienes mostraron el mayor temor al fracaso. Los estadounidenses, por el otro lado, obtuvieron uno de los niveles más bajos.[277]

Cinco años después se mantienen las mismas actitudes. En un estudio sobre setenta países, en diferentes etapas de desarrollo, y con diferentes problemas, Japón mostró ser el país con el mayor miedo al fracaso solo después de Grecia, que estaba padeciendo los ajustes fiscales impuestos desde el exterior. Estados Unidos seguía en la parte más baja.[278] En otro estudio del año 2013 Japón sacó la puntuación más baja del mundo respecto a la creencia de que las habilidades relacionadas con las iniciativas empresariales se pueden mejorar con el tiempo.

El miedo al fracaso no es algo inherentemente malo. Es inteligente tener en cuenta los riesgos y ser prudente si estos son reales. El miedo también puede alimentar la energía creativa, una cuestión que ha señalado el emprendedor Richard Branson.[279] El problema surge cuando existen las posibilidades, pero es psicológicamente imposible aprovecharlas. Es decir, cuando los reveses no conllevan aprendizaje, sino recriminaciones y derrotismo.

Y esta cuestión no solo afecta a las iniciativas empresariales, sino también a la vida misma. Tomemos otro ejemplo que revela la misma verdad subyacente, pero en sentido contrario. En matemáticas, tanto China como Japón lideran las clasificaciones mundiales. En el Programa Internacional de Evaluación de los Alumnos (PISA, por sus siglas en inglés), que mide los conocimientos entre los estudiantes de quince años, China es la primera en matemáticas y Japón, la séptima. El Reino Unido y Estados Unidos están muy por detrás, en vigésimo sexto y trigésimo sexto lugar, respectivamente.[280]

Ahora analicemos las diferentes actitudes respecto a las matemáticas en estos países. En el Reino Unido y en Estados Unidos se considera que las matemáticas son una materia que, o bien puedes hacer, o bien no puedes hacer. Cuando a un niño le cuesta, asume que no es lo suyo. En las escuelas de estos países se oyen frases como: «Mi cabeza no está hecha para los números». En palabras de la profesora de Stanford, Jo Boaler: «La idea de que solo algunas personas están capacitadas para las matemáticas está clavada en la psicología británica y estadounidense. En este aspecto las matemáticas son una excepción, y las personas tienen ideas sobre esta materia que no comparten con ninguna otra».[281]

Tanto en China como en Japón la actitud es radicalmente diferente. Se considera que las matemáticas son como el lenguaje: si persistes, mejoras. Los errores no se consideran una prueba de inferioridad fija, o como evidencia de que «tienes el cerebro equivocado», sino como una forma de aprender. Algunos individuos son mejores que otros en matemáticas, pero se presupone que todo el mundo tiene la capacidad de dominar los conceptos matemáticos básicos con perseverancia y aplicación.

Boaler relata una visita a Shanghái, la zona del mundo con los mejores resultados en matemáticas: «El profesor les daba a los estudiantes [...] problemas en los que trabajar y luego les pedía las respuestas. A medida que los estudiantes compartían sus resultados, el intérprete se acercó a mí y me dijo que el profesor estaba eligiendo a los alumnos que habían cometido errores. Y a los estudiantes les enorgullecía compartir sus errores porque el profesor los valoraba».[282]

Una y otra vez vemos que las diferencias en la mentalidad explican por qué unos individuos y organizaciones crecen más rápido que los demás. La evolución, como hemos visto en el Capítulo 7, la genera el fracaso. Pero si abandonamos después de fracasar, o reformulamos los errores, por muy inteligentes que seamos no avanzaremos. La Mentalidad de Crecimiento, junto con un sistema evolutivo adecuado, nos ayuda a desarrollar nuestro potencial, es la estructura que permite la adaptación personal y organizativa.

--- ||| ---

Para presentar una última idea sobre cómo las actitudes equivocadas pueden obstaculizar el progreso, tomemos una de las conductas más sorprendentes de todas: la autolimitación. Se ha estudiado en el ámbito empresarial, educativo y familiar. Demuestra hasta qué punto llegan las personas para proteger su ego, incluso a expensas de tener éxito a largo plazo.

Observé la autolimitación por primera vez durante el último año que pasé en la Universidad de Oxford. Llegaban los exámenes finales y todos nos habíamos preparado para el gran día. Estábamos nerviosos, pero también nos aliviaba saber que la espera iba a acabar. La mayoría dedicamos las veinticuatro horas anteriores a revisar los apuntes por última vez.

Pero un grupo de estudiantes hizo algo muy diferente. Se sentaron en el jardín para charlar y beber copas, no revisaron nada y dijeron a todo el mundo que aquella noche se iban a una discoteca. Todos parecían estar bastante relajados y hacían bromas sobre los exámenes.

Para mí era incomprensible. ¿Por qué poner en peligro tres años de trabajo por una noche de fiesta? ¿Qué podían ganar al ir al primer examen, seguramente uno de los días más importantes de su vida, con resaca? Lo más sorprendente de todo es que algunos de los estudiantes eran de los más brillantes y habían trabajado duro durante los tres años precedentes.

Solo algún tiempo después, al leer sobre la disonancia cognitiva y la Mentalidad Fija, logré encajar las piezas: les aterrorizaba tanto no hacerlo bien, les daba tanto miedo que el examen demostrara que no eran tan inteligentes, que necesitaban una explicación alternativa al posible fracaso. Sabotearon efectivamente sus oportunidades reales de éxito para que no les cogieran con un pie en falso si fracasaban.

En la vida las excusas suelen esgrimirse retrospectivamente. Todos hemos echado la culpa a una mala noche, a un resfriado o a que el perro estaba enfermo para justificar una actuación mala. Pero estas excusas son tan obvias e interesadas que no engañan a nadie. Tampoco a nosotros mismos. No reducen la disonancia porque son demasiado burdas.

Pero la autolimitación es más sofisticada. La excusa no se elabora después del evento, sino que se confecciona activamente de antemano. Se trata, en efecto, de una estrategia preventiva para reducir la disonancia. Si los estudiantes suspendían el examen, podrían decir: «¡No fue culpa mía, fue culpa de la bebida!» Pero también tenía otro objetivo: si aprobaban el examen, todavía podrían echarle la culpa al alcohol de por qué no habían sacado mejor nota.

A simple vista el fenómeno de la autolimitación puede parecer sorprendente: jóvenes deportistas que dejan de entrenarse durante las semanas anteriores a la competición, directivos que hacen una conferencia de ventas sin haber leído el material relevante, brillantes estudiantes universitarios que deciden emborracharse antes de un examen crucial.

Pero si lo miramos a través del prisma de la Mentalidad Fija es perfectamente comprensible. Precisamente porque el proyecto es importante, nos sentimos amenazados por el fracaso y necesitamos de forma desesperada una explicación alternativa por si metemos la pata. En palabras de un psicólogo: «Uno puede admitir un defecto menor [beber] para evitar uno mucho más amenazador [no soy tan brillante como me gusta pensar]».[283]

En 1978 Steven Berglas y Edward Jones llevaron a cabo un estudio. Consistía en darles un examen a los estudiantes.[284] Antes de comenzar el examen, les propusieron tomar una droga que limitaría su rendimiento. De hecho, no se trataba para nada de una elección, puesto, ¿por qué alguien querría socavar sus posibilidades de éxito a propósito? Pero, en el experimento, un gran número de ellos decidió tomarla.

Para algunos observadores parecía una locura, pero para el doctor Berglas era perfectamente comprensible. Él probó las drogas por primera vez justo antes del examen de graduación del instituto. Todos esperaban que sacara sobresaliente y la imagen que tenía de sí mismo dependía de ello. Tomar drogas fue la coartada perfecta por si las cosas se torcían.[285]

Algunos psicólogos afirman que la autolimitación puede tener beneficios a corto plazo. Si puedes cargar el muerto de un fracaso a, por ejemplo, la bebida, proteges tu autoestima en caso de que obtengas un mal resultado. Pero la verdadera lección es otra. ¿Por qué deberíamos conservar una autoestima tan frágil que no puede enfrentarse al fracaso?

Recuerda también a los cirujanos de los que hemos hablado al principio del libro. Sus egos eran considerables. Habían recibido una educación cara y poseían una titulación impresionante. Tanto los pacientes como sus compañeros los reverenciaban. Pero precisamente por esta razón una cultura de este tipo es tan peligrosa. Los cirujanos tienen tanta necesidad de proteger su autoestima que no pueden aceptar la posibilidad de cometer errores.

En resumen, la autoestima es un rasgo psicológico muy sobrevalorado. Si existe el riesgo de que no seamos prácticamente perfectos, limita nuestro aprendizaje. Lo que de verdad necesitamos es resistencia: la capacidad para enfrentarnos al fracaso y aprender de él. En esto consiste el crecimiento en última instancia.

La tarde del 30 de junio de 1998 la vida de David Beckham cambió para siempre. Tenía veintitrés años y estaba jugando con la selección inglesa en su primer mundial, en Saint-Etienne, en el centro de Francia. Era una eliminatoria vital en la que debían ganar a Argentina para clasificarse para los cuartos de final.

El marcador era de empate a dos. Más de 20 millones de compatriotas estaban mirando el partido por televisión y otras decenas de miles se encontraban en el estadio. Para Beckham estar en el terreno de juego representando a su país era un sueño.

Dos minutos después de que comenzara la segunda parte, Beckham conducía el balón por la mitad del campo cuando Diego Simeone, un jugador argentino, le hizo una dura falta por detrás. Sintió que le daban un rodillazo en la espalda y ambos jugadores cayeron al suelo. Cuando Simeone se levantó, le estiró del pelo y le dio un cachete en la cabeza.

Beckham reaccionó de inmediato y le dio una patada. Apenas movió la pierna medio metro, y el contacto con Simeone fue mínimo, pero el argentino se tiró al suelo y se agarró el muslo exageradamente. Beckham supo de inmediato que había cometido un error garrafal y se preparó para lo peor. El árbitro le sacó una tarjeta roja y a él se le heló la sangre.

Inglaterra perdió el partido en los penaltis. Beckham, expulsado, se pasó el resto del partido en el vestuario. Sabía que estaría en la línea de fuego de la prensa británica. Pero nada podía prepararlo para el huracán que iba a pasar por encima de él y de su familia.

Cuando el equipo aterrizó al día siguiente en el aeropuerto de Heathrow, el jugador de veintitrés años fue seguido incesantemente por las cámaras y los periodistas. Recibió balas por correo, quemaron su efigie en una farola, y un diario nacional convirtió su cara en una diana.

En el primer partido de la siguiente temporada la policía tuvo que escoltarlo para llegar al campo. Cada vez que tocaba el balón, los abucheos eran ensordecedores. Había cometido un error al reaccionar torpemente en un Mundial, pero le trataron casi como a un criminal. muchos comentaristas dudaron de que llegara al final de la temporada. Un periodista afirmó: «La carrera de Beckham está en vilo. No se puede esperar que salga indemne de todo esto».

En realidad fue la mejor temporada de su carrera. El Manchester United ganó el Triplete (la Premier League, la FA Cup y la Liga de Campeones), el primer y, hasta el momento, el único club inglés que lo ha conseguido. Beckham jugó casi todos los partidos. Al final de la temporada lo votaron el segundo mejor jugador de la FIFA, solo por detrás del brasileño Rivaldo del Barcelona, y por delante de Batistuta, Zidane, Vieri, Figo, Shevchenko y Raúl.

Su aportación al equipo fue magnífica. Hizo dieciséis asistencias en la Premier y siete en la Liga de Campeones. Marcó goles importantísimos, entre ellos el primero del histórico partido de vuelta de las semifinales de la FA Cup contra el Arsenal, y el empate del último partido de la Premier contra los Spurs. También se encargó de los dos saques de esquina cuando el United marcó los goles en el tiempo de descuento para arrebatarle el título de la Liga de Campeones al Bayern de Munich. Fueron unas actuaciones soberbias.

Pero volvamos un momento al primer partido de la temporada contra el Leicester. El United perdía 2 a 1 cuando les pitaron una falta a favor en el frontal del área. Era un momento muy importante después de lo que había ocurrido pocas semanas antes en Saint-Etienne. Los aficionados más resentidos le habían estado abucheando durante todo el partido. Más tarde, Beckham aseguró que tenía un nudo en el estómago cuando se dirigió a colocar el balón. Pero cuando retrocedió unos pasos para disponerse a chutar, sintió que todo había cambiado. Declaró:

> Solo cuando pedí chutar la falta sentí que se afianzaba mi fuerza de voluntad. Hubiera sido fácil ser negativo, preocuparse por las consecuencias, pero percibí que algo se estaba endureciendo en mí. En parte, se debió al apoyo extraordinario que había recibido [de los aficionados del United]. Pero también se debió a todos los años que llevaba practicando: los miles de chuts que había hecho bajo la lluvia, el granizo y la nieve. Todo esto me dio confianza.

Las adversidades pocas veces se presentan de forma tan pública como las que sufrió Beckham en Sain-Etienne. Pero, para sobreponerse a ellas, para no sucumbir al fracaso, la clave consiste en cómo nos enfrentamos a los reveses. ¿Son una prueba de que no damos la talla? ¿Significan que no somos aptos para la tarea en cuestión? Esto es lo que piensan quienes tienen una Mentalidad Fija. Los obstáculos los debilitan y pierden la fuerza de voluntad. Intentan evitar las críticas, aunque puedan aprender de ellas.

Pero si consideras que los fracasos son una oportunidad para aprender, si confías en el poder de la práctica para superar las dificultades, la motivación y la confianza no se sienten amenazadas.

Aceptas los errores porque te permiten aprender, ya sea para mejorar una aspiradora, crear una nueva teoría científica o cumplir una prometedora carrera futbolística.

«Fue duro que me expulsaran, pero aprendí una lección importante —me contó Beckham—. ¿Acaso no consiste en esto la vida?»

CONCLUSIÓN:
EL PANORAMA GENERAL

--- **I** ---

Casi todas las sociedades que han estudiado los historiadores han tenido sus propias ideas sobre el funcionamiento del mundo, a menudo en la forma de mitos, religiones o supersticiones. Las sociedades primitivas solían considerar que estas ideas eran sacrosantas y, a quien disentía, le castigaban con la muerte. Quienes estaban en el poder no querían enfrentarse a ninguna prueba que demostrara que estaban equivocados.

El filósofo Bryan Magee lo expresó de la siguiente forma: «La verdad se debía mantener intacta y transmitirse de generación en generación. Con este objetivo se crearon instituciones: misterios, sacerdocios y, en una época más avanzada, escuelas».[286] Las escuelas de este tipo nunca aceptaban ideas nuevas y expulsaban a todo aquel que intentara cambiar la doctrina.[287]

Pero en un momento de la historia humana todo esto cambió. No solo se toleraba la crítica, sino que se alentaba. Según el filósofo Karl Popper, ocurrió por primera vez entre los antiguos griegos, pero establecer la fecha histórica precisa es menos importante que su significado práctico. Este cambio acabó con la tradición dogmática. Fue, asegura Popper, el momento más importante del progreso intelectual desde la aparición del lenguaje.

Y seguramente tiene razón. Durante siglos, antes de los griegos, la historia intelectual consistía en conservar y defender las ideas establecidas: ya fueran religiosas, pragmáticas o tribales. Esta tendencia defensiva, al parecer tan universal en la historia humana, ha interesado a los antropólogos desde hace muchísimos años.

Pero la respuesta, probablemente, es que estas tribus antiguas se habían quedado estancadas en una Mentalidad Fija. Pensaban que la verdad había sido revelada por Dios o por un ancestro divino y no sintieron necesidad alguna de fomentar nuevos conocimientos. Las pruebas en contra no se consideraban una oportunidad de aprender verdades innovadoras, sino una amenaza a la visión del mundo predominante.

De hecho, aquellos que cuestionaban las verdades tradicionales sufrían la violencia de los demás. La historia está llena de episodios en los que las ideas no se pusieron a prueba racionalmente, sino militarmente. Según la *Encyclopaedia of Wars* [*Enciclopedia de las guerras*], de Charles Phillips y Alan Axelrod, existen 123 conflictos que surgieron por diferencias de opinión, ya fuera religiosa, ideológica o doctrinal.[288]

Recuerda la disonancia cognitiva. Ocurre cuando las pruebas disonantes se reformulan o se pasan por alto. Las guerras de ideologías se pueden considerar como una forma extrema de la reducción de la disonancia: en lugar de hacer oídos sordos a las pruebas en contra, asesinas a los disidentes. Es una manera contundente de que las creencias religiosas o tradicionales no se pongan en duda, pero también torpedea cualquier posibilidad de progreso.

Pero los antiguos griegos se rebelaron contra esto. En palabras de Bryan Magee: «Marcó el final de la tradición dogmática de transmitir verdades intocables y el principio de una nueva tradición racional que sometía las especulaciones a un debate crítico. Se empleó por primera vez el método científico. El error dejó de ser un desastre para convertirse en una ventaja».[289]

Es difícil exagerar el significado de esta última frase. El error, para los griegos, ya no era una catástrofe, o una amenaza, o algo que mereciera la muerte. Al contrario, si alguien tenía pruebas convincentes de que una creencia era errónea, se consideraba una oportunidad para aprender, para revisar el modelo del mundo. El conocimiento científico se vio como algo dinámico, no estático; algo que crece gracias a investigaciones críticas, y no que uno recibe de las autoridades. En palabras de Jenofonte:

> En el principio, los dioses no nos revelaron todas las cosas,
> sino que, con el tiempo, a través de la búsqueda,
> debemos aprender y conocer mejor la realidad.

Este cambio sutil tuvo unos efectos demoledores. La época de los antiguos griegos fue el mayor florecimiento epistemológico de la historia humana y dio luz a los maestros de toda la tradición intelectual de Occidente, entre ellos, Sócrates, Platón, Aristóteles, Pitágoras y Euclides. Cambió el mundo, tanto de forma profunda como sutil. Según Benjamin Farrington, exprofesor de lengua clásica de la Universidad de Swansea:

> Con sorpresa, nos encontramos en el umbral de la ciencia moderna. No debe suponerse que la traducción de los textos [de los antiguos manuscritos griegos] les ha dado un aire de modernidad. Al contrario. Tanto el vocabulario como el estilo de estos escritos es la fuente de nuestro vocabulario y de nuestro estilo.

Pero, por desgracia, este periodo no duró mucho. En retrospectiva, es increíble cómo se paró en seco este progreso del conocimiento humano. Desde los griegos hasta el siglo XVII, en gran medida, la ciencia occidental estuvo en un callejón sin salida, una cuestión que expuso de manera muy clara el filósofo, científico y político Francis Bacon.

En 1620 Bacon escribió lo siguiente en su obra maestra, *Novum Organum*: «La ciencia actual proviene en gran parte de los griegos.

[Pero] desde que crearon estos sistemas y sus ramificaciones en las ciencias particulares, apenas se puede encontrar en este lapso de tantos años un solo experimento que haya aliviado o mejorado la condición humana».[290]

Era una constatación verdaderamente devastadora. El argumento clave era que la ciencia no había descubierto casi *nada* que «haya [...] mejorado la condición humana». Para nosotros, habituados a ver cómo la ciencia transforma la vida humana, esto es sorprendente. Pero en tiempos de Bacon es lo que había ocurrido durante generaciones. Sencillamente, no existía el progreso científico.

¿Por qué se detuvo la ciencia? No es difícil saber la respuesta: el mundo volvió a la vieja mentalidad. Se aunaron las enseñanzas de la Iglesia con la filosofía de Aristóteles (quien se convirtió en una autoridad reverenciada) para crear una nueva y sacrosanta visión del mundo. Cualquier cosa que contradijera la doctrina cristiana era una blasfemia. Se castigaba a los disidentes. Los errores, de nuevo, se habían convertido en un desastre.

El mejor ejemplo de cómo se ignoraban las pruebas o se reformulaban las narrativas es la idea judeocristiana de que las mujeres tienen una costilla más que los hombres, que aparece en la historia del Génesis según la cual Eva fue creada a partir de una costilla de Adán. Se podía haber rebatido esto en cualquier momento haciendo algo muy simple: contar. El hecho de que los hombres y las mujeres tienen el mismo número de costillas es obvio.

Y, aun así, esta «verdad» fue generalmente aceptada hasta 1543, cuando el anatomista flamenco Andreas Vesalius demostró que no era verdad. Esto vuelve a demostrar que cuando tenemos miedo de estar equivocados, cuando el deseo de proteger el status quo es especialmente férreo, se pueden mantener errores evidentes casi de forma indefinida.

El importante logro de Bacon consistió en poner en duda la concepción dogmática del conocimiento que había limitado a la humanidad durante siglos. Como los griegos, declaró que la ciencia no trataba de defender verdades, sino de ponerlas en duda. La cuestión era tener el valor para experimentar y aprender. «La verdadera meta legítima de la ciencia no es otra que aportar a la vida humana nuevos conocimientos y poderes», escribió.[291]

También alertó sobre los peligros del sesgo de confirmación:

> Cuando la comprensión humana ha adoptado una opinión (ya sea esta recibida o aceptada por sí misma), tergiversa el resto de la realidad para adaptarse a ella. Y aunque haya un número mayor de pruebas más sólidas en contra, las niega y las desprecia, o por alguna otra distinción, las rechaza y las deja de lado, para que esta predeterminación perniciosa mantenga intacta la autoridad de sus primeras conclusiones.[292]

La obra de Bacon, junto con la de otros grandes pensadores como Galileo, fue el requisito para una segunda revolución científica. Sometieron las teorías a experimentos críticos. Como consecuencia directa, floreció la creatividad. Poner a prueba las ideas de las autoridades intelectuales dejó de considerarse como una falta de respeto. Se convirtió en algo obligatorio. De nuevo, el error pasó de ser un desastre a ser una ventaja.

La cuestión no es que las ideas y las teorías de nuestros predecesores no son dignas de considerarse, al contrario. Las teorías que han pasado por un largo proceso de selección, que se han puesto a prueba rigurosamente, el conocimiento práctico sometido al ensayo y error, y a innumerables fracasos, son de una importancia capital.

Nos beneficiamos de un rico legado intelectual y si no nos hubiera llegado nada, si el conocimiento acumulativo de nuestros ancestros desapareciera, estaríamos perdidos. Según Karl Popper: «Si empezáramos con Adán [es decir, con la pequeña cantidad de conocimiento de los inicios de la humanidad], no llegaríamos mucho más lejos que él».[293]

Pero las teorías que afirman aportar conocimiento sobre el mundo y que nunca han fallado, las que solo han sido apoyadas por la autoridad, son otra cuestión. Estas ideas, y la creencia subyacente de que son sacrosantas, son destructivas. El método científico consiste en expandir las fronteras de nuestro conocimiento gracias a cometer errores.

Recuerda la refutación de Galileo de la teoría de Aristóteles según la cual los objetos más pesados caían más rápido que los más ligeros (tal vez no sea verdad, pero se cuenta que la refutó lanzando bolas desde la inclinada Torre de Pisa). Fue un descubrimiento crucial, pero también simbolizó el perturbador poder del fracaso. Un sencillo experimento controlado tiró por el suelo las ideas de uno de los gigantes intelectuales más respetados de la historia, lo cual preparó el camino para nuevas respuestas, nuevos problemas y nuevos descubrimientos.[294]

Pero la lucha entre estas dos concepciones del mundo —una revelada desde arriba y la otra descubierta desde abajo— siguió su curso. Cuando Galileo observó las fases de Venus y las montañas de la Luna a través de su recién inventado telescopio, declaró que el Sol, y no la Tierra, era el centro del universo.

En aquella época, la teoría de que la Tierra se movía alrededor del Sol contradecía las sagradas escrituras. El Salmo 93:1 afirma: «El mundo está establecido firmemente, no se puede mover». El Salmo 104:5 prosigue: «Sobre sus bases posaste la Tierra, inconmovible para siempre jamás». Y en el Eclesiastés 1:5 constata: «Sale el Sol se pone el Sol; corre hacia su lugar y de allí vuelve a salir».

Sin embargo, cuando Galileo invitó a unos expertos cristianos para que miraran por su telescopio las nuevas pruebas, se negaron de plano. No querían considerar ninguna prueba que estuviera en contra de la idea de que la Tierra era el centro del universo. Es difícil pensar en un episodio más revelador de disonancia cognitiva. Sencillamente cerraron los ojos.

Esto es lo que le escribió Galileo al matemático alemán Johannes Kepler:

> Querido Kepler, espero que podamos reírnos de la notable estupidez de la gente común. ¿Qué me dices de los principales filósofos de esta escuela, tozudos como un áspid, y que no quieren mirar los planetas, la Luna o el telescopio, aunque mil veces les he ofrecido libre y deliberadamente la oportunidad de hacerlo? Igual que el áspid deja de oír, estos filósofos apartan sus ojos de la luz de la verdad.

Galileo fue obligado a retractarse, no con la fuerza de los argumentos racionales, sino a través de la fuerza. Lo juzgó la Inquisición y lo hallaron «vehementemente sospechoso de herejía», y le ordenaron «abjurar, maldecir y detestar» sus opiniones. Le sentenciaron a prisión formal y estuvo bajo arresto domiciliario durante el resto de su vida.

Según la leyenda popular, cuando se retractó de sus opiniones, murmuró en voz baja: «Y, sin embargo, la Tierra se mueve».

Esta breve incursión en la historia de la ciencia muestra que los análisis básicos del libro se reflejan en algunas de las tendencias más significativas de la historia humana. La religión pensaba de forma fija sobre el mundo natural. El conocimiento era algo revelado desde arriba en lugar de ser un proceso en el que se aprende de los errores. Por esta razón se progresó tan poco, no solo durante décadas, sino durante siglos.

Esto nos recuerda al sector sanitario, donde los errores también son profundamente disonantes. Como hemos visto, hay muchas facetas diferentes pero, al menos una de ellas, es la asunción de que los médicos veteranos son infalibles. ¿Nos sorprenden entonces que les cueste tanto aprender y adaptarse? Cabe destacar que la incapacidad de los médicos para aceptar sus errores y debilidades, y de hecho admitir siquiera que sean posibles, se ha denominado «complejo de dios».

De forma parecida, el sistema de justicia criminal también se ha visto imbuido de una especie de aire religioso de infalibilidad, sobre todo en lo que respecta a las condenas erróneas. Como hemos apuntado anteriormente, un fiscal afirmó: «Nunca se condena a personas inocentes. No se preocupen por ello. Es físicamente imposible».[295] Y, ya que el sistema no tiene defecto alguno, ¿por qué deberíamos reformarlo?

La ciencia, en su mejor versión, tiene una estrategia diferente que se basa en la idea de que aún se debe aprender mucho, aún hay muchas verdades que descubrir. En palabras de la filósofa Hilary Putnam: «La diferencia entre la ciencia y otras formas de encontrar la verdad es que, en gran medida, los científicos quieren poner a prueba sus ideas porque no las consideran infalibles [...]. Se deben hacer preguntas a la naturaleza y estar dispuesto a cambiar tus ideas si no funcionan».*[296]

--- **||** ---

El punto muerto que Francis Bacon identificó en las ciencias naturales en el siglo XVII es parecido a la situación que vivimos hoy en día

---

* La ciencia no carece de defectos, y siempre se deberían tener en cuenta los obstáculos sociales e institucionales que impiden el progreso. Entre las preocupaciones básicas, encontramos el sesgo de publicación (ya que solo se publican en las revistas los experimentos con éxito), las debilidades del sistema de revisión por otros científicos, y el hecho de que muchos experimentos parece que no se pueden repetir. Para una información más detallada de estos aspectos, véase: www.economist.com/news/briefing/21588057-scientists-think-self-correcting-alarming-degree-if-not-trouble.

respecto al mundo social. Las ciencias naturales se ocupan de objetos materiales como las bolas de billar, los átomos y los planetas (física, química y otras ciencias), mientras que las ciencias sociales estudian a los seres humanos (política, justicia criminal, economía y sanidad). Es este sector el que debe pasar por una revolución baconiana.

Tomemos la crítica de Bacon a la ciencia medieval: el conocimiento lo transmitían las figuras que ostentaban la autoridad, lo cual se corresponde al dogma que impera en la esfera social actual, según el cual el conocimiento es de arriba abajo. Observamos este fenómeno cuando los políticos hablan de sus ideas preferidas y de su ideología: el uniforme escolar mejora la disciplina, se puede apartar a los delincuentes del crimen con visitas a la prisión, etc. No creen que sean necesarios los experimentos o los datos porque piensan que han encontrado la respuesta gracias a la convicción o a una idea previa.

Y esta costumbre de aceptar las presuposiciones se mantiene, igual que antaño con las ciencias naturales, gracias a la falacia narrativa. Es lo que nos lleva a pensar que el mundo es más sencillo de lo que realmente es. Estas historias agradables, claras, intuitivas (recuerda Scared Straight) nos incitan a pensar que no pasamos por alto la complejidad del mundo, cuando de hecho es al revés. No significa que no se deba tener una narrativa, sino que se deben considerar lo que son: instrumentos retóricos que requieren una validación empírica.

La ironía es que el mundo social es más complejo que el mundo natural. Disponemos de teorías generales que predicen el movimiento de los planetas, pero ninguna sobre la conducta humana. Al pasar de la física, la química y la biología a la economía, la política y el mundo empresarial, encontrar soluciones es más difícil. Pero esto no debilita, sino que fortalece, la obligación de aprender de los errores.

Debemos idear mejores maneras de que el ensayo y el error sea efectivo gracias a experimentos controlados y otras herramientas, y reforzar nuestra voluntad para lograr el éxito. A medida que las situaciones se vuelvan más complejas deberemos evitar la tentación de imponer soluciones no probadas y tratar de comprender la realidad desde abajo.

A pesar de que hemos dedicado los últimos siglos a hacer experimentos y recoger datos en la ciencia, el mundo social no ha seguido el mismo camino. Hasta 2004 apenas se habían llevado a cabo una docena de experimentos en la educación, mientras que en física ya se habían hecho cientos de miles.

Y la ironía radica en que, al contrario que en el mundo medieval, hoy en día somos muy conscientes de la complejidad de la física. Hablamos de la ciencia espacial como del mayor logro intelectual. Nos fascina la Relatividad y la Teoría Cuántica. Sabemos que las personas creativas consiguen grandes avances en las ciencias naturales, pero también nos damos cuenta de que estos procesos se comprueban con experimentos. El progreso científico, al menos en parte, está guiado por la precisión. Este es el legado de Bacon.

Pero en lo que atañe al mundo social nos dejamos llevar por instintos viscerales. Los expertos políticos se ocupan de un amplio abanico de materias, una semana peroran sobre la educación y la siguiente sobre justicia criminal. Su narrativa suele ser convincente. Pero pocos periodistas o comentaristas pensarían que pueden opinar de ingeniería o química, al menos sin conocimiento de causa. En estas materias siempre supeditarán la narrativa a las pruebas.

Sin embargo, en el mundo social ocurre lo contrario. Los argumentos son *más* convincentes si no aportan pruebas. Admiramos la convicción, que suele ser sinónimo de instinto visceral. Chris Grayling, por entonces canciller y ministro de Justicia del Reino Unido, afirmó una vez: «El anterior gobierno estaba obsesionado con las pruebas piloto. Pero a veces tienes que creer en algo y llevarlo a cabo». Este desprecio por las pruebas es muy similar a la mentalidad de la era precientífica.

En el Capítulo 7 hemos señalado que muchos pensadores prominentes de los últimos dos siglos favorecieron los mercados y las sociedades libres precisamente porque se resistían a la tendencia humana de imponer respuestas sin probar desde arriba. En gran medida, los mercados libres tienen éxito por su capacidad de asimilar miles de errores útiles. Las economías planificadas no son efectivas, en cambio, porque carecen de esta capacidad.

Los mercados, como otros sistemas evolutivos, son un antídoto para nuestra ignorancia. No son perfectos y, a menudo, precisan de la intervención de los gobiernos para funcionar correctamente. Pero los mercados que funcionan bien lo hacen gracias a un ingrediente esencial: la capacidad de adaptación. Varias empresas probando ideas diferentes, unas sobreviviendo y otras no, aportan su grano de arena al conocimiento general. A largo plazo, la disonancia cognitiva cede ante una prueba de fracaso irrefutable: la quiebra. El dueño de una empresa que se arruina no puede simular que su estrategia ha sido acertada.

Las sociedades liberales, que se aprovechan de los valores de la tolerancia social, también disfrutan de estos beneficios. John Stuart Mill, el filósofo británico, escribió sobre la importancia de los «experimentos en vivo». No basó su defensa de la libertad en un valor abstracto, sino en el reconocimiento de que la sociedad civil también precisa del ensayo y error. El conformismo social, aseguró, es catastrófico porque limita la experimentación (es el equivalente social a la sumisión a la autoridad). La crítica y la disensión, en lugar de ser peligrosas para el orden social, son básicas para él. Generan nuevas ideas e impulsan la creatividad.*

---

* En palabras de la investigadora sobre la creatividad, Charlan Nemeth: «La presencia de opiniones minoritarias y disidentes parece estimular más originalidad [...]».

«La protección contra la tiranía del magistrado no es suficiente», escribió Mill. «[Necesitamos protección contra] la tiranía de las opiniones y sentimientos predominantes, contra la tendencia de la sociedad a imponer, por otros medios que no son penas civiles, sus propias ideas y formas de hacer como normas de conducta para aquellos que disienten de ellas.» La noción del liberalismo de Mill, como la de Popper, se fundamenta en gran medida en una idea que Bacon identificó en relación con las ciencias naturales: el desajuste entre la complejidad del mundo y nuestra capacidad para comprenderlo.

Pero lo que no dijo Mill (lo cual no es ninguna sorpresa, puesto que aún no se conocía las PCAs) es que el ensayo y error, por sí mismo, a veces no basta para lograr progresos rápidos. ¿Por qué? Porque la complejidad social puede hacer estragos cuando se interpretan solo los datos que podemos observar.

Los experimentos controlados, si son sensatos y éticos, poseen el potencial de impulsar el aprendizaje al aislar las relaciones causales. No obstante, no son una panacea. Debemos tener en cuenta las consecuencias no intencionadas y el contexto holístico, que a veces dejan de lado aquellos que hacen PCAs.

Los saltos creativos y los cambios de paradigma en ciencia, economía y tecnología requieren una capacidad para relacionar ideas y conceptos distantes. De nuevo, solo podemos hacer esto si no enfrentamos a los problemas y los fracasos que impulsan la imaginación.

Este análisis parece predisponer hacia la humildad intelectual, el reconocimiento de que nuestras ideas y teorías, a menudo, tendrán defectos. Pero ¿cómo casa esto con el hecho observable de que muchas de las personas que triunfan son osadas y, a veces, dogmáticas? Los emprendedores y los científicos a menudo se arriesgan mucho para defender una teoría o una idea empresarial. No parece encajar con la noción de que la ciencia y los mercados se basan en aprender de los errores en lugar de aceptar un conocimiento de arriba abajo.

En este punto es preciso distinguir entre dos niveles de análisis diferentes. Si recordamos el caso de Unilever y el filtro, describimos la estrategia de los matemáticos (que, con su razonamiento, no llegaron a una solución correcta) como de arriba abajo y la de los biólogos (que lograron una buena solución gracias a la experimentación) como de abajo arriba.

Pero supongamos que el equipo de matemáticos que idea un filtro defectuoso es solo uno de los veinticinco equipos que Unilever emplea para crear un nuevo diseño. Y supongamos que cada uno de los filtros de estos equipos se pone a prueba, y el mejor de ellos es el punto de partida para que los equipos vuelvan a pensar en un nuevo filtro, y así sucesivamente. De repente, esta estrategia cobra un aspecto muy diferente. Aquí reside la importancia de la *variación*, un concepto con paralelismos con la evolución biológica.

Cuando disponemos de estrategias de arriba abajo que compiten entre ellas, con pruebas que determinan cuáles funcionan y cuáles no, el sistema empieza a tener las propiedades de una estrategia de abajo arriba. Así es como funcionan los mercados: emprendedores que compiten entre sí, las mejores ideas se copian y, por lo tanto, se mejoran, y así sucesivamente. Muchos científicos también son emprendedores y se enfrentan al statu quo con la esperanza de descubrir nuevas verdades.

Para decirlo con otras palabras: la diferencia entre la estrategia de arriba abajo y la de abajo arriba no radica solo en la actividad, sino también en una perspectiva relevante. Es en este nivel del sistema en el que el aprendizaje de abajo arriba es vital debido a la obligación de adaptarse. Y este es el caso de la aviación, de los mercados que funcionan bien, de la evolución biológica y, hasta cierto punto, del derecho consuetudinario.

En el nivel de los individuos la pregunta está más abierta. ¿Las organizaciones individuales progresan más rápido cuando emplean la iteración para triunfar o cuando se les ocurren ideas atrevidas y se aferran a ellas? En la alta tecnología, como hemos visto, el mundo se mueve tan rápido que los emprendedores han visto necesario adoptar una repetición rápida. Puede que tengan buenas ideas, pero les dan la oportunidad de que fracasen pronto con el producto mínimamente viable. Y si la idea sobrevive al veredicto de los usuarios innovadores, se itera para mejorarla al incorporar la información de los usuarios finales.

En otras palabras, la competencia ha favorecido a los emprendedores que se toman el aprendizaje de abajo arriba seriamente. Y este es un conocimiento funcional muy importante en un mundo que cambia tan rápido. Si la iteración conlleva un aprendizaje válido a gran velocidad y costes bajos, es una locura dejar pasar la oportunidad. El éxito, tanto en individuos como en sistemas, cada vez se va a basar más en la capacidad de adaptación.

En resumen, en aprender del fracaso.

--- **III** ---

Después de observar el panorama general, centrémonos en saber cómo podemos aplicar las lecciones de este libro de una manera práctica. ¿Cómo podemos aprovechar el poder de aprender de los errores en nuestro trabajo, en nuestra empresa y en nuestra vida?

Lo primero y lo más importante es revolucionar la forma en que pensamos el fracaso. Durante siglos se ha considerado que los errores eran algo vergonzoso, moralmente indignante, casi obsceno. El diccionario Larousse ha definido históricamente el error como «un vagabundeo de la imaginación, de la mente cuando no está sujeta a ninguna regla».

Esta concepción aún persiste hoy en día. Es la causa de que los niños no levanten la mano en clase para responder a una pregunta (¡porque les avergüenza equivocarse!), de que los médicos reformulen sus errores, de que los políticos se nieguen a poner a prueba sus políticas, y de que echar las culpas o buscar chivos expiatorios sea una actitud endémica.

Como emprendedores, profesores, asesores, profesionales en general y padres, debemos transformar esta noción de fracaso. Tenemos que conceptualizarlo no como algo indigno o vergonzoso, sino como algo vigorizante y educativo. Debemos enseñar a nuestros hijos que el fracaso es parte de la vida y del aprendizaje, y que evitarlo solo nos lleva al estancamiento.

Es necesario alentarnos para probar cosas nuevas, para experimentar, para demostrar resistencia y resolución, para atrevernos a aprender a través de nuestras propias investigaciones críticas, y para tener el valor intelectual de aceptar las pruebas por lo que son y no por lo que querríamos que fueran.

Si solo nos elogiamos cuando hacemos las cosas bien, cuando son perfectas, sin mácula, estaremos sugiriendo, aunque no sea nuestra intención, que es posible triunfar sin equivocarse, escalar sin caerse. En un mundo que es complejo, cuya belleza consiste en su complejidad y profundidad, malinterpretamos el fracaso. Tenemos que darle la vuelta a esta idea, tanto en nuestras vidas como en las organizaciones.

Y hacerlo será revolucionario. Una actitud liberadora hacia el error cambiará casi todos los aspectos de nuestras profesiones, escuelas e instituciones políticas. No será fácil, sin duda toparemos con resistencias, pero merece la pena plantar cara. En lugar de evitar las críticas y las pruebas en contra, debemos aceptarlas.

Según Bryan Magee, a partir de la obra de Karl Popper:

Es imposible que nadie nos ayude más que aquel que nos muestra en qué nos equivocamos. Y cuanto mayor sea el error, mayor será la mejora que nos deparará. La persona que acepte y reaccione a las críticas acabará valorándolas casi más que la amistad, y quien las niegue para mantener su posición estará destinada a no progresar. Si nuestra sociedad lleva a cabo un cambio general y adopta la actitud popperiana hacia la crítica llegará a hacer una revolución en las relaciones sociales e interpersonales, por no hablar de los beneficios organizativos.[297]

Cuando adoptemos esta nueva mentalidad, podremos empezar a crear sistemas que aprovechen la capacidad de adaptación para mejorar nuestras vidas. ¿Qué significa esto en términos prácticos? Bien, empecemos por cómo mejorar nuestro juicio y toma de decisiones. Hemos señalado en el Capítulo 3 que el juicio intuitivo mejora cuando tiene la oportunidad de aprender de sus errores. Así es como los jugadores de ajedrez desarrollan sus habilidades y las enfermeras pediátricas detectan enfermedades que son aparentemente invisibles.

Pero plantéate las siguientes preguntas. ¿Te equivocas en tus juicios? ¿Tienes acceso a pruebas que demuestren que puedes estar equivocado? ¿Alguna vez contrastas tus decisiones con datos objetivos? Si la respuesta a cualquiera de estas preguntas es «no», casi con seguridad se puede afirmar que no estás aprendiendo. No es una cuestión de motivación o de diligencia, sino de pura lógica. Eres como un golfista jugando en la oscuridad.

Recuerda de nuevo el ejemplo de los psicoterapeutas del Capítulo 3. Suelen ser inteligentes, trabajadores y empáticos y, aun así, muchos no mejoran con el tiempo. ¿Por qué? La razón es simple: muchos de ellos no controlan cómo afecta el tratamiento a sus clientes por medio de datos objetivos, sino al observarlos en la clínica. Pero la conducta de los pacientes no es un dato fiable, puesto que tal vez exageren lo bien que se encuentran para complacer al terapeuta. Además, muchos psicoterapeutas no hacen un seguimiento de los pacientes después de que haya acabado la terapia. Esto significa que no tienen información alguna sobre si el impacto de la terapia ha sido duradero.

Así que, ¿cómo resolver este problema? Es posible imaginarse la respuesta, aunque no sepamos mucho de psicoterapia. Los terapeutas necesitan datos para saber si se han equivocado, tener la oportunidad de cambiar y mejorar sus conocimientos y, en un nivel de adaptación más profundo, reconsiderar los modelos que utilizan para resolver los problemas.

Teniendo esto presente, una buena idea sería usar un tipo de entrevista estándar y probada que calibrara el bienestar de los pacientes. De golpe tendrían más información sobre los progresos de sus clientes. Y a largo plazo, con el registro de historiales válidos de casos similares, acumularían información de primera mano sobre la reacción de los pacientes a los tratamientos en curso.

Se abriría el camino para una evolución significativa. Y algunos ya lo han hecho. Según el ensayo emblemático de un grupo de psicólogos que se propuso este objetivo: «Cada vez más, tenemos datos fiables de varios desórdenes que los terapeutas pueden tomar como referencia para ayudar a sus clientes. Es una información que les sirve para mejorar la terapia y lograr resultados óptimos».[298]

Pero debemos dejar claro que no es únicamente una cuestión de la psicoterapia, sino que afecta a la experiencia intuitiva y a la toma de decisiones en todas sus manifestaciones. Si en nuestro entorno no tenemos información significativa, no mejoraremos. Debemos institucionalizar el acceso a las «señales de error».

Lo mismo ocurre para mejorar en los deportes. Normalmente, la información es instantánea y obvia. Sabemos cuándo hemos lanzado la pelota fuera del campo de golf o cuándo no llegamos a tiempo para dar un derechazo en tenis. Pero unos entornos de entrenamiento adecuados maximizan la cantidad y la calidad de la información, lo cual aumenta la velocidad de la adaptación.

Tomemos el fútbol como ejemplo. Cada vez que un jugador no controla bien un balón que le pasan, aprende algo. Con el tiempo, el sistema nervioso central se adapta, mejorando la precisión y el toque. Pero si un jugador joven practica en un campo de tamaño normal, no tocará mucho el balón y mejorará más lentamente. En cambio, si practica en un campo más pequeño y toca el balón con frecuencia, mejorará con mayor rapidez.

La información es importante para todas las habilidades que requiere el fútbol, entre ellas la consciencia de percepción, los regates, los pases y la integración de todas ellas en el contexto de un partido real. Los buenos entrenadores no solo se interesan en crear un entorno donde se promueve la adaptación, sino que se centran en la metapregunta de qué sistema de entrenamiento es el más efectivo. No solo quieren que los jugadores mejoren, sino que lo hagan de la manera más rápida y profunda posible.

De forma similar, en la sanidad existen debates sobre si el sistema de Virginia Mason es el método más efectivo de reducir errores, de la misma manera que se delibera si el sistema de producción de Toyota es la mejor forma de mejorar la eficiencia en una cadena de producción. Pero, en última instancia, ambos métodos quedarán desbancados porque aprenderemos a crear sistemas evolutivos más efectivos, no solo en la sanidad y en la industria, sino también en la aviación.*

Entonces, ¿cómo escoger entre sistemas evolutivos opuestos? Una buena manera es hacer una prueba. En el caso del fútbol, por ejemplo, podrías separar aleatoriamente a unos jóvenes con habilidades similares en dos grupos, después entrenarlos con diferentes ejercicios durante unas semanas, y por último juntarlos de nuevo

---

* Para corroborar cómo con los años el método de aprender de los fracasos ha cambiado en la aviación, y revisar otras ideas interesantes sobre cómo seguirá evolucionando, véase la conferencia de Sidney Dekker: https://vimeo.com/102167635

para calibrar cuál ha mejorado con mayor rapidez. Una prueba controlada de este tipo, dando por supuesto que se pueda hacer una medición objetiva, establecerá la efectividad relativa de los ejercicios sin que le afecten otras influencias. En distintas palabras, el proceso para escoger entre sistemas evolutivos es, en sí mismo, de naturaleza evolutiva.

Otra cuestión práctica cuando se trata de aprovechar el poder del fracaso es hacerlo mientras se minimizan los costes. Una forma de lograrlo en las corporaciones y los gobiernos es con pruebas piloto. Son una oportunidad para aprender a pequeña escala. Es esencial que las pruebas piloto estén diseñadas para poner a prueba suposiciones en lugar de para confirmarlas. Si asignas a una prueba piloto a tus mejores trabajadores y en un lugar privilegiado, no aprenderás literalmente nada de los obstáculos con los que te puedes encontrar.

Según Amy Edmondson, de la Harvard Business School:

> Los ejecutivos encargados de las pruebas piloto de un nuevo producto o servicio [...], normalmente hacen todo lo que está en su mano para que sean perfectas desde el primer momento. Irónicamente, estas ganas de tener éxito pueden ser negativas para el éxito del lanzamiento oficial. Ocurre con demasiada frecuencia que los directores de las pruebas piloto favorezcan las mejores condiciones en lugar de las más representativas. De esta manera la prueba piloto no nos informa de lo que *no* funciona.

Otro método eficaz del que hemos hablado en este libro son las pruebas controladas aleatorizadas. Son cada vez más comunes en el mundo empresarial pero aún bastante raras en otros sectores como la política. El Behavioural Insights Team (Equipo de Conocimientos Conductuales, BIT, por sus siglas en inglés), una pequeña organización que nació en el número 10 de Downing Street y que ahora es una empresa con vocación social, se ocupa de esta cuestión desde 2010. Ya ha llevado a cabo más PCAs que el resto de gobiernos del Reino Unido en toda su historia (por desgracia, esto no es decir mucho).

En un par de reuniones en las oficinas que tienen en el centro de Londres, el equipo repasó algunas de estas pruebas que había llevado a cabo no solo en el Reino Unido, sino también en otros países. En una de ellas probaron diferentes tipos de cartas (redacción distinta, por ejemplo) que enviaron a los contribuyentes guatemaltecos que no habían declarado su renta a tiempo. El diseño más efectivo aumentó el pago de los impuestos en un sorprendente 43 por ciento. Esta es la efectividad que se consigue cuando se prueba qué funciona y qué no. «Sigue habiendo una gran resistencia política a hacer pruebas, tanto en el Reino Unido como en cualquier otra parte —afirmó David Halpern, el consejero delegado de BIT—, pero poco a poco vamos progresando.»

Otra técnica «basada en el fracaso», que se ha puesto de moda los últimos años, es la llamada *pre-mortem*. Se invita al equipo a que delibere por qué un plan ha ido mal incluso antes de que se lleve a cabo. Es una técnica paradigmática de «fracaso rápido». La idea es que las personas sean sinceras sobre lo que les preocupa en lugar de que se callen por miedo a parecer negativas.

La técnica pre-mortem difiere esencialmente de, por ejemplo, pensar en qué *puede* ir mal. En la primera se le dice al equipo que, en efecto, «el paciente está muerto»: el proyecto ha fracasado, no se han cumplido los objetivos, los planes se han ido al traste. Entonces, se pregunta a los miembros del equipo cuáles son las razones plausibles de este fracaso. Al concretar el fracaso en lugar de abstraerlo, modificamos la forma de pensar en el problema.

Según Gary Klein, un conocido psicólogo, la «retrospectiva prospectiva», como se llama este concepto, aumenta la capacidad de las personas para identificar correctamente las razones de los futuros resultados en un 30 por ciento. También ha sido respaldada por varios pensadores importantes, entre ellos Daniel Kahneman. «La técnica pre-mortem es una gran idea —declaró—. Hablé de ella en Davos [...], y el presidente de una gran corporación me dijo que solo por haberla escuchado ya merecía la pena el viaje.»[299]

Normalmente comienza con el líder pidiendo al resto del equipo que se imagine que el proyecto ha ido terriblemente mal y que escriba las razones de ello en un papel. Después pide que cada miembro lea una de las razones de la lista, empezando por el director del proyecto y pasando por el resto de miembros.

Klein cita ejemplos en los que se han verbalizado cuestiones que, de otra forma, hubieran quedado ocultas. «En una reunión de una de las 50 mejores empresas según la revista *Fortune*, un ejecutivo sugirió que un proyecto de mil millones de dólares para la sostenibilidad ambiental "fracasó" porque el interés en él decayó al jubilarse el CEO —escribe—. Otro atribuyó el fracaso a una mengua de la importancia empresarial después de que una agencia del gobierno revisara su política.»[300]

El objetivo de la técnica pre-mortem no es acabar con un proyecto, sino reforzarlo. También es muy fácil de llevar a cabo. «Estoy bastante seguro de que hacer un pre-mortem de un plan que se va a adoptar no conllevará que se abandone —asegura Kahneman—. Pero seguramente se modificará en aspectos que todo el mundo considerará beneficiosos. De modo que es una técnica muy barata y de gran rentabilidad.»

En este libro hemos estudiado otras técnicas como las ganancias marginales y la *lean start-up*. Pero lo más importante de todos estos métodos es que aprovechan las ventajas incalculables del mecanismo evolutivo. Siempre que tengamos en cuenta el contexto y que las aunemos con una Mentalidad de Crecimiento, son el primer paso de un proceso infinito: la adaptación acumulativa.

--- **IV** ---

Una tarde despejada de principios de primavera visité a Martin Bromiley, el piloto con cuya historia comenzamos este libro. Perdió a su mujer, Elaine, durante una operación rutinaria en 2005. Sus dos hijos, Adam y Victoria, tenían cuatro y cinco años por entonces. Cuando escribo estas líneas, tienen catorce y quince respectivamente.

North Marston es un pueblo inglés clásico. En el centro se encuentra un pequeño pub llamado Pilgrim. Colinas y prados verdes rodean una comunidad poco numerosa y muy unida de unas ochocientas personas. El sol brillaba mientras conducía por las silenciosas calles hasta el hogar de los Bromiley.

Nos sentamos en el salón y Martin me contó cómo iba su campaña para defender la seguridad de los pacientes. Parco, con voz baja pero determinada, sigue liderando como voluntario la Clinical Human Factors Group y dedica gran parte de su tiempo libre a que se adopte una mentalidad que acepte los acontecimientos adversos no como una amenaza sino como una oportunidad de aprender.

Un par de semanas antes de encontrarnos, Martin envió un tuit en el que evaluaba cómo había ido la campaña. Su pregunta era característicamente sencilla y directa: «Pregunta: ¿podéis darme ejemplos específicos del impacto de lo que hemos aprendido de la muerte de mi mujer? ¿En qué han cambiado las cosas?», escribió.

En pocos minutos empezó a recibir respuestas, no solo del Reino Unido sino de todo el mundo. Mark, un especialista en enfermedades respiratorias y en cuidados intensivos de Swindon, respondió: «Ha sido una de las razones por las que se ha aumentado la formación simulada, lo cual ha tenido un efecto profundo en la mejora de la calidad de la atención».

Nick, que se dedica a la seguridad médica, escribió: «Utilizamos tu historia tanto en la licenciatura como en los posgrados para estudiar la consciencia situacional y los problemas de jerarquía y educación». Jo Thomas, enfermera y profesora de ciencia paramédica, afirmó: «Tu determinación ha sensibilizado a los profesionales clínicos, incluso más allá del ámbito de la recuperación o de la anestesia. Ha puesto a prueba las presuposiciones que teníamos al respecto».

Geoff Healy, un anestesista de Sídney, Australia, contestó: «Tu fuerza y valor han educado al menos dos, si no tres o más, generaciones de anestesistas. Las vidas salvadas o mejoradas gracias a tu labor son incalculables. Recordamos lo que ocurrió cada día».

Estas respuestas articulan una verdad que, con suerte, es la que subyace en este libro. Aprender de los errores puede que suene a cliché empresarial. Tal vez se considera una perogrullada o un mantra aburrido. Pero el trabajo silencioso de Martin Bromiley debería abrirnos más los ojos. Aprender del fracaso es un propósito moral profundo. Consiste en salvar, mantener y mejorar las vidas humanas. Martin me dijo:

Sin duda se ha progresado mucho en varias áreas de la sanidad. Hace diez años las infecciones que se adquirían en los hospitales, como el SARM, se consideraban «cosas que pasan». Eran un problema inevitable, no se podía hacer mucho al respecto. Hoy en día hay una intención real de resolver este tipo de problemas y de pensar en cómo evitar daños en el futuro.

Pero esta mentalidad no es en absoluto universal. Solo tienes que echar un vistazo a la imponente cantidad de muertes evitables, tanto en el Reino Unido como en el resto del mundo, para comprobar que sigue habiendo una tendencia arraigada a ocultar los errores y un miedo a lo que puedan descubrir investigaciones independientes. Tenemos que cambiar por completo esta actitud. Es, seguramente, la cuestión más importante de la sanidad.

Cuando el sol comenzó a ponerse, se abrió la puerta principal: Adam y Victoria volvían del colegio. Resultó que era el cumpleaños de Adam y estaba emocionado porque iban a cenar pizza. Les pregunté qué querían hacer de mayores. Victoria respondió enseguida y muy segura: «Quiero ser piloto». A Adam también le interesaba la aviación, pero se decantaba por la meteorología.

Empezamos a hablar de la labor que estaba haciendo su padre para cambiar la actitud en la sanidad. «Estoy realmente orgulloso de mi padre —dijo Adam—. Dedica mucho tiempo al grupo, aunque trabaja todo el día. Si diez años atrás le hubieras dicho cómo iba a cambiar las cosas no se lo habría creído. Le llegan cartas y mensajes casi cada semana.»

Victoria, sentada a su lado, asintió. «La muerte de nuestra madre fue muy dura para nosotros y sabemos que nada nos la puede traer de vuelta —prosiguió—. Pero espero que papá siga con esta labor y contribuya a que otras familias no pasen por lo mismo.»

Victoria se calló un momento y luego se le iluminó la cara. «Creo que a mamá le habría gustado mucho», concluyó.

AGRADECIMIENTOS

He tenido muchos fracasos en mi vida, especialmente en el tenis de mesa, deporte que antes practicaba, así que el tema de este libro lo conozco bien. La idea se me ocurrió al darme cuenta de que una particularidad que se encontraba en las personas, las organizaciones y los sistemas que triunfan es una actitud positiva y constructiva respecto al fracaso. Es algo evidente en David Beckham, James Dyson, el sector de la aviación y Google.

El libro ha pasado por varias iteraciones, con la esperanza de obtener ganancias marginales en cada cambio, lo cual es una puesta en práctica de la propuesta de este libro sobre cómo se puede mejorar. La mayoría de estas iteraciones fueron inspiradas por las sugerencias de amigos y compañeros que leyeron los primeros borradores. Estoy profundamente agradecido a Danny Finkelstein, David Papineau, Chris Dillow, Max Reuter, Ben Preston, Andy Kidd, Kathy Weeks, Carl Macrae, Mark Thomas, Dilys Syed, David Honigman y James Naylor. Cualquier error es de mi entera responsabilidad, aunque también espero aprender de ellos.

También me gustaría agradecer al brillante Nick Davies, que editó el libro en el Reino Unido, a Emily Angell, que lo editó en Estados Unidos, y a Jonny Geller, mi agente, que siempre aporta buenas ideas y entusiasmo. También he notado el apoyo incansable de mis compañeros de *The Times*, entre ellos Tim Hallissey, Nicola Jeal y John Witherow. Es maravilloso trabajar para *The Times*.

Una de las mejores cosas de escribir un libro de este tipo es estudiar libros, ensayos y artículos reveladores. He intentado dar la referencia de todos ellos en las notas al final del libro para que los puedan leer todos aquellos que quieran profundizar, pero me gustaría resaltar aquí los libros que más me han influido. Muchos son de Karl Popper: *La lógica de la investigación científica*, *Conjeturas y refutaciones*, *La sociedad abierta y sus enemigos*, *Búsqueda sin término* y *Los misterios del historicismo*. También he disfrutado y aprendido mucho con *La estructura de la revolución científica* y *Contra el método*, de Paul Feyerabend.

También otros libros más populares han enriquecido la investigación. Entre ellos, *Just Culture*, de Sidney Dekker; *Safe Patients, Smart Hospitals*, de Peter Pronovost, *El error humano*, de James Reason; *Being Wrong*, de Kathryn Shultz; *Adáptate*, de Tim Harford, *Antifrágil*, de Nassim Nicholas Taleb, *Complicaciones*, de Atul Gawande; *Mistakes Were Made (But Not by Me!)*, de Carol Tarvis y Elliot Aronson; *Uncontrolled*, de Jim Manzi; *Teaming*, de Amy Edmondson; *Las buenas ideas: una historia natural de la innovación*, de Steven Johnson; *Creativity Inc.*, de Ed Catmull; *Self Theories*, de Carol Dweck; *The Decisive Moment*, de Jonah Lehrer y *Philosophy and the Real World*, de Bryan Magee.

También me gustaría agradecer a todas aquellas personas a las que he entrevistado, o que han leído capítulos en particular, o que me han ayudado de cualquier otro modo. A muchas de ellas las menciono en estas páginas, pero me gustaría dar un agradecimiento especial a James Dyson, Owain Hughes, David Halpern y el Behaviourial Insights Team, Jim Manzi, David Bentley, Carol Dweck, Robert Dodds, Sidney Dekker, Steve Art, Meghan Mahoney, las magníficas personas del equipo Mercedes de Fórmula 1 y el Team Sky, Toby Ord, Mark McCarthy, Tony McHale, Rita Weeks, David Beckham, Steve Jones y Esther Duflo.

Por encima de todo, quiero dar las gracias a Kathy, mi extraordinaria mujer, Evie y Teddy, nuestros hijos, y Abbas y Dilys, mis padres. Es para vosotros.

NOTAS

1. Una operación rutinaria

1. El relato de la operación de Elaine Bromiley se basa en las entrevistas a Martin, Victoria y Adam, en el informe independiente del doctor Michael Harmer y otros documentos.

2. Daniel Coyle, *The Talent Code: Greatness Isn't Born. It's Grown. Here's How.* (Random House, 2009).

3. http://www.iata.org/publications/Documents/iata-safety-report-2013.pdf

4. http://www.iata.org/pressroom/pr/Pages/2015-03-09-01.aspx

5. Miembros del IATA. http://www.iata.org/pressroom/facts_figures/facts_sheets/Documents/safety-fact-sheet.pdf

6. «Equivocarse es humano», Instituto de Medicina: http://www.iom.edu/~/media/Files/Report%20Files/1999/To-Err-is-Human/To%20Err%20is%20Human%201999%20%20report%20brief.pdf

7. Peter I. Buerhaus, «Lucian Leape on the Causes and Prevention of Errors and Adverse Events in Health Care», *Journal of Nursing Scholarship*, junio de 2007.

8. http://journals.lww.com/journalpatientsafety/Fulltext/2013/09000/A_New_Evidence_based_Estimated_of_Patient_Harms.2.aspx

9. http://www.c-span.org/video/?320495-1/hearing-patient-safety

10. Joe Graedon y Teresa Graedon, *Top Screwups Doctors Make and How to Avoid Them* (Harmony, 2011).

11. http://www.c-span.org/video/?320495-1/hearing-patient-safety

12. http://www.c-span.org/video/?320495-1/hearing-patient-safety

13. «A Safer Place for Patients: Learning to Improve Patient Safety», informe del Tribunal de Cuentas, 3 de noviembre de 2005.

14. Atul Gawande, *Complications: A Surgeon's Notes on an Imperfect Science* (Profile, 2008). [*Complicaciones: confesiones de un cirujano sobre una ciencia imperfecta*, Antoni Bosch Editor, 2010.]

15. http://www.who.int/classifications/help/icdfaq/en/

16. CBS News Story, 21 de abril de 2014, http://www.cbsnews.com/news/ferry-captains-acts-murderous-south-korean-president/

17. Sidney Dekker, conferencia en Brisbane: http://vimeo.com/102167635

18. Gerry Greenstone, «The History of Bloodletting», *British Columbia Medical Journal*, enero de 2010.

19. Nancy Berlinger, *After Harm: Medical Error and the Ethics of Forgiveness* (Johns Hopkins University Press, 2007).

20. Comparado con otros centros semejantes y cercanos, tenía unas demandas de compensación que solo eran menores en otros siete centros. Véase también doctor David Studdert y col., «Disclosure of Medical Injury to Patients» en *Health Affairs*, 2007.

21. C. A. Vincent, M. Young, A. Phillips, «Why do people sue doctors? A study of patients and relatives taking legal action», *Lancet*, 1994; 343:1609–13.

22. http://www.ncbi.nlm.nih.gov/pubmed/18981794

23. David Hilfiker, «Facing Our Mistakes», *New England Journal of Medicine*, 1984.

24. James Reason, *A Life in Error: From Little Slips to Big Disasters* (Ashgate, 2013).

25. Rae M. Lamb, «Hospital Disclosure Practices: Results of a National Survey», *Health Affairs*, 2003.

26. http://www.chron.com/news/article/Detective-work-required-to-uncover-errors-1709000.php

27. J. L. Vincent, «Information in the ICU: Are we being honest with patients? The results of an European questionnaire», *Intensive Care Medicine*, 1998; 24(12): 1251-6.

28. http://www.ncbi.nlm.nih.gov/pubmed/21471476

29. http://nytimes.com/2002/10/15/us/
alphonse-chapanis-dies-at-85-was-a-founder-of-ergonomics.html

30. Kim Phong L. Vu y Robert Proctor, *Handbook of Human Factors in Web Design*, segunda edición (CRC Press, 2004).

2. El vuelo 173 de United Airlines

31. La información relacionada con el vuelo proviene del Informe del Accidente Aéreo de la Junta de Seguridad de Transporte Nacional (28 de diciembre de 1978); *Focused on Failure*, episodio de la serie televisiva *Mayday*; varias fuentes de noticias informativas y múltiples entrevistas a investigadores y pilotos.

32. http://www.eurohoc.org/task/task_docs/CAPAP2002_02.pdf

33. http://www.airdisaster.com/reports/ntbs/AAR78-08.pdf

34. http://www.airdisaster.com/reports/ntbs/AAR73-14.pdf

35. Malcolm Gladwell, *Outliers: The Story of Success* (Penguin, 2009).

36. Esta es también la razón de por qué muchos descubrimientos científicos se deben a «accidentes», como la penicilina y otros.

37. J. Vanden Bos y cols. «The $17.1 billion problem: anual cost of measurable medical errors», *Health Affairs*, 2011.

38. Sidney Dekker, de la Universidad Griffith, ha dado muchas conferencias sobre cómo ha evolucionado el modelo para comprender los accidentes en el último siglo y medio, de una manera notable y fascinante.

39. Oskar Morgenstern, obituario de Abraham Wald, *Econometrica*, octubre de 1951.

40. H. Freeman, «Abraham Wald», in D.L. Sills (ed.), *International Encyclopedia of Social Sciences*, 16 (1968), 435-8.

41. Karl Menger, «The Formative Years of Abraham Wald and His Work in Geometry», en *Annals of Mathematical Statistics*.

42. http://www.youarenotsosmart.com/tag/abraham-wald/

43. Íbid.

44. Íbid.

45. https://hbr.org/2011/04/strategies-for-learning-from-failure

46. http://cna.org/sites/default/files/research/0204320000.pdf

47. Oskar Morgenstern, obituario de Abraham Wald.

3. La paradoja del éxito

48. La información del vuelo 1549 de United proviene del informe de investigación (http://www.ntsb.gov/investigations/AccidentsReports/Reports/AAR1003.pdf), de dos documentales Mayday de National Geographic y de varios informes de los medios de comunicación.

49. http://content.time.com/time/specials/packages/article/0,28804,1894410_1894289_1894258,00.html

50. Karl Popper, *Conjectures and Refutations: The Growth of Scientific Knowledge* [*Conjeturas y refutaciones: el desarrollo del conocimiento científico*, Paidós, 1986].

51. La historia es un poco más compleja. El experimento solo confirmó la teoría de Einstein parcialmente. Debieron hacerse más experimentos para concluir universalmente que los cuerpos pesados atraen la luz.

52. Véase Karl Popper, *Conjeturas y refutaciones*.

53. Philip H. Goose, *Omphalos: An Attempt to Untie the Geological Knot* (Scholar's Choice, 2015).

54. Karl Popper, *Conjeturas y refutaciones*.

55. Este ejemplo lo cita Bryan Magee en *Philosophy and the Real World: An Introduction to Karl Popper* (Open Court Publishing, 1985).

56. Nassim N. Taleb, *The Black Swan: The Impact of the Highly Improbable* (Penguin, 2008) [*El cisne negro: el impacto de lo altamente improbable*, Paidós, 2008].

57. Daniel Kahneman y Gary Klein, «Conditions for Intuitive Expertise, Failure to Disagree», *American Psychologist*, septiembre de 2009, vol. 64, n.º 6.

58. Íbid.

59. K. Anders Ericsson (ed.), *Development of Professional Expertise: Toward Measurement of Expert Performance and Design of Optimal Learning Environments* (Cambridge University Press, 2009).

60. Un índice de este tipo fue recomendado por K. Anders Ericsson en *Development of Professional Expertise: Toward Measurement of Expert Performance and Design of Optimal Learning Environments*, (Cambridge University Press, 2009). Un sistema similar, basado en información objetiva, fue propuesto por el psicoterapeuta Terence Tracey y sus colegas de la Universidad Estatal de Arizona. Véase Tracey y cols., «Expertise in Psychotherapy: An Elusive Goal?», *American Psychologist*, enero de 2014.

61. http://www.telegraph.co.uk/news/nhs/10940874/Can-the-Japanese-car-factory-methods-that-transformed-a-Seattle-hospital-work-on-the-NHS.html?mobile=basic

62. Íbid.

63. Íbid.

64. Charles Kenney, *Transforming Health Care: Virginia Mason Medical Center's Pursuit of the Perfect Patient Experience* (Productivity Press, 2010).

65. http://www.nytimes.com/2008/05/18/us/18apology.html?pagewanted=all

66. http://www.nytimes.com/2008/05/18/us/18apology.html?pagewanted=print&_r=o

67. Peter Pronovost, conferencia sobre la Seguridad de los Sistemas en la Universidad Johns Hopkins.

68. http://www.nytimes.com/2010/03/09/science/09conv.html

69. Peter Pronovost, *Safe Patients, Smart Hospitals: How One Doctor's Checklist Can Help Us Change Healthcare from the Inside Out* (Plume, 2004).

70. Atul Gawande, *Complications*.

71. Informe Francis: http://www.midstaffpublicinquiry.com/sites/default/files/report/Executive%20summary.pdf

72. Informe Kirkup: http://www.gov.uk/government/uploads/system/uploads/attachment_data/file/408480/47487_MBI_Accesible_vo.1.pdf

73. Informe de la Comisión: http://www.publications.parliament.uk/pa/cm201415/cmselect/cnpubadm/886/88602.htm

74. http://www.deadbymistake.com/

75. Michael Gillam y cols., «The Healthcare Singularity and the Age of Semantic Medicine», en *The Fourth Paradigm: Data-Intensive Scientific Discovery* (Microsoft, 2009).

76. Atul Gawande, *The Checklist Manifesto: How to Get Things Right* (Profile, 2010). [*El efecto cheklist: cómo una simple lista de comprobación elimina errores y salva vidas*, Antoni Bosch Editor, 2011.]

77. Atul Gawande, *Complicaciones*.

78. http://www.nytimes.com/2009/05/26/health/26autopsy.html?pagewanted=all&_r=o

79. Atul Gawande, *Complicaciones*.

80. http://www.pbs.org/wgbh/pages/frontline/criminal-justice/post-mortem/more-deaths-go-unchecked-as-autopsy-rate-falls-to-miserably-low-levels/

81. James Reason, *A Life in Error: From Little Slips to Big Disasters* (Ashgate, 2013).

82. http://www.chfg.org/resources/07_qrto4/Anonymous_Report_Verdict_and_Corrected_Timeline_Oct_07.pdf

4. Condenas erróneas

83. William Blackstone, *Commentaries on the Laws of England* (Forgotten Books, 2012).

84. Edwin M. Borchard, *Convicting the Innocent and State Indemnity for Errors of Criminal Justice* (Justice Institute, 2013).

85. Íbid.

86. Carole McCartney, «Building Institutions to Address Miscarriages of Justice in England and Wales: "Mission Accomplished"?», *University of Cincinnatti Law Review*.

87. Para saber más sobre el ADN en la justicia criminal véase Jim Dwyer, Barry Scheck y Peter Neufeld, *Actual Innocence: When Justice Goes*

Wrong and How to Make it Right (New American Library, 2003); y David Lazer y cols., *DNA and the Criminal Justice System: The Technology of Justice* (MIT Press, 2004).

88. http://www.nhs.uk/Conditions/Blood-groups/Pages/Introductins.aspx

89. Cita de Jim Dwyer, Barry Scheck y Peter Neufeld, *Actual Innocence*.

90. Para saber más de análisis equivocados al interpretar fragmentos diminutos de ADN véase David Bentley QC, «DNA and Case Preparation», *Law Society Gazette*, enero 2015.

91. La información de las condenas erróneas proviene de Innocence Project, bases de datos estatales y diversas entrevistas.

92. La información de Michael Shirley proviene de documentos judiciales, informes y dos entrevistas con su abogada, Anita Bromley.

93. Innocence Project.

94. Samuel R. Gross y cols., «Exonerations in the United States, 1989 through 2003», *Journal of Criminal Law and Criminology*, vol. 95, n.º 2, 2005.

95. Dwyer, Scheck y Neufeld, *Actual Innocence*.

96. Leon Festinger, Henry Riecken y Stanley Schachter, *When Prophecy Fails* (Martino Fine Books, 2009).

97. Encuesta citada por Carol Tavris y Elliot Aronson en *Mistakes Were Made (but Not by Me): Why we Justify Foolish Beliefs, Bad Decisions and Hurtful Acts* (Pinter & Martin, 2013).

98. Elliot Aronson y Judson Mills, «The Effect of Severity of Iniciation on Liking for a Group», *Journal of Abnormal and Social Psychology*, septiembre de 1959, vol. 59.

99. Carol Tavris y Elliot Aronson, *Mistakes Were Made (but Not by Me)*.

100. Charles Lord, Lee Ross y Mark Lepper, «Biased Assimilation and Attitude Polarisation: The Effects of Poor Theories on Subsequently Considered Evidence», *Journal of Personality and Social Psychology*, 1979, vol. 37.

101. Página web de Innocence Project.

102. Kathryn Schulz, *Being Wrong: Adventures in the Margin of Error*, (Portobello Books, 2011).

103. Citado por Tavris y Aronson en *Mistakes Were Made (but Not by Me)*.

104. Schulz, *Being Wrong*.

105. http://www.nytimes.com/2011/11/27/magazine/dna-evidence-lake-county. html?_r=o

106. http://www.nytimes.com/2011/11/27/magazine/dna-evidence-lake-county. html

107. http://www.youtube.com/watch?v=wPtaYIxGxqs

108. Dwyer, Scheck y Neufeld, *Actual Innocence*.

109. Íbid.

110. Innocence Project.

111. Dwyer, Scheck y Neufeld, *Actual Innocence*.

5. Contorsiones intelectuales

112. Tavris y Aronson en *Mistakes Were Made (but Not by Me)*.

113. John Banja, *Medical Errors and Medical Narcissim* (Jones and Bartlett, 2005).

114. Íbid.

115. Íbid.

116. Jeff Stone y Nicholas C. Fernandez, «How Behaviour Shapes Attitudes: Cognitive Dissonance Processes'», en William D. Crano y Radmila Prislin (ed.), *Attitudes and Attitude Change* (Psychology Press, 2013).

117. http://www.tonyblairoffice.org/news/entry/ iraq-syria-and-the-middle-east-an-essay-by-tony-blair/

118. http://blogs.wsj.com/economics/2010/11/15/open-letter-to-ben-bernanke/

119. http://www.bloomberg.com/news/articles/2014-10-02/ fed-critics-say-10-letter-warning-inflation-still-right

120. http://www.bloomberg.com/news/articles/2014-10-02/ fed-critics-say-10-letter-warning-inflation-still-right

121. Philip E. Tetlock, *Expert Political Judgement: How Good Is It? How Can We Know?* (Princeton University Press, 2006).

122. Sydney Filkenstein, *Why Smart Executives Fail: And What You Can Learn from Their Mistakes* (Portfolio Penguin, 2013).

123. Terrance Odean, «Are Investors Reluctant to Admit Their Losses?», *The Journal of Finance*, octubre 1998.

124. Paul H. Schoemaker, *Brilliant Mistakes: Finding Success on the Far Side of Failure* (Wharton Digital Press, 2011).

125. Karl Popper, *The Poverty of Historicism* (Routledge, 2002). [*La miseria del historicismo*, Alianza, 2014.]

126. Como lo cuenta el propio Pronovost en *Safe Patients, Smart Hospitals*.

127. David Hilfiker, «Facing Our Mistakes», *New England Journal of Medicine*, 12 de enero de 1984.

128. C. E. Milch y cols., «Voluntary electronic reporting of medical errors and adverse events: An analysis of 92,547 reports from 26 acute care hospitals», *Journal of General Internal Medicine*.

129. Peter Pronovost, *Safe Patients, Smart Hospitals*.

6. Reformar la justicia criminal

130. La historia de Lysenko se ha descrito en docenas de artículos y libros, entre ellos *Lysenko and the Tragedy of Soviet Science* (Rutgers University Press), de Valery N. Soyfer y *The Lysenko Effect: The Politics of Science* (Prometheus Books, 2004), de Nils Roll-Hansen.

131. http://tauruspet.med.yale.edu/staff/edm42/IUPIU-website/emorris.tar/ emorris/emorris/Ethics%20Course%202009/Journal%20articles/ lysenko-nature-rev-genetics2001-nrg0901_723a.pdf

132. Jasper Becker, *Hungry Ghosts, Mao's Secret Famine* (Simon & Schuster, 1997).

133. http://www.haydenplanetarium.org/tyson/watch/2008/06/19/ george-bush-and-star-names

134. http://thefederalist.com/2014/09/16/ another-day-another-quote-fabricated-by-neil-degrasse-tyson/

135. http://thefederalist.com/2014/10/02/
     neil-tysons-final-words-on-his-quote-fabrications-my-bad/

136. Giuliana Mazzoni y Amina Memon, «Imagination Can Create False
     Autobiographical Memories», *Psychological Science*, septiembre de 2010.

137. Elizabeth F. Loftus y John C. Palmer, «Reconstruction of automobile
     destruction: An example of the interaction between language and
     memory», *Journal of Verbal Learning and Verbal Behavior*, 13 (1974),
     585-9.

138. http://news.bbc.co.uk/1/hi/uk/4177082.stm

139. Página web de Innocence Project.

140. Gary L. Wells, Nancy K. Steblay y Jennifer E. Dysart, «A Test of the
     Simultaneous vs Sequential Lineup Methods: An Initial Report of the ASJ
     National Eyewitness Identification Field Studies», Sociedad de la
     Judicatura Estadounidense. Cabe mencionar que el coste de aplicar estas
     medidas es relativamente bajo.

141. Página web de Innocence Project.

142. http://articles.chicagotribune.com/2002-09-29/news/
     0209290340_1_jogger-case-jogger-attack-matias-reyes

143. Dwyer, Scheck y Neufeld, *Actual Innocence*.

144. http://www.miamiherald.com/incoming/article1953372.html

145. «Strengthening Forensic Science in the United States», informe, 2009.

146. http://www.nytimes.com/2014/12/02/opinion/
     why-our-memory-fails-us.html

147. Shai Danziger, Jonathan Levav y Liora Avnaim-Pesso, «Extraneous factors
     in judicial decisions», Proceedings of the National Academy of Sciences.

148. http://blogs.discovermagazine.com/notrocketscience/2011/04/11/
     justice-is-served-but-more-so-after-lunch-how-food-breaks-sway-the-
     decisions-of-judges/#.VYaU8oYk-So

149. http://articles.chicagotribune.com/2014-06-10/news/
     chi-dan-links-murder-and-rape-of-holly-staker-11-to-second-murder-8-
     years-later-20140610_1_holly-staker-dna-evidence-dna-match

150. Entrevista con el autor.

151. http://www.chicagotribune.com/news/local/breaking/
ct-juan-rivera-shoes-met-20141210-story.html#page=1

7. La paradoja del filtro de Unilever

152. Véase la conferencia de Steve Jones: http://www.youtube.com/
watch?v=for_WIKgdWg. Véase también Owen Barder:
http://www.owen.org/blog/4018

153. Entre ellos, Karl Popper y Friedrich Hayek.

154. Tim Harford, *Adapt: Why Success Always Starts with Failure* (Abacus,
2012). [*Adáptate*, Ed. Temas de Hoy, 2011.]

155. Paul Omerod, citado en Íbid.

156. Terence Kealey, *The Economic Laws of Scientific Research* (Palgrave
MacMillan, 1996).

157. Nassim Nicholas Taleb, *Antifragile: Things that Gain from Disorder*
(Penguin, 2013). [*Antifrágil: las cosas que se benefician del desorden*, Ed.
Paidós Ibérica, 2013.]

158. Véase Jonah Lehrer, *The Decisive Moment* (Canongate, 2007), p. 47.

159. Daniel Kahneman, *Thinking, Fast and Slow* (Penguin, 2012). [*Pensar
rápido, pensar despacio*, Debate, 2012.]

160. http://www.bbc.co.uk/news/business-27579790

161. Peter Sims, *Little Bets: How Breakthrough Ideas Emerge from Small
Discoveries* (Random House Business, 2012). [*Pequeñas apuestas*,
Gestión 2000, 2012.]

162. Íbid.

163. Ryan Babineaux y John Krumboltz, *Fail Fast, Fail Often: How Losing
Can Help You Win* (Tarcher, 2014).

164. David Bayles y Ted Orland, *Art and Fear: Observations on the Perils (and
Rewards) of Artmaking* (Image Continuum Press, 2001).

165. https://www.youtube.com/watch?v=vY3OtMBCEKY

166. Eric Ries, *The Lean Startup: How Constant Innovation Creates Radically Sucessful Business* (Portfolio Penguin, 2011). [*El método Lean Startup*, Ediciones Deusto, 2012.]

167. Íbid.

168. Íbid.

169. Jim Collins y Morten T. Hansen, *Great by Choice: Uncertainty, Chao and Luck — Why Some Thrive Despite Them All* (Random House Business, 2011).

170. Peter Sims, *Pequeñas apuestas*.

171. http://www.bbc.co.uk/news/business-27579790

172. Entrevista con el autor.

173. http://www.ncbi.nlm.nih.gov/pmc/articles/PMC1470513/

174. Calculado según los Años de Vida Potencialmente Perdidos, una medida convencional en el desarrollo.

175. Toby Ord, «The Moral Imperative toward Cost-Effectiveness in Global Health», Center for Global Development, marzo 2013.

176. http://lesswrong.com/lw/h6c/
taking_charity_seriously_toby_ord_talk_on_charity/

177. http://www.givingwhatwecan.org

8. Scared Straight / Aterrorizados

178. *Scared Straight!* Documental dirigido por Arnold Shapiro, 1978.

179. *Scared Straight!* Comentarios de Peter Falk.

180. Véase James Finckenauer, *Scared Straight: The Panacea Phenomenon Revisited* (Waveland Pv Inc, 1998).

181. Peter W. Greenwood, *Changing Lives: Delinquency Prevention as Crime Control Policy* (University of Chicago Press, 2007).

182. Cita del documental *Scared Straight!*

183. Los esquemas proceden de «Test, Learn and Adapt» © Crown Copyright junio de 2012, licencia del Open Government Licence. Reproducido con permiso.

184. Ben Goldacre, *Bad Science* (Harper Perennial, 2009). [*Mala ciencia: no te dejes engañar por curanderos, charlatanes y otros farsantes*, Paidós Ibérica, 2011.]

185. Mark Henderson, *The Geek Manifesto: Why Science Matters* (Bantam Press, 2012).

186. Véase el excelente libro de Ben Goldacre, *Bad Pharma: How Drug Companies Mislead Doctors and Harm Patients* (Faber & Faber, 2014).

187. Le agradezco a Jim Manzi que haya expuesto estas cuestiones tan claramente en su excelente libro *Uncontrolled* (Basic Books, 2012).

188. Johnatha Sheperd, «The Production and Management of Evidence for Public Service Reform in Evidence and Policy».

189. Entrevista con el autor.

190. James Finckenauer, *Scared Straight*.

191. Entrevista con el autor.

192. Íbid.

193. Íbid.

194. Véase James Finckenauer y Scott O. Lilienfeld: «Scientifically Unsupported and Supported Interventions for Childhood Psychopathology: A Summary», *Pediatrics*; 115: 761-4. Y Daniel P. Mears, «Towards Rational and Evidence-Based Crime Policy», *Journal of Criminal Justice*, 2007, Vol. 35, n.º 6, pp. 667-82.

195. Premio Silverman.

196. http://reclaimingfutures.org/
juvenile-justice-reform-scared-straight-facts-vs-hype

197. A. Petrosino, C. Turpin-Petrosino, M. E. Hollis-Peel y J. G. Lavenberg, «Scared Straight and Other Juvenile Awareness Programs for Preventing Juvenile Delinquency: a Systematic Review».

198. http://www.nytimes.com/2007/03/23/nyregion/23solve.html

199.   http://www.northjersey.com/news/
neighbur-sentenced-in-decades-old-ridgefield-park-murder-1.1238173

9. Ganancias marginales

200.   Reproducido con permiso de Esther Duflo.

201.   https://www.ted.com/speakers/esther_duflo

202.   Jeffrey Sachs, *The End of Poverty: How We Can Make it Happen in our Lifetime* (Penguin, 2005).

203.   William Easterly, *The White Man's Burden: Why the West's Efforts to Aid the Rest Have Done So Much Ill and So Little Good* (Oxford University Press, 2007).

204.   Tim Harford, *Adapt: Why Success Always Starts with Failure.*

205.   https://www.ted.com/speakers/esther_duflo

206.   Abhijit Banerjee y Esther Duflo, *Poor Economics: A Radical Rethinking of the Way to Fight Global Poverty* (Penguin, 2012). [*Repensar la pobreza: un giro radical en la lucha contra la desigualdad global*, Taurus, 2012.]

207.   Alan G. Robinson y Sam Stern, *Corporate Creativity: How Innovation and Improvement Actually Happen* (Berrett-Koehler, 1998).

208.   Véase *Uncontrolled*, de Jim Manzi.

209.   https://hbr.org/2009/02/how-to-design-smart-business-experiments.

210.   Entrevista con el autor.

211.   Stephen J. Dubner y Steven D. Levitt, *Think Like a Freak: How to Think Smarter about Almost Everything* (Allen Lane, 2014). [*Piensa como un Freak*, B de Books, 2015.]

212.   Consulta este ensayo excelente de Eric Ries en http://www.startuplessonslearned.com/2010/04/learning-is-better-than-optimization.html

213.   El blogger de tecnología, Andrew Chen, ha explicado esta cuestión en una serie de brillantes posts de su blog. Véase, por ejemplo, http://andrewchen.com/know-the-difference-between-data-informed-and-versus-data-driven/

10. Cómo el fracaso genera innovación

214. Enrevista con el autor.

215. C. Nemeth, M. Personnaz, B. Personnaz y J. Goncalo, «The Liberating Role of Conflict in Group Creativity: A Cross-Cultural Study», publicado en *European Journal of Social Psychology* (2004), 34, 365-74. Véase más en: http://psychology.berkeley.edu/ people-/charlan-jeanne-nemeth#sthash.bVcF2wGG.dpuf

216. Jonah Lehrer, *Imagine: How Creativity Works* (Houghton, Mifflin Harcourt, 2012).

217. C. Nemeth y J. Kwan, «Originality of Word Associations as a Function of Majority v Minority Influence Processes», *Social Psychology Quarterly*, 48.

218. También introdujo las innovaciones de la metalurgia y de la tinta de alta calidad.

219. David Eagleman, *Incognito: The Secret Lives of the Brain* (Canongate, 2012). [*Incógnito: la vida secreta del cerebro*, Anagrama, 2014.]

220. Julia Cameron, *The Artist's Way: A Spiritual Path to Higher Creativity* (Pan, 1995).

221. Steven Johnson, *Where Good Ideas Come From: The Seven Patterns of Innovation* (Penguin, 2011).

222. Íbid.

223. Véase http://www.alfredwallace.org

224. Lorentz en la Teoría de la Relatividad Especial, Hilbert en la Teoría de la Relatividad General.

225. Véase Ronald Cohn y Jesse Russell, *Relativity Priority Dispute* (VSD, 2012).

226. http://www.fundinguniverse.com/company-histories/ hmi-industries-inc-history/

227. Jim Collins y Morten T. Hansen, *Great by Choice*.

228. Gerard J. Tellis y Peter N. Golder, *Will and Vision: How Latecomers Grow to Dominate Markets* (Figueroa Press, 2006).

229. Jim Collins y Morten T. Hansen, *Great by Choice*.

230. Íbid.

231. Íbid.

232. Ed Catmull, *Creativity Inc* (Transworld Digital, 2014).

233. Íbid.

234. R. G. Dorman, *Dust Control and Cleaning* (Elsevier, 1973).

11. El vuelo 114 de Lybian Arab Airlines

235. La información relacionada con el vuelo se extrajo de Zvi Lanir, «The Reasonable Choice of Disaster», *Journal of Strategic Studies*, 1989.

236. Major John T. Phelps, «Aerial Intrusions by Civil and Military Aircraft in Time of Peace», *Military Law Review*, invierno de 1985.

237. http://hbr.org/2011/04/strategies-for-learning-from-failure

238. Amy Edmondson, «Learning From Mistakes is Easier Said tan Done: Group and Organisation Influences on the Detection and Correction of Human Error», *Journal of Applied Behavioral Science*, 32, n.º 1 (1996), 5-28.

239. Sidney Dekker, *Just Culture: Balancing Safety and Accountability* (Ashgate, 2012).

240. Entrevista con el autor.

241. Entrevista con el autor.

242. Sidney Decker, *Just Culture*.

243. http://hbr.org/2011/04/strategies-for-learning-from-failure

244. Ben Dattner (con Darren Dahl), *The Blame Game* (Free Press, 2012).

12. La segunda víctima

245. *Baby P: The Untold Story*, documental de la BBC TV.

246. http://www.theguardian.com/commentisfree/2008/nov/18/
comment-social-services-child-protection

247. Ray Jones, *The Story of Baby P: Setting the Record Straight* (Policy Press, 2014).

248. *Baby P: The Untold Story.*

249. Ray Jones, *The Story of Baby P.*

250. http://andrewadonis.com/2012/10/09/
social-work-needs-a-teach-first-revolution/

251. http://www.dailymail.co.uk/news/article-1268433/
In-hiding-mother-accused-abuse-cuddling-child-html

252. Ray Jones, *The Story of Baby P.*

253. http://www.communitycare.co.uk/2009/10/19/
care-appliccations-to-cafcass-continue-to-soar/

254. Ray Jones, *The Story of Baby P.*

255. Véase el Apéndice Estadístico en el Informe del Departamento de Estadística Nacional sobre Crímenes Violentos y Agresiones Sexuales.

256. *Baby P: The Untold Story.*

257. J. F. Christensen, W. Levinson y P. M. Dunn, «The Heart of Darkness: the impact of perceived mistakes on physicians», *Journal of General Internal Medicine*, 1992, 7, 424-31.

258. T. D. Shanafelt, C. M. Balch, L. Dyrbye y cols., «Special report: Suicide ideation among American Surgeons», *Archive of Surgeons*, 2011, 146, 54-62.

259. *Baby P: The Untold Story.*

260. Sidney Dekker, *Just Culture.*

261. Entrevista con Brian Leversha.

262. Hallaron culpable a Stewart de poner en peligro la vida de los pasajeros, pero lo hallaron no culpable de poner en peligro las propiedades y personas de tierra, una contradicción que luego puso de manifiesto la Law Society.

263. http://picma.org.uk/sites/default/files/Documents/Events/
      November%20Oscar%20article.pdf

13. El efecto Beckham

264. http://cpl.psy.msu.edu/wp-content/uploads/2011/12/
      Moser_Schroder_Moran_el-al_Mind-your-errors-2011.pdf

265. Carol I. Diener y Carol S. Dweck, «An Analysis of Learned Helplessness:
      Continuous changes in perfomance, strategy and achievement cognitions
      following failure», *Journal of Personality and Social Psychology*, Vol. 36
      (5), mayo de 1978, 451-62.

266. Véase: http://hbr.org/2014/11/
      how-companies-can-profit-from-a-growth-mindset

267. http://www.forbes.com/forbes/2009/0824/
      colleges-09-education-west-point-america-best-college.html

268. http://www.west-point.org/parent/wppc.st_louis/
      Handbooks/2011ParentCadetInfo.pdf

269. Angela L. Duckworth, Christopher Peterson, M. D. Matthews y D. R.
      Kelly, «Grit: Perseverance and Passion for Long-Term Goals», revisado
      para la nueva solicitud de entrega al *Journal of Personality and Social
      Psychology*, 2007, junio, 92 (6), 1087-101.

270. Véase http://www.man.com/GB/cultivating-skill-in-a-world-lacking-
      genius, *IQ versus RQ: Differentiating Smarts from Decision Making
      Skills*, por Michael J. Mauboussin y *Understanding Overconfidence:
      Implicit theories, preferential attention, and distorted self-assessment*, por
      Joyce Ehrlinger y Carol S. Dweck.

14. Redefiniendo el fracaso

271. Karl Popper, *The Logic of Scientific Discovery* (Routledge, 2002). [*La
      lógica de la investigación científica*, Tecnos, 2011.]

272. http://www.bbc.co.uk/news/magazine-26359564

273. Carol Dweck, «The Role of Expectations and Attributions in the
      Alleviation of Learned Helplessness», *Journal of Personality and Social
      Psychology*, Vol. 31, abril de 1975.

274. Véase Barbara G. Licht y Carol S. Dweck, *Developmental Psychology*, Vol. 20, julio de 1984. Esto está conectado con lo que hemos aprendido en el Capítulo 5, es decir, aquellos con la reputación más sólida —en medicina, en economía, en política— eran quienes se sentían más amenazados por sus propios errores, y eran quienes más los reformulaban.

275. http://www.silicon-edge.com/blog/
japan-has-problems-but-its-not-a-fear-of-failure

276. http://knowledge.wharton.upenn.edu/article/the-entrepreneurship-
vacuum-in-japan-why-it-matters-and-how-to-adress-it/

277. http://gemconsortium.org/assets/uploads/
1313079015GEM_2009_Global_Report_Rev_140410.pdf

278. http://gemconsortium.org/docs/download/3616

279. https://www.youtube.com/watch?v=hIuoHmoibfE

280. http://www.oecd.org/pisa/keyfindings/pisa-2012-results-overview.pdf

281. Jo Boaler, *Mathematical Mindsets* (de próxima aparición).

282. Íbid.

283. http://mindsets-and-motivation-lab.commons.yale-nus.edu.sg/wp-content/
uploads/sites/39/2014/12/OKeefe-2013.pdf

284. E. E. Jones y S. Berglas, «Control of Attribution about the self through self-handicapping strategies: The appeal of alcohol and the role of underachievement», *Personality and Social Psychology Bulletin*, 4, 200-206.

285. https://www.nytimes.com/2009/01/06/health/06mind.html?_r=o

Conclusión

286. Bryan Magee, *Philosophy and the Real World*.

287. Karl Popper, *Conjectures and Refutations*. [*Conjeturas y refutaciones*, Paidós, 1994.]

288. Véase también Karen Armstrong, *Fields of Blood: Religion and the History of Violence* (Bodley Head, 2014). [*Campos de sangre: la religión y la historia de la violencia*, Paidós, 2015.]

289. Bryan Magee, *Philosophy and the Real World*.

290. Francis Bacon, *Novum Organum* (Leopold Classic Library, 2015). [*La gran restauración (Novum Organum)*, Tecnos, 2011.]

291. Íbid.

292. Íbid.

293. *Uncertain Truth*, un programa de televisión en el que el historiador de arte Ernst Gombrich entrevista a Karl Popper. https://www.youtube.com/watch?v=VWcSiM9ZjoU

294. Edwin M. Borchard, *Convicting the Innocent and State Indemnity for Errors of Criminal Justice* (Justice Institute, 2013).

295. Otra cuestión importante que ha puesto de relieve el pensador y emprendedor Jim Manzi.

296. https://www.youtube.com/watch?v=rAP4E3EpedE

297. Bryan Magee, *Philosophy and the Real World*.

298. http://www.ncbi.nlm.nih.gov/pubmed/24393136

299. http: www.mckinsey.com/insights/strategy/strategic_decisions_when_can_you_trust_your_gut

300. https://hbr.org/2007/09/performing-a-project-premortem